全国高职高专物流管理专业规划教材

仓储管理实务

主　编　常　杰　马　丽

副主编　殷永生　彭　铂　姜秀男

人民邮电出版社

北　京

图书在版编目（CIP）数据

仓储管理实务 / 常杰，马丽主编．—北京：人民邮电出版社，2013.11

全国高职高专物流管理专业规划教材

ISBN 978-7-115-33211-0

Ⅰ.①仓…　Ⅱ.①常…　②马…　Ⅲ.①仓库管理—高等职业教育—教材　Ⅳ.①F253.4

中国版本图书馆 CIP 数据核字（2013）第 222588 号

内容提要

本书以培养学生的实操能力为目标，详细讲解了仓储设施设备、现代仓储作业管理、现代仓储的规划与设计、仓储商品的保管和养护、仓储绩效分析与成本控制、仓储商务管理、仓储安全管理、现代仓储信息技术、库存管理技术等多方面的内容，突出了仓储管理业务的技术性与实践性。

本书可作为高职高专院校物流及相关专业的教材，也可作为物流行业从业人员和研究人员的参考用书。

◆ 主　　编　常　杰　马　丽

副 主 编　殷永生　彭　铂　姜秀男

责任编辑　乔永真

执行编辑　程珍珍

责任印制　杨林杰

◆ 人民邮电出版社出版发行　　北京市崇文区夕照寺街 14 号

邮编 100061　　电子邮件 315@ptpress.com.cn

网址 http://www.ptpress.com.cn

大厂聚鑫印刷有限责任公司印刷

◆ 开本：787×1092　1/16

印张：16.5　　2013 年 11 月第 1 版

字数：230 千字　　2013 年 11 月河北第 1 次印刷

定　价：35.00 元

读者服务热线：（010）67129879　印装质量热线：（010）67129223

反盗版热线：（010）67171154

广告经营许可证：京崇工商广字第 0021 号

总 序

产业调整将是我国“十二五”经济发展的核心任务，而物流产业的发展是当前经济发展的一个制高点。随着各行业对物流人员需求的日益迫切，以及对从事物流工作人员素质和技能水平的要求越来越高，如何培养出更多的能适应当前工作需求的物流人员，无疑是当前以及今后一段时间职业教育所面临的挑战。

我国高职高专教育经过示范性改革和骨干校建设，已取得了丰硕的成果，授课教师和相关人员在不断总结教学与实践经验的基础上，逐渐形成了对当前高职高专职业人才培养模式的共识，即以培养高素质的应用型、技能型人才为高职高专教育的主要任务。同样，作为重要教学载体的高职高专教材也面临着相应的改革。

人民邮电出版社组织众多教学一线的教师，围绕“以能力为本位，以应用为主旨”的指导思想，及时地打造出了这套体现教学改革理念的“全国高职高专物流管理专业规划教材”。其鲜明的特色和科学合理的体例结构，得到众多专家的一致肯定和教学一线老师的认可。

首先，本套教材打破了高职高专教材原有学科课程的模式。传统教材沿用学科课程的模式，强调某一门学科体系的系统性和完整性，这种课程模式已经不能适应目前我国高等职业教育对技能型人才培养的需求和趋势。新形势下的高等职业教育应以培养高素质的应用型、技能型人才为己任，以为社会和企业输送职业技能型人才为目的。高等职业教育培养出来的人才应该具备基本的职业技能，以及解决实际工作中各种问题的能力。因此，高等职业教育必须打破原有学科课程的束缚，兼顾学生就业的针对性与学生发展的适应性，建立起符合应用型、技能型人才培养需要的作业导向课程模式，并将这一模式很好地运用到日常的教学设计以及教材的编写中去。本套教材的编写充分地体现了这一新的高职教育理念——根据作业导向课程模式的要求组织教材内容，按照物流工作流程搭建教材框架，最大程度地满足高职教育培养高素质的应用型、技能型人才的需要。

其次，本套教材的结构与体例模式经过精心设计，与高职高专教学培养应用型、技能型人才目标充分对接。在具体的教材编写过程中，参与编写的老师和专家按照“依流程的需要确定能力培养目标、选取章节内容”的思路搭建体例框架，真正在教学过程中实现了“以学生为主体、以教师为引导（即以学生动手做为主、教师讲为辅），循序渐进地提高学生的职业应用技能”的教学培养目标。为了增加本套教材的可用性、可读性，巩固教学内容，保证教学质量，本套教材按物流作业流程的先后顺序组织内容，在语言上力求精练、简洁，尽量避免学术化的表达方式，让学生“看了能懂、懂了会做、做了能拓”。每章最后都附有丰富的案例、习题及实训任务，学生可以通过学习与实践进一步掌握目标技能。

本套教材的编委会成员均为高职高专院校物流专业教学一线的老师，他们拥有丰富的实践经验和教学经验，知识体系全面，了解实际教学中最需要什么样的教材，知晓教材与实际教学目标之间如何充分地衔接，因此本套教材由他们来编写十分恰当。

希望本套教材的出版可以为高职高专物流管理及相关专业的教学工作增添几分特色，为促进物流人员的培养尽一份绵薄之力。

海峰

中国物流学会副会长

前　言

现代经济的发展水平在很大程度上取决于物流发展水平。仓储作为物流产业最重要的环节之一，其管理的好坏直接关系到生产流通成本的高低和生产流通速度的快慢，同时也会直接影响供应链、价值链和服务链的构建。因此，现代仓储管理活动能否适应经济和物流产业的快速发展，则是人们关注的重点内容之一。

本教材以培养物流管理专业高技能应用型人才为目标，以仓储管理为主线，介绍了仓储管理的基本理论和操作实务。通过本书的学习，学生可以了解仓储管理的基本知识，掌握不同的仓储管理岗位所需要的基本技能，具备从事仓储管理的基本素质，从而为今后走向仓储管理相关工作岗位奠定扎实的基础。

本教材的写作特色如下。

●切实落实“管用、够用、适用”的教学指导思想，突出教材的先进性。

●兼顾行业标准、操作惯例、岗位知识与技能知识点，体现全书内容的可操作性。

●通过案例导入和实践技能训练，强化实践教学，努力培养学生具备国家职业标准和职业能力所要求的基本职业素养。

●每章的学习目标与要求明确，练习题和案例学习针对性强。

本教材由山东英才学院常杰、马丽担任主编，殷永生、彭铂、姜秀男担任副主编。全书的编写分工为：第一章和第四章由常杰编写，第二章、第三章由彭铂编写，第五章由殷永生编写，第六章、第七章由马丽编写，第八章由姜秀男编写，第九章由崔允俊编写，第十章由王付来编写，全书由常杰统纂定稿。

我们在本书编写过程中参考了国内外大量的出版物和网上资料，受编写体例的限制没有在文中一一注明，只在相关链接和参考文献中列出。此外，在本教材编写过程中还得到山东英才学院付宏华、山东银座配送中心孙宗伟、台湾脱普山东分公司物流部王莉芹等老师的大力帮助，在此一并表示衷心的感谢。

由于时间仓促、水平有限，本书难免有不妥之处，敬请广大读者批评指正，以便在修订时使本书更趋完善。

目 录

第一章　仓储和仓储管理概述

■ **知识目标**

1. 掌握仓储的基本概念。
2. 掌握仓储的基本功能和增值服务功能。
3. 了解仓储的种类。
4. 掌握仓储管理的内容。
5. 掌握仓储业的发展方向。

■ **能力目标**

1. 能够对仓储管理的现状进行分析。
2. 能够分析仓储管理在企业中的作用。

第一节　仓储概述

现代物流从供应商开始到最终客户结束，整个流通阶段所发生的商品运动是被作为一个整体来看待的，因此这对管理活动本身提出了相当高的要求。具体来说，伴随着商品实体的运动，必然会出现“场所移动”和“时间推移”这两种物理现象，其中“时间推移”在当今产销紧密联系、流通整体化、网络化的过程中，已成为一种重要的经营资源。

仓储在“时间推移”过程中的作用不可或缺，现代仓储管理活动决定着物流时间效率化的水准。

一、仓储概念及其特点

所谓仓储，是指利用仓库及相关设施设备进行物品的入库、储存、出库的活动。它随着商品储存的产生而产生，又随着生产力的发展而发展。

长期以来，仓储和运输被看作物流活动的两大支柱。

在物流系统中，仓储和运输被视为两大支柱的原因是：运输承担着改变“物”的空间状态的重任，而仓储则承担着改变“物”的时间状态的重任。

仓储的目的是将产品生产与消费在时间上的差异降到最小，使物资产生时间效果，实现其使用价值。如小麦等粮食作物一年收获 1～2 次，这时必须先储存一部分以保证平时的均衡需求。又如水果或者鱼虾等水产品在收获季节需要在冷藏库进行保管，以保证市场的正常需要并防止价格大幅度起落。

产品从生产领域进入消费领域之前，往往要在流通领域停留一定时间，在此阶段就需要将商品先储存起来。在产品的生产过程中，各种原材料、燃料、备用零件和半成品也需要在相应的生产环节之间有一定的储备，作为生产环节之间的缓冲，保证生产的连续进行。通过仓储，可以使商品在最有效的时间段发挥作用，创造商品的“时间价值”和“使用价值”。利用仓储这种“蓄水池”和“调节阀”的作用，还能调节生产和消费的失衡，消除过剩生产和消费不足的矛盾。

仓储是伴随着社会产品出现剩余和产品流通的需要而产生的。当产品不能被及时消费，需要专门的场所存放时，就产生了静态的仓储；而将储存物进行保管、控制、加工、配送等的管理，便形成了动态仓储。现代仓储管理主要研究动态仓储的一系列管理活动，从而达到促进仓储业加速现代化进程的目的。

二、仓储的功能

从物流的角度看，仓储的功能分为基本功能和增值服务功能。仓储的基本功能包括存储功能、调节功能、保管检验功能和养护功能。仓储的增值服务功能是指利用物品在仓库的存储时间，开发和开展多种服务来提高仓储附加值、促进物品流通、提高社会效益，主要包括流通加工、配送、交易中介等功能。

（一）仓储的基本功能

1. 存储功能

存储是指在待定的场所，将物品存放并进行妥善的保管，确保被存储的物品不受损坏。存储保管是仓储最基本的功能，是仓储产生的根本原因。存储的目的是确保存储物的价值不受损害，在存储过程中存储物所有权属于存货人。

2. 调节功能

仓储在物流中起着“蓄水池”、“火车站”的作用，一方面仓储可以调节生产和消费的平衡，使它们在时间和空间上得到协调，保证社会再生产的顺利进行；另一方面，由于不同的运输方式在运向、运程、运力和运输时间上存在着差异，一种运输方式一般不能直接将货物运达目的地，需要在中途改变运输方式、运输路线、运输规模、运输工具，而且为协调运输时间和完成物品倒装、转运、分装、集装等物流作业，还需要在物品运输的中途停留。通过仓储的调节，实现了物品从生产地向销售地的快速转移。另外，当不利于物品交易时可对物品先进行存储，等待有利的交易机会。调节控制的任务就是对物品进行仓储还是流转做出安排，确定存储时间和存储地点。

3. 保管检验功能

仓储保管一方面要对存货人交付保管的仓储物进行保管，确保保管物不受损害；另一方面要按照存货人的要求分批收货和分批出货，并对储存的货物进行数量控制，配合物流管理的有效实施，同时向存货人提供一定数量的服务信息，以便客户控制存货，提高物品的效用。为了保证物品的数量和质量，分清事故责任，维护各方面的经济利益，保管人必须对储存的物品进行严格的检验，以满足生产、运输、销售以及用户的要求。仓储为组织检验提供了场地和条件。

4. 养护功能

为了保证仓储物的质量不变，保管人需要采用先进的技术、合理的保管措施，妥善保管仓储物。仓储物发生危险时，保管人不仅要及时通知存货人，还要及时采取有效措施减少损失。

（二）仓储的增值服务功能

仓储增值服务是现代物流发展的结晶。产品增值包含两方面的含义：一是使仓储环节和生产运输环节有效衔接，实现物品“无缝”流转，降低成本，缩短产品在流通环节的总时间，加速产品价值的实现；二是采用生产延迟、运输延迟的策略，针对不同行业和产品，把产品的粗加工、包装、贴标签等作业在物流停滞期间完成，既能为上下游的生产、运输环节提供直接便利，又可以使仓储作业从单一的保值功能发展为增值、保值合一的功能多元化，从而大大提高仓储的直接效益。

1. 流通加工

仓储期间可以通过简单的制造、加工活动来延期或延迟生产，提高物品附加值。加工本是生产环节的任务，但随着消费的个性化、多元化发展，许多企业将产品的定型、分装、组配、贴商标等工序留到仓储环节进行。通过流通加工，可以缩短生产时间、节约材料、提高成品率，保证供货质量和更好地为消费者服务，实现产品从生产到消费之间的价值增值。

2. 配送

配送是指在经济合理的区域范围内，根据用户需求，对物品进行拣选、加工、包装、分割、组配等作业，并按时送达指定地点的物流活动。

随着现代科技的发展，商家、消费者可以通过网络等途径完成订货，但产品从生产者到消费者手中必须经过物流环节，而通过仓储配送可以缩短物流渠道，减少物流环节，提高物流效益，促进物流的合理化，实现物品的小批量快速送达。因此，配送是商流与物流的结合体，是拣选、包装、加工、组配、配送等各种活动的有机组合，一般配送点设置在生产和消费集中的地区。仓储配送业务的发展有利于企业减少存货和固定资金的投入，降低流动资金使用量，又能保证销售。

3. 交易中介

仓储经营人利用大量存放在仓库的有形物品，以及与各类物品使用部门的广泛联系，开展现货交易中介，这不仅扩大了货物交易量，加速了仓储物的周转，吸引了新的仓储业务，提高了仓储效益，而且还能充分利用社会资源，加快社会资金周转，减少资金沉淀。交易中介功能的开发是仓储经营发展的重要方向。

三、仓储的种类

仓储的本质是为了物品的储藏和保管，但由于经营主体、仓储对象、经营方式和仓储功能的不同，使不同的仓储活动具有不同的特征，要做好仓储管理工作，就必须将仓储活动加以正确的划分。

（一）按仓储经营主体划分

1. 企业自营仓储

企业自营仓储指自用的仓储，不进行对外营业，主要包括生产企业自营仓储和流通企业的自营仓储。生产企业自营仓储是指生产企业使用自有的仓库设施对生产使用的原材料、生产半成品、最终产品实施储存保管的行为。其存储的对象较为单一，以满足企业自身生产为原则。流通企业自营仓储对象较多，其目的是支持销售。企业自营仓储不开展商业性仓储经营，行为不具有独立性，仅仅为企业的产品生产或经营活动服务。

2. 商业营业仓储

商业营业仓储是仓储经营人以其拥有的仓储设备，向社会提供商业性仓储服务的仓储行为。仓储经营人与存货人通过订立仓储合同的方式建立仓储关系，即依合同约定提供仓储服务并收取仓储费用。商业仓储的目的是在仓储活动中获得经济利益，实现经营利润最大化。其分为提供货物仓储服务和提供仓储场地服务两种类型。比较典型的商业仓储如山东盖世物流集团既可以提供货物仓储服务又可以提供仓储场地服务，仓储面积居全国同类企业前列。

3. 公共仓储

公共仓储是公用事业的配套服务设施，如为车站、码头提供仓储配套服务的仓储，其运作的主要目的是保证车站、码头的货物周转，具有内部服务的性质，处于从属地位。但对于存货人而言，公共仓储也适用于营业仓储关系，只是不独立订立仓储合同，而是将关系列在作业合同之中。

4. 战略储备仓储

战略储备仓储是国家根据国家安全、社会稳定的需要，对战略物资进行储备。战略储备由国家进行控制，通过立法、行政命令的方式进行物资储备。战略储备物资存储的时间较长，应以储备品的安全性为首要任务。战略储备物资主要有粮食、油料、能源、有色金属等。

（二）按仓储对象划分

1. 普通物品仓储

普通物品仓储是指不需要特殊保管条件的物品仓储。如普通的生产物资、生活用品、工具等杂货类物品，不需要针对货物设置特殊的保管条件，采用无特殊装备的通用仓库或货场即可存放。

2. 特殊物品仓储

特殊物品仓储是指在保管中有特殊要求和需要满足特殊条件的物品仓储，如危险品仓储、冷库仓储、粮食仓储等。特殊物品仓储一般为专用仓储，应按物品的物理、化学、生物特性以及法规规定进行仓储建设和管理。

（三）按经营方式划分

1. 保管式仓储

保管式仓储是指以保持保管物原样不变为目标的仓储。存储人将特定的物品交给保管人进行保管，到期保管人将原物交还给存货人，保管物所有权不发生变化，即保管物除了所发生的自然损耗和自然减量外，数量、质量、件数不发生变化。保管式仓储又分为仓储物独立的保管仓储和将同类仓储物混合在一起的混藏式仓储。

2. 加工式仓储

加工式仓储是指保管人在仓储期间根据存货人的要求对保管物进行一定加工后的仓储。

3. 消费式仓储

消费式仓储是指保管人在仓储期间有权对仓储物行使所有权的仓储。在仓储期满，保管人只要将相同种类和数量的替代物交还给委托人即可。消费式仓储实现了保管期较短（如农产品）、市场供应价格变化较大的商品的长期存放，因此能实现商品的保值和增值，是仓储经营人利用仓库开展仓储经营的重要发展方向。

（四）按仓储功能分类

1. 储存仓储

储存仓储是指物资需要较长时间存放的仓储。由于物资存放时间长，单位时间存储费用低廉就很重要。一般应该在较为偏远的地区进行储存。储存仓储物资较为单一、品种少，但存量大、存期长，因此要特别注意物资的质量保管。

2. 物流中心仓储

物流中心仓储是以物流管理为目的的仓储活动，是为了实现有效的物流管理，对物流的流程、数量、方向进行控制，实现物流的时间价值。一般在交通较为便利、存储成本较低的经济发达地区，采取批量入库、分批出库的形式。

3. 配送中心仓储

配送中心仓储是商品在配送交付消费者之前所进行的短期仓储，是商品在销售或者供生产使用前的储存。物品在该环节进行销售或者进行前期处理，如进行拆包、分拣、组配等作业。配送中心仓储一般在商品的消费区内进行，仓储物品品种繁多、批量少，需要一定量进货、分批少量出库操作，主要目的是为了支持销量，注重对物品存量的控制。

4. 运输转换仓储

运输转换仓储是衔接不同运输方式的仓储活动。在不同运输方式的相接处进行，如港口、车站仓库等场所进行的仓储，是为了保证不同运输方式的高效衔接，减少运输工具的装卸和停留时间。运输转换仓储具有大进大出的特点，货物存期短，注重货物的周转作业效率和周转率。

5. 保税仓储

保税仓储是指使用海关批准设立的保税仓库存放保税货物的仓储。保税仓库主要用于存放暂时进境、暂缓税款的进口货物。

四、仓储在物流中的作用

从某种意义上讲，仓储管理在物流管理中占据着核心的地位。这是因为仓储总是出现在物流各环节之间，如采购与生产之间、生产的粗加工与精加工之间、生产与销售之间、批发与零售之间、不同运输方式转换之间等。仓储是物流各环节之间存在不均衡性的表现，其也正是解决这种不均衡性的手段。仓储环节集中了上下游流程整合的所有矛盾，仓储管理就是要实现物流流程的整合。

（一）仓储是物流系统中不可缺少的重要环节

在社会生产的过程中，由于生产和消费节奏的不统一，商品在流通过程中的储存和停滞就成为必然。正是运输和仓储用“流动”和“静止”来连接“生产”和“消费”，所以若没有仓储的“静止”和运输的“流动”就无法组成一个完整的物流活动。

（二）仓储是保证社会再生产顺利进行的必要条件

商品的仓储过程不仅是商品流通的必要保证，也是社会再生产过程得以进行的必要条件。商品的生产过程中若缺少了仓储，生产就难以实现，商品的再生产过程也将停止。

（三）仓储可保证商品在流通过程中的质量

在仓储环节，企业应对商品进行检验，以防止不合格商品流入市场。因此，为了保证商品的质量，相关人员应把好仓储管理这一关，以保证商品不变质，不受损、不短缺是仓储管理的重要任务。

（四）仓储为商品进入市场做好准备

在仓储环节，企业可以完成商品的整理、包装、质检、分拣、加标签等工作，从而缩短了后续环节的工作时间，加快了商品的流通。

（五）仓储是加快商品流通、节约流通费用的重要手段

仓储的发展，一方面在调配余缺、减少生产和销售部门的库存积压，并在总量上减少区域内商品储存量等方面起到了非常积极的作用；另一方面加快了仓储环节的收发，并为出库前的流通做了充分准备。

第二节　仓储管理

一、仓储管理概述

仓储管理是指对仓库及仓库内存储的物资进行管理。其目的是充分利用所具有的仓储资源，提供高效的仓储服务。具体来说，仓储管理包括仓储资源的获得、仓储商务管理、仓储流程管理、仓储作业管理、保管管理、安全管理等多种管理工作及相关操作。这种对仓库和仓储储存物资的管理工作，是随着社会的发展而不断变化发展的。

我国的仓储管理经历了初级仓储管理、复杂仓储管理和现代化仓储管理三个阶段。

（一）初级仓储管理阶段

在仓库出现初期，由于生产力水平低下，库存物资的品种和数量非常少，仓库结构简单，设备简陋，仓库管理人员的工作也相对比较简单，即主要负责物资入库的计量及看管好库存物资，使之不受损失。

（二）复杂仓储管理阶段

在该阶段，随着生产率水平的不断提高，尤其是机器生产代替手工生产之后，社会存储产品数量、品种、规格都逐渐增多，对存储条件提出了更高的要求；同时由于社会分工越来越细，使得仓储的职能发生了一定的转变，仓库不再只是单纯存储和保管物资的场所，还增添了产品分类、挑选、整理、加工、包装等活动。又由于存储商品的复杂化和仓储职能的多样化，仓储建筑结构的变化及技术设备的变化就成为了可能。仓库中

的机械设备逐步代替手工作业，仓储活动向复杂化方向发展。

（三）现代化仓储管理阶段

随着信息技术的高速发展和网络购物的广泛普及，仓储业发生了一系列的重大变化。在整个仓储活动中，可以使用电子计算机进行控制，增设光电感应系统，利用“自动分拣系统”进行商品分类整理，让机器人进入仓库等。现代化仓库的出现，要求仓储工作人员更加专业化。目前，许多先进的国际仓储中心，已经不是原来意义上的仓储中心了，而变成了一个经济范围巨大的商品配送服务中心，并发展成为现代化水平的仓储管理中心。

二、仓储管理的内容

（一）仓库的选址与建设

仓库的选址与建设是仓储管理首先需要考虑的问题，它是仓库管理战略层面所研究的问题，涉及公司长期战略与市场环境相关联的问题研究，对仓库长期经营过程中的服务水平和综合成本产生非常大的影响，所以必须提到战略层面来对待和处理。例如，仓库选址的地点、仓库建筑面积的确定、库内运输道路与作业的布置等，这些环节都需要认真对待。

（二）仓库机械作业的选择与配置

仓库机械作业的选择与配置对整个仓库的运行效率有着直接的影响。现代仓库离不开仓库所配置的机械设施和设备，恰当地选择适用于不同作业类型的仓库设施和设备将大大降低仓库作业中的人工作业劳动量，提高货品流通的顺畅性，保障货品在流通中的质量。例如，如何根据仓库作业特点和所储存物资的种类以及其理化特性，选择机械装备以及应配备的数量；如何对这些机械进行管理等。

（三）仓库的作业管理

仓库的作业管理是仓储管理日常所面对的最基本的工作，主要包括如何组织货物入库前的验收，如何存放入库物资，如何对在库物资进行保管保养、发放出库等。良好的仓储管理不仅能保证企业获得及时、准确、质量完好的货物供应，而且有利于企业通过占有较少的流动资金，降低产品成本，从而提高企业的综合竞争实力。

（四）仓库的库存管理

仓库的库存管理是仓库管理的重中之重。企业应根据其需求状况，存储合理数量的货物，既要保证不能因储存过少而造成销售中断，又不能因存储过多而占用大量的流动资金。库存管理的首要目标是为了保证企业获得稳定的商品供应。

（五）仓储成本控制

成本控制是每个企业管理者的重要目标，仓储管理也不例外。企业进行仓储综合成本控制时，不仅要考虑库房内仓储运作过程中各环节的相互协调关系，还要考虑物流过程中各功能间的效益背反效应，以平衡局部利益和总体利益最大化的关系。选择适用的成本控制方法和手段，对仓储过程每一个环节的作业表现和成本加以控制是实现仓储管理目标的要求。

三、仓储管理的任务

（一）利用市场经济的手段调节仓储资源的配置

市场经济的功能之一是通过市场的价格和供求关系调节经济资源的配置。这种市场配置资源方式以实现资源最大效益为原则，这也是企业经营的目的；配置仓储资源也应依据所配置的资源能获得最大效益为原则。仓储管理需要打造仓储机构的局部效益空间，吸引资源的进入。其具体任务包括根据市场供求关系确定仓储的建设；依据竞争优势选择仓储地址；以生产差别产品决定仓储专业化分工，并确定仓储功能；以所确定的功能决定仓储布局；根据设备利用率决定设备配置等。

（二）以高效率为原则组织管理机构

管理机构是开展有效仓储管理的基本条件，是一切管理活动的保证和依托。生产要素特别是人，只有在良好组织的基础上才能发挥作用，实现整体的力量。仓储组织机构的确定需围绕仓储经营的目标，以实现仓储经营的最终目标为原则，依据管理幅度、因事设岗、责权对等，建立结构简单、分工明确、互相合作的管理机构和管理队伍。

（三）以不断满足社会需要为原则开展商务活动

商务工作是仓储管理中对外的经济联系，包括市场定位、市场营销、交易和合同关系、客户服务、争议处理等。仓储商务是物流企业经营收入和仓储物资得到充分利用的保证。仓储管理者要不断掌握市场的发展变化，不断开拓创新，只有这样才能提供适合经济发展的仓储产品。

（四）以高效率、低成本为原则组织仓储生产

仓储生产包括货物入仓、堆存、出仓的作业，仓储物验收、理货交接，在仓储期间的保管照料、质量维护、安全防护等。仓储生产的组织应遵循高效、低耗的原则，充分利用机械设备、先进的保管技术、有效的管理手段，实现仓储快进、快出，提高仓储利用率，降低成本，不发生差、损、错事故，保持连续、稳定生产。生产管理的核心在于充分使用先进的生产技术和手段，建立科学的生产作业制度和操作规程，实行严格的监

督管理，采取有效的激励机制。

（五）以优质诚信的服务树立企业形象

企业形象是指企业展现在社会公众面前的各种感性印象和总体评价的整合，包括企业及产品的知名度、社会的认可度、美誉度、顾客的忠诚度等。企业形象是企业的无形财富，良好的形象会促进产品的销售，同时也能为企业的发展提供良好的社会环境。作为产业服务的仓储业，企业所面向的对象主要是生产、流通经营者，其企业形象的树立主要通过服务质量、产品质量、诚信和友好合作获得，并通过一定的宣传手段在潜在客户中推广。在现代物流管理中，对服务质量的高度要求、对合作伙伴的充分信任，对于促使作为物流仓储环节的企业形象的树立极为必要。

（六）通过制度化、科学化的先进手段不断提高管理水平

任何企业的管理都不可能一成不变，需要随着形势的发展不断变化。仓储管理也要根据仓储企业发展形势的改变、社会需求的变化而改变；仓储管理要从简单管理到复杂管理，从直观管理到系统管理，在管理实践中不断补充、修正、完善，不断提高，以实现动态的仓储管理。

仓储管理的动态化和管理变革，虽然可以促进管理水平的提升，并使仓储效益提高，但也可能因为脱离实际、不同于人们的惯性思维，使管理变革失败，甚至趋于倒退，从而不利于仓储的发展。因此，仓储管理的变革需要有制度性的变革管理，通过科学的论证，广泛吸取先进的管理经验，针对本企业的客观实际进行管理。

（七）提高员工素质

没有高素质的员工队伍，就没有优秀的企业，企业的一切行为都是人的行为，是每一个员工履行职责的行为表现。员工的精神面貌反映了企业的形象和企业文化。仓储管理的一项重要工作就是不断提高员工的素质，根据企业形象建设的需要加强对员工的约束和激励。

员工的素质包括员工的技术素质和精神素质。企业应通过系统的培训、严格的考核，使每个员工熟练掌握岗位技能操作、管理技术和理论知识，跟上技术和知识的发展并不断更新；遵守岗位工作制度和操作规程；明确自己所承担的责任。

良好的精神面貌来自于企业和谐的氛围、有效的激励，对劳动成果的肯定以及有针对性开展的精神文明教育。

第三节　现代仓储业的发展

一、仓储业的发展史

（一）仓储活动的产生

人类社会自出现剩余产品以来，储存活动就产生了。“积谷防饥”是中国古代的一句警世名言，其简单的意思是将丰年的剩余粮食储存起来以防歉年之虞。

在原始社会末期，当某个人或者某个部落获得食物自给自余时，就会把多余的产品储藏起来，同时也就产生了专门储存产品的场所和条件，于是“窑穴”就出现了。在陕西西安半坡村的仰韶遗址发现了许多用于储存食物和用具的窑穴，它们多分布在居住区内，和房屋交错在一起，这可以说是我国最早的仓库的雏形。在古代，人们所说的“仓”是指储藏粮食的场所；而“库”则是指储存物品的场所。后来，人们逐渐将“仓”和“库”两个字连在一起用，表示储存各种商品的场所。

（二）仓储活动的发展过程

仓储业是指从事仓储活动的经营企业的总称。仓储业是一个古老的行业，我国的仓储业具有悠久的历史。随着社会经济的不断发展，仓储业已成为社会经济发展的重要力量，目前我国的仓储业已有了较大的规模，且形成了各种专业化的门类齐全的仓储分工，在数量上已能满足经济发展的需要，但是在服务质量和效益上还存在着明显的不足。纵观中国仓储活动的发展历史，大致经历了以下四个阶段。

1. 古代仓储业

中国古代商业仓库是随着社会分工和专业化生产的发展而逐渐形成和扩大的。“邸店”可以说是商业仓库的最初形式，它既具有商品寄存性质，又具有旅店性质。随着社会分工的进一步发展和商品交换的不断扩大，专门储存商品的“塌房”从“邸店”中分离出来，成为带有企业性质的商业仓库。

2. 近代仓储业

随着商品经济的发展和商业活动范围的扩大，中国近代商业仓库得到了一定的发展。19 世纪的商业仓库叫做“堆栈”，指堆存和保管物品的场地与设备。堆栈业初期的业务只限于堆存货物，物品的所有权属于寄存人。随着堆栈业务的扩大、服务对象的增加，解放前的堆栈业已经具有码头堆栈、铁路堆栈、保管堆栈、厂号堆栈、金融堆栈和海关堆栈等专业划分。近代堆栈业的显著特点是建立起明确的业务种类、经营范围、责任业务、仓租、进出手续等。

3. 社会主义仓储业

新中国成立以后，接管并改造了旧中国留下来的仓库，当时采取对口接管改造的政策，如铁路、港口仓库由交通运输部门接管；物资部门仓库由全国物资清理委员会接管；私营库由商业部门对口接管改造；外商仓库按经营的性质，分别由港务、外贸、商业等有关部门接管收买。1962 年，国家物资储运局（后改为物资储运总公司）成立，1984 年，国家物资储运总公司在各地设有 14 个直属储运公司，下属 76 个仓库，主要承担国家掌握的机动物资、国务院各部门中转物资以及其他物资的储运任务，再加上各地物资局下属的储运公司以及仓库，在全国逐步形成了一个物资储运网。在这一阶段，无论仓库建筑、装备还是装卸搬运设施，都比旧中国商业仓库有了较大的发展。

4. 现代化仓储业

在一个较长的时间内，中国的仓储业一直属于劳动密集型企业，即仓库中大量的装卸、搬运、堆码、计量等作业都由人工来完成，因此仓库不仅占用了大量的劳动力，而且劳动强度大、劳动条件差，特别在一些存储危险品的仓库，还极易发生中毒等事故。为迅速改变这种落后状况，政府在这方面做了很多工作，首先加大旧式仓库的改造力度，即按照现代仓储作业要求，改建旧式仓库，增加设备的投入，配备各种装卸、搬运、堆码等设备，减轻工人的劳动强度，改善劳动条件，提高仓储作业化的机械水平；其次，新建了一批具有先进技术水平的现代化仓库。我国从 20 世纪 70 年代开始建造自动化仓库，并普遍采用电子计算机辅助仓库管理，使仓储业进入了自动化的新阶段。

二、我国仓储业的发展现状及针对存在的问题所采取的对策

（一）我国仓储业的发展现状

1. 技术水平分化，发展不均衡

自改革开放以来，随着国外先进仓储技术的传入，我国仓储业开始发生显著的变化，特别是自动化仓储技术传入我国以后，我国的仓储技术有了很大的提高。

虽然我国在建造自动化仓库时注意引进先进的仓储技术、提高仓储工作人员的素质、重视仓储管理工作，但由于资金、资源等各方面的原因导致各地区发展不平衡。除此之外，仓库建设本身一般为了满足一时需要，而采取了短期行为、应急式的决策，使得所建设的仓库普遍是简易仓库和货场，没有配备相应的机械和设备。同样因为仓储企业的经营管理水平低下，仓储自身发展能力极弱，大多数仓储技术水平低下，机械化程度低。再加上仓库建设和仓储管理源出多头而导致相互之间缺乏联系和合作，功能分工不明确，使得大多数仓储功能相近、用途相同。为了满足社会需要，政府的投资使得个别行业也拥有一定数量的专业化、机械化、自动化程度都很高的仓库，但这些仓库太多

并没有充分发挥其应有的作用。

2. 众多布局不合理的仓库

由于不同行业的分头建设，不同层次、不同企业为了满足自身需要，广泛开展仓库建设，在经济集中地区，特别是企业集中地区，仓库较为集中，且数量众多。

为了便于纵向的联系和资源调配，仓库都集中建在交通中心附近，造成在一个地区甚至在全国的仓储布局极度不合理。仓储集中的地区仓储能力出现严重剩余，其他许多地方仓储能力严重不足。在经济落后地区，仓储能力的不足严重限制了当地经济的发展。

3. 具有明显的部门仓储业的特征

我国长时间实行的计划经济体制导致了物质资源通过部门体制的方式分配。各部门间争夺物质资源、储存所获得的分配资源形成了以部门体系的纵向方式部署仓储。物资、商业、农业、交通、铁路、电力等部门体系的仓储结构，它们之间互不联系。

4. 仓库存量巨大，管理水平低下

我国的仓储能力巨大，但是仓储管理水平较低，主要表现在以下两个方面。

（1）仓储利用率低下，货物周转率低，物资流通速度慢，仓储保管能力差，货物损耗严重。目前，我国许多仓储企业并没有改造成为能自主地利用仓储资源进行营利的独立市场主体，同时由于我国整体上不重视仓储管理、仓储管理的资源投入不够、仓储管理人员的整体文化素质不高和专业知识程度低，导致了仓储管理水平的低下。

（2）绝大多数仓储企业由于没有自主经营的能力，因而不能充分利用仓储资源，也不能为社会提供更加优质的服务，且没有意识到利用仓储中的巨量沉淀资本为企业和社会创造经济价值。

5. 管理法规不够健全

建立健全以责任制为核心的规章制度是仓储管理的一项基础工作，明确和规范的责任制是现代化大生产的客观要求，也是规范每个岗位职责的依据。

市场经济是法制经济，严格依法管理和完善的法律制度是经济发展的重要保证。处在市场经济初级阶段的仓储业也需要完整、健全的法律管理体系。我国关于仓储立法主要表现在《中华人民共和国民法通则》（以下简称《民法通则》）中的物权规范，《中华人民共和国合同法》（以下简称《合同法》）的仓储合同、保管合同分则，《中华人民共和国消防法》（以下简称《消防法》）中的消防要求和消防管理，以及其他一些规章制度。但随着生产的发展和科学水平的提高，有些规章制度已满足不了工作需要，所以应对此进行修订、完善或重新制定新的法规。在仓储管理法制建设方面，我国起步较晚，至今还没有一部完整的《仓储法》。对于仓储经营中的一些经济行为缺乏足够的法律支持。仓储企业通过法律手段保护自身的利益也远远做得不够。同时，企业内部的法制化水平也比较低下，仓储管理人员的法制观念不强，不会运用法律手段来维护企业的利益。

（二）针对我国仓储业存在的问题所采取的对策

1. 向社会化、功能化方向发展

在市场经济的环境中，任何社会资源只有在市场中自由交换才能充分体现其价值，也只有在自由交换体制的激励之下，才会更好地发挥其创造性。仓储业需要以“产权明晰、权责明确、整齐分开、管理科学”为原则进行现代化改造，建立科学的企业治理结构，成为自负盈亏、自主经营的市场竞争的主体，只有这样才能彻底改变我国仓储业的现状，真正成为市场资源，向更加完善的方向发展。

2. 向机械化、自动化方向发展

随着生产技术的发展，生产机械化已是现代企业生产的基本要求。机械具有承重能力强、效率高、工作时间久、损坏少等多种特点。仓储作业大都负荷重，作业量大，作业环境恶劣，时间紧，存在着众多系统性不安全隐患，因而仓储机械化是仓储业发展的必然。仓储企业应通过机械化实现最低的人力作业，加大企业集成度，减少人身伤害和货物损坏，提高作业效率。随着货物运输包装向着大型化、托盘化的发展，仓储业必然要向机械化过渡。

仓储自动化是指由计算机管理控制仓库。在自动化仓库中，货物仓储管理、环境管理、作业控制等，特别是危险品、冷库暖库、粮食等特殊仓储，都有必要采取自动化控制。

3. 向信息化、信息网络化方向发展

对于存货品种繁多、存量巨大的物流与配送中心，要提高仓库利用率，保持高效率的存货流转，实施库区的存货控制，没有计算机的信息管理和处理是不可能实现的。可以说，仓储要实现提高效率、减少损耗、降低成本的目的，就必须实行信息化的技术手段进行管理。

仓储是物流的节点，是企业存货管理的核心环节。企业生产、经营的决策需要仓储及时地把存货信息反馈给管理部门，只有在充分掌握物品的存量、储备、存放地点、消费速度的情况下，才能够进行准确的生产和经营决策。高效的物流管理建立在对物流进行控制和组织的基础上。要想实现高效的物流管理就需要仓库、厂商、物流管理者、物流需求者、运输工具之间建立有效的信息网络，实现仓储信息共享，通过信息网络控制物流，做到仓储信息网络化。

4. 实施科学管理

仓储企业（部门）内部应实施现代企业科学管理，建立高效的组织机构，实行规章化的岗位负责制，建立有利于提高生产率的奖励分配制度，并进行有效和系统的职工教育培训，培养积极向上的优秀企业文化。

5. 重视对人才的培训

实现仓储业现代化的关键在于科学技术，而发展科学技术的关键又在于人，没有知识，没有人才，现代化就是一句空话。要实现仓储人员的知识化、专业化，就必须按现代化管理的要求，根据不同类型的仓库和工作岗位制订与实施人才培训计划，加强对仓储人员的培养、教育和提高，尽快培养出一批具有现代科学知识和管理技术的专门从事仓储管理的高素质队伍。这也是实现我国仓储业乃至物流业社会化、现代化的重要保证。

【本章小结】

仓储是指通过仓库对商品进行储存和保管。它是商品流通的重要组成部分，是物流活动的重要支柱。仓储管理是对物流过程中商品的储存以及由此带来的商品装卸、包装、分拣、整理等活动的经营管理。仓储管理的功能包括基本功能和增值服务功能。

纵观我国仓储业的发展历史，可以分为古代仓储业、近代仓储业、社会主义仓储业和现代仓储业。当前我国仓储业的发展势头很好，但也存在许多不足。随着生产的发展和流通规模的扩大，我国仓储业正向着仓储社会化、产业化、标准化和现代化方向发展。

【案例学习】

走出仓储的误区

基于众多企业对物流是“第三利润源泉”的认同，优化整合企业内外部物流资源，降低物流成本成为企业的强烈愿望和需求。中国的第三方物流市场因此得到空前的关注。虽然它在我国的发展历程比较短，目前仍处于起步阶段，但是它广阔的发展前景和巨大的市场潜力仍被许多人看好。目前，我国大多企业对第三方物流的需求主要集中在传统的仓储和运输上。根据调查显示，我国的工商企业今后所需的物流服务中，仓储保管仍是需求最多的服务之一。于是众多物流公司将关注点投向了这种传统的常规服务上。

但事实是，我国企业今天所需要的仓储服务已经远远超出了传统的仓储定义，许多提供这种服务的企业仍在仓储的误区里苦苦徘徊。

误区之一　仓储设施供大于求

我国仓储设施近年来发展迅速，年投资规模呈现快速增长趋势。如 1990 年我国仓储业基本建设投资规模仅为 4.2 亿元，到了 1998 年已经为 65.8 亿元，比 1990 年增长 14 倍之多。据中国仓储协会的调查显示，我国的生产企业中59%的企业拥有仓库，商业企业中44%的企业拥有仓库。这表明了我国一些行业的仓储设施相对集中。目前，我国的仓储设施大量闲置，许多储运企业的库房均出租作他用。但这并不代表我国仓储设施供大于求，问题在于仓储设施已经不符合企业的现代化需求。调查显示，拥有库房和搬运设施的企业的普遍情况是，普通平房库、简易仓库和普通楼房库为主要库种。这种仓储设施陈旧老化的问题正是导致我国仓储表面“供大于求”的主要原因。此外，中国仓储协会的调查还显示，仓储设施不能满足客户的特定需求是另一大阻碍因素。因此，我国的仓储能力是相对的结构性过剩。

随着买方市场的形成，我国仓储业逐渐暴露出它的弊病。大量的仓储设施不能满足企业个性化的需求。例如，我国对于冷冻仓储需求越来越大，但仓储的现状却不能满足这种需求。因此，我国的仓储业需要在专业化、个性化服务上作出调整，针对市场做技术改造和结构调整，以适应企业的市场需求。笔者相信，我国仓储业仍然有着巨大的潜力。

误区之二　“零库存”就是使库存达到最小

据中国仓储协会调查显示，我国84%的生产企业的原材料平均库存期集中在1周至3个月；76.3%的生产企业的成品库存期集中在10天至3个月；72.2%的商业企业的库存期集中在15天至3个月。很明显，它们的库存周期过长，这也是物流成本居高不下的一个重要原因。在我国，库存成本对物流成本的影响很大，要控制总成本，就要加强库存管理，加快库存周转，压缩平均库存量。过量的库存被认为是资金周转慢，产品积压，供货率不及时的“万恶之首”，因此许多企业盲目压缩库存量，试图达到真正意义的“零库存”。其实，零库存技术（zero-inventory logistics）是指在生产与流通领域按照准时生产方式（JIT）组织物资供应，使整个过程库存最小化的技术的总称，而并非单纯的从数量上使得库存为零。

虽然对于众多企业来说，压缩库存的优点是显而易见的，如库存占用资金的减少，加快资金周转；库存管理成本的降低；规避市场变化而产生的降价、滞销的风险等。但是很多人忽视了这样一个规律：运输成本与储存成本之间存在着二律背反的关系。当你的库存成本降低时，运输成本必然随之升高，二者不可能同时降低到最小值。但是物流对于企业的意义，并不是某一方面或者环节的成本压缩，而是整体资源的最优化，因此明智的做法是在运输成本和库存成本间找到一个平衡点，而非盲目的压缩库存。

误区之三　仓储就是单纯的储存货物

据世界权威的第三方物流产业咨询顾问公司美国A&A的报告，2000年，美国第三方物流市场中增值的仓储服务的增长率是最高的，达到23%。可见，以储存增值服务为主的第三方物流运作的市场容量大，增长最快。但是对于我国多数物流公司来说，他们还没有意识到仓储的增值服务价值所在。甚至在很多人的印象中，仓储就是单纯的储存货物。

随着我国加入世界贸易组织（WTO），世界经济全球化日益明显，企业间的竞争已经不再是实力的比拼，而是对资源的把握和运用。这种竞争在仓储环节上显现的尤为明显：不但希望仓储可以提供先进的硬件设备，还要求提供完善的软件管理，使物流与信息流充分结合。企业对仓储功能的延伸——库存管理也将越来越重视，对这种增值性服务的需求今后将会大大增加。因此，我国仓储业将或迟或早经历一场变革。

根据本案例分析仓储的未来发展方向。

问题与思考

1. 什么是仓储？
2. 仓储的功能是什么？
3. 仓储的种类有哪些？
4. 简述仓储在物流中的作用。
5. 简述仓储管理的任务。
6. 我国仓储业的发展方向。

【实践技能训练】

组织学生对本市的仓储企业进行调查。通过对各物流公司的问卷调查，了解仓储的基本情况，根据各公司的反馈，分析各公司的优势和劣势，并准确判断各家公司的仓储属于哪种类型，进而分析该市仓储企业面临的问题及未来发展的方向。

以班级为单位组织教学。学员临时组成团队（分4~5组，每组8~10人）。

实训课教学以学生主动学习为特征，教师只是引导者。

实训的主要方法：案例分析、角色扮演、情景模拟、公司系列实训、调查与访问、岗位见习、自我测试与评估、管理游戏、校园体验、网上互动等。

第二章　仓储设施设备

■ **知识目标**

1. 掌握仓储设施设备的种类。
2. 了解托盘标准化的依据。
3. 掌握货架的分类、应用以及叉车的种类。

■ **能力目标**

1. 能够现场识别各种叉车、托盘等仓储设备。
2. 能够熟练操作手动液压叉车进行托盘出入库。

第一节　仓储设施设备构成

为了满足仓储管理的需要和仓储活动的顺利进行，企业必须配置一定的硬件设施和设备。

一、仓储设施设备的种类

（一）仓储设施

仓储设施由仓库的主体建筑、辅助建筑和辅助设施构成。

1. 仓库主体建筑

（1）库房。库房是仓库中用于存储货物的主要建筑，多为封闭式建筑。库房主要由库房基础、地坪、墙壁、库门、库窗、柱、站台、雨棚等构成。

（2）货棚。货棚是一种简易的仓库，为半封闭式建筑。

（3）露天货场。露天货物是指用于堆放商品的场地。它比库房与货棚用料省、建造快、花钱少、容量大，但对自然条件的适应能力差，储存的商品有一定局限性。

2. 仓库辅助建筑

仓库的辅助建筑是指办公室、车库、修理间、装卸工人休息间、装卸工具储存间等建筑物。这些建筑一般设在生活区，并与存货区保持一定的安全间隔。

3. 仓库辅助设施

仓库辅助设施主要包括通风设施、照明设施、取暖设施、提升设施（电梯等）、地磅（车辆衡、轨道衡）以及避雷设施等。

（二）仓储设备

按用途和特征可以将仓储设备分成装卸搬运设备、保管设备、计量设备、养护检验设备、通风保暖照明设备、消防安全设备等。

1. 装卸搬运设备

装卸搬运设备是指用于商品的出入库、库内堆码以及翻垛作业的设备。这类设备对改进仓储管理、减轻劳动强度、提高收发货效率具有重要作用。

目前，我国仓库中所使用的装卸搬运设备通常可以分为以下三类。

（1）装卸堆垛设备，包括桥式起重机、轮胎式起重机、门式起重机、叉车、堆垛机、滑车、跳板以及滑板等。

（2）搬运传送设备，包括电平搬运车、皮带输送机、电梯以及手推车等。

（3）成组搬运工具，包括托盘、集装袋等（样式如图 2-1 所示）。

（1）托盘

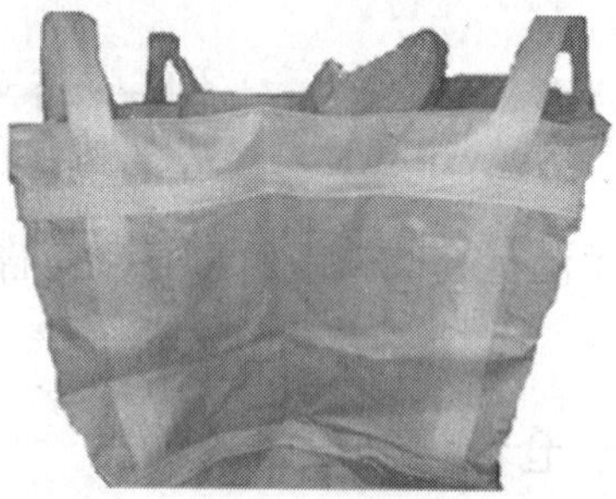

（2）集装袋

图 2-1 成组搬运工具样例

2. 保管设备

保管设备是指用于保护仓储商品质量的设备，主要可包括以下几类。

（1）苫垫用品，起遮挡雨水和隔潮、通风等作用，包括苫布（油布、塑料布等）、苫席、枕木、石条等。苫布、苫席一般用在露天堆场。

（2）存货用具，包括各种类型的货架。

货架，即存放货物的敞开式格架。根据仓库内的布置方式不同，货架可采用组合式或整体焊接式两种，整体焊接式货架的制造成本较高，不便于货架的组合变化，因此较少采用。货架在批发、零售量大的仓库，特别是立体仓库中起着非常大的作用。它便于货物的进出，又能提高仓库容积利用率。

3. 计量设备

计量设备是指用于商品进出时的计量、点数，以及货存期间的盘点、检查等的设备，如地磅、轨道秤、电子秤、电子记数器、流量仪、皮带秤、天平仪以及较原始的磅秤、卷尺等。随着仓储管理现代化水平的提高，现代化的自动计量设备将会被广泛应用。

4. 养护检验设备

养护检验设备是指商品进入仓库后，用于验收和在库内保管测试、化验以及防止商品变质、失效的机具、仪器，如温度仪、测潮仪、吸潮器、烘干箱、风幕（设在库门处，以隔内外温差）、空气调节器、商品质量化验仪器等。在规模较大的仓库这类设备使用较多。

5. 通风保暖照明设备

通风保暖照明设备是根据商品保管和仓储作业的需要而设置的。

6. 消防安全设备

消防安全设备是仓库必不可少的设备。它包括报警器、消防车、手动抽水器、水枪、消防水源、砂土箱、消防云梯等。

二、仓储设备的作用

仓储设备是构成仓储系统的重要组成因素，其担负着仓储作业的各项任务，影响着仓储活动的每一个环节，在仓储活动中处于十分重要的地位。

1. 仓储设备是提高仓储系统效率的主要手段

一个完善的仓储系统离不开现代仓储设备的应用。许多新的仓储设备的研制开发，为现代仓储的发展做出了积极的贡献。实践证明，先进的仓储设备和先进的仓储管理是提高仓储能力、推动现代仓储迅速发展的两个车轮，二者缺一不可。

2. 仓储设备是反映仓储系统水平的主要标志

仓储设备与仓储活动密切相关，在整个仓储活动的过程中伴随着存储保管、存期控制、数量管理、质量养护等功能作业环节及其他辅助作业，这些作业的高效完成需要不同的仓储设备。因此，其水平的高低直接关系到仓储活动各项功能的完善和有效实现，决定着物流系统的技术含量。

3. 仓储设备是构筑仓储系统的主要成本因素

现代仓储设备购置投资相当可观。为了维持系统的正常运转，发挥设备效能，还需要继续不断地投入大量的资金。仓储设备的费用对系统的投入产出分析有着重要的影响。

第二节　货架概述

一、货架的概念

在仓库设备中，货架是指专门用于存放成件物品的设备。为了节省仓库空间，增加库房利用率，货架通常为用支架、隔板或托架组成的立体设备。

我国的仓库多数采用平面库的形式，很少使用货架，即只是简单地将货物堆放在地上。改革开放以来，外资企业大量入驻我国，并带来了先进的生产设备与管理经验，其中就有仓储技术与设备，部分国内企业在不断地向国外企业学习、借鉴的过程中，逐渐意识到货架的重要作用，并将货架及这种新的仓储方式引入本企业。但是，国内企业真正开始较多地使用货架，只有短短几年的时间。近年来，我国企业对货架等仓储设备的需求有了显著增加，货架在仓储中的使用已经越来越广泛。

二、货架的作用

货架在现代物流活动中，起着相当重要的作用，在配送中心，实现了仓库管理现代化。货架的作用主要体现在以下几个方面的内容。

（1）货架是一种架式结构物，可充分利用仓库空间，提高库容利用率，扩大仓库储存能力。

（2）使存入货架中的货物互不挤压，可完整保证物资本身的功能，减少货物的损失。

（3）使货架中的货物存取方便，便于清点及计量，可做到先进先出。

（4）保证所存货物的质量，可以采取防潮、防尘、防盗、防破坏等措施。

（5）很多新型货架的结构及功能有利于现代仓库的机械化及自动化管理。

三、货架的种类

货架的种类有多种，企业应根据物品特性和流通特性选择适用的货架，下面主要介绍几种常用货架。

1. 托盘单货架

托盘单货架是指用于储存单元化托盘货物，并配以巷道式堆垛机及其他储运机械进行作业的货架，是机械化、自动化货架仓库的主要组成部分。托盘单货架使用广泛，通用性强，被很多仓库和大卖场等选用。其通常沿仓库的宽度方向布置若干排，每两排货架之间有一条巷道，供堆垛起重机、叉车等搬运机械进行作业，每排货架分为若干列。

托盘单货架的优点如下。

（1）存取方便，拣选效率高。每一块托盘均能单独存入或移动，而不需要移动其他托盘。

（2）可适用各种类型的货物，可按照货物尺寸要求调整横梁高度。

（3）配套设备简单，成本低，能快速安装和拆除。

（4）货物存取较快，适用于整托盘出入库或手工拣选的场合。

托盘单货架的缺点如下。

（1）库房利用率相对较低，由于每两排货架间必须有一条巷道，所以库房利用率受到影响。

（2）货架高度有一定限制，单排货架结构的承载强度受到限制，所以不能设计得太高。

这种货架适用于品种较多，整托盘储存的货物。它的出入库不受先后顺序的影响，一般的叉车都可以使用。

2. 驶入式货架

驶入式货架是指叉车可以驶入到货架列中进行存取作业的货架。这是一种连续性的整体式货架，货物存取从货架同一侧进出，遵循“先存后取，后存先取”的原则。

驶入式货架的优点如下。

（1）库房利用率较高。由于每一条通道的两侧可以布置纵深不等的货位，所以可以布置较多的存货位置。

（2）可以适用各种类型的货物，可按照货物尺寸要求调整横梁高度。

（3）货架整体强度较好。

（4）单位货位成本较低。

驶入式货架的缺点如下。

（1）适用于批量存取，对先进先出要求较高，对批量小、品种多的货物不适用。

（2）对叉车的选择有限制，一般要求叉车的宽度比较小。

驶入式货架的示例如图 2-2 所示。

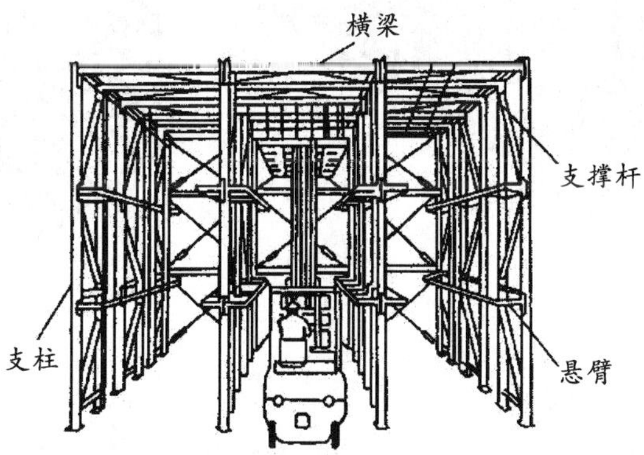

图 2-2　驶入式货架

3. 重力式货架

重力式货架的一端较高，其通道可用于存放大货架；另一侧较低，倾斜布置，其通道作为出货用。由于货物放在滚轮上，因此可以利用重力使货物向出口方向自动下滑，以待取出。存货时托盘从货架斜坡高端送入滑道，通过滚轮下滑，逐个存放；取货时从斜坡底端取出货物，其后的托盘逐一向下滑动。这种储存方式在排与排之间没有作业通道，大大提高了仓库利用率。但使用时，最好同一排、同一层上的货物，应为相同的货物或一次同时入库和出库的货物。此外，当通道较长时，在导轨上应设置制动滚道，以防止终端加速度太大。

重力式货架的优点如下。

（1）适用于大量储存、短时发货的货物。

（2）适用先进先出的货物存取。

（3）空间利用率可达 85%。

（4）适用于一般叉车配套存取货物。

重力式货架的缺点如下。

（1）高度受限，一般在六米以下。

（2）对仓库的清洁性要求高。

重力式货架的储存空间比一般托盘货架的储存空间多 50% 左右，样例如图 2-3 所示。

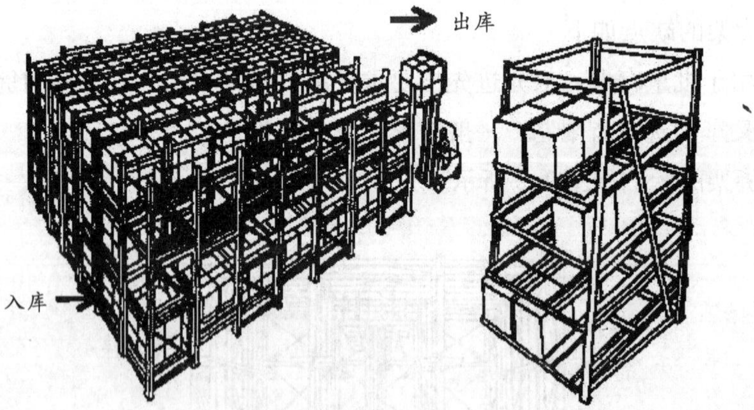

图 2-3　重力式货架

4. 层架

层架由立柱、横梁和层板构成，层间用于存放货物，样例如图 2-4 所示。

图 2-4　层架

5. 悬臂式货架

悬臂式货架由 3～4 个塔形悬臂和纵梁相连而成。它在储存长形货物的仓库中被广泛运用。悬臂式货架（如图 2-5 所示）适合存储大件货物和不规则货物，诸如钢铁、木材、塑料等，其前伸的悬臂具有结构轻巧、载重能力好的特点。如果增加搁板，则适合空间小、高度低的库房，一般高在六米以下为宜，空间利用率低，为 35%～50%。

图 2-5　悬臂式货架

6. 移动式货架

移动式货架的货架底部装有滚轮，并装有控制装置，若开启该装置，滑轮可以沿轨道滑动，具体样例如图 2-6 所示。

这是一种在货架的底部安装有运行车轮，可在地面上运行的货架，按驱动方式不同可分为人力推动式、摇把驱动式和电动式。

图 2-6　移动式货架

移动式货架因为只需要一个作业通道，所以使用该货架会提高仓库面积的利用率。该货架广泛应用于办公室存放文档，图书馆存放档案文献，金融部门存放票据，工厂车间、仓库存放工具和物料等。该货架适用于库存品种多、出入库频率较低的仓库，或库存频率较高，但可按巷道顺序出入库的仓库使用。

移动式货架的特点如下：

（1）储存量大，节省空间；

（2）适合保管品种少、批量大、出入库频率低的货物；

（3）库房利用率较高，地面使用率达 80%；

（4）可直接存取每一项货品，不受先进先出的限制；

（5）高度可达 12 米，单位面积的储存量可达托盘货架的两倍左右。

7. 旋转式货架

旋转式货架设有电力驱动装置。货架沿着由两个直线段和两个曲线段组成的环形轨道，由开关或用计算机操纵运行。旋转式货架（如图 2-7 所示）操作简单，存取作业迅速，适用于电子原件、精密机械等少批量多品种小物品的储存及管理，通过计算机控制，该货架可实现自动存取和自动管理。

图 2-7　旋转式货架

旋转式货架的特点如下：

（1）节省人力，空间利用率高；

（2）由标准化的组件构成，可适用于各种空间配置；

（3）存取出入口固定，货品不易丢失；

（4）计算机快速检索和寻找储位，拣货快捷；

（5）取料口高度符合人机学，作业人员可长时间工作。

旋转式货架又可分为水平旋转式货架和垂直旋转式货架两种形式。

（1）水平旋转式货架，这种货架的结构特点是本身在动力输送机械的带动下，可在水平面内沿着一定的环形路线运行。当需要提取某种货物时，操作人员通过操作盘向货架发出相应的指令，相应的一组货架便开始运转，直到到达拣选位置货架便停止运转。这时操作人员即可从中拣出货物，然后再发出指令，使货架回到原位。

（2）垂直旋转式货架与水平旋转式货架的结构原理相似，它只是改变了旋转方向。作业人员通过操作盘向货架系统发出指令，货架系统则根据操作指令既可以正转也可反转，使需要提取的货物降落到最下面的取货位置上。这种垂直循环式货架适用于储存小件物品。

8. 阁楼式货架

阁楼式货架（如图 2-8 所示）采用木板、花纹板、钢板等材料做楼板，可灵活设计成二层及多层，适用于五金工具、电子器材、机械零配件等物品的小包装散件储存。

图 2-8　阁楼式货架

阁楼式货架的特点如下：

（1）提高储存高度，增加空间利用率；

（2）上层存放轻量物品，如上层存放箱、包和散件，下层存放托盘。

四、货架的选择原则

（一）实用性原则

货架应当满足所储存物品的品种、规格尺寸和性能的要求，并符合物资先进先出的原则。

（二）经济性原则

货架的配备必须从仓库自身的经济条件出发，在满足规模需要的情况下，以最少的资金占用来配置相对比较全面的设备，实现仓库的最大经济效益。

（三）安全可靠原则

货架的牢固性要满足所载物品重量的要求，并有一定的安全余量。对于存放危险品的货架应有特殊的规定。

（四）先进性原则

随着现代技术的发展，各类新设备不断出现，这些设备在技术上更先进，性能上更适应仓储作业的要求。企业对仓库设备配置进行选择时，应在适应现代仓储要求的前提下，尽量配置新技术设备，以提高生产效率。

第三节　托盘概述

一、托盘的概念及特点

（一）托盘的概念

托盘是为了使物品能有效地装卸、运输、保管，将其按一定数量组合放置于一定形状的台面上，这种台面可供叉车从下部叉入并将台板托起，以实现快速存放。以这种结构为基础的平面台板和在这种基本结构基础上所形成的各种形式的集装器具都可统称为托盘。

托盘是现代工商业生产、运输、储存及包装的一种重要工具，随着机械化程度的提高，对其的使用越来越广泛。据统计，美国托盘的使用达到了平均每人可分到 10 个托盘。托盘最初是在装卸领域出现并发展的，在应用过程中又进一步得到发展。

托盘作为一种重要的集装器具，是在物流领域中适应装卸机械化而发展起来的一种集装器具，托盘的发展可以说是与叉车同步。因此，托盘的出现有效地促进了全物流过程水平的提高。

托盘的出现也促进了集装箱和其他集装方式的形成与发展。现在，托盘已成为和集装箱一样重要的集装方式，即托盘和集装箱成为了集装系统的两大支柱。

（二）托盘的特点

1. 托盘的优点

（1）自重量小，用于装卸、运输的托盘本身所消耗的劳动较小。

（2）返空容易。

（3）装盘容易。不需像集装箱那样深入到箱体内部，装盘后可采用捆扎、紧包等技术处理，使用简便。

（4）装载量虽较集装箱小，但以托盘为运输单位时，既便于点数、理货交接，又可以减少货差事故。

2. 托盘的缺点

（1）占用一定空间，使货运件数变少，体积重量增大。

（2）对物品的保护性较差。

二、托盘的分类

按结构不同对托盘进行分类，可分为平式托盘、箱式托盘、柱式托盘、轮式托盘。

1. 平式托盘

托盘一般是指平式托盘。其由双层板或单层板另加底脚支撑构成，无上层装置，在承载面和支撑面间设有纵梁，可使用叉车或搬运车等进行作业。

2. 箱式托盘

以平式托盘为底，上面有箱形装置，四壁围有网眼板或普通板，顶部可以设有盖或不设盖，可用于存放形状不规则的物料。

3. 柱式托盘

柱式托盘是在平式托盘基础上发展起来的，其特点是在不挤压货物的情况下可进行码垛（一般为四层）。托盘上的立柱大多采用可卸式的，高度多为 1.2 米，立柱的材料多为钢制，耐荷重 3 吨，自重 30 千克左右，多用于包装物料、管材等的集装。柱式托盘还可进一步分成固定式托盘（四角支柱与底盘固定连接在一起）和可拆装式托盘。近年来，柱式托盘在国外推广迅速。

4. 轮式托盘

轮式托盘是指在箱式托盘下部安装脚轮的箱型设备。

托盘按材质不同可分为木托盘、金属托盘、塑料托盘、纸质托盘、胶合板托盘、冷冻托盘及复合托盘等。

（1）木托盘

通过中国物流与采购联合会托盘专业委员会的初步调查显示：中国现拥有各种类托

盘为 5 000 万 ~ 7 000 万片，每年产量递增 2 000 万片左右。其中，木制平托盘约占 90%。由此可见木托盘在我国的占有量还是非常大的。木托盘的优点是成本低、维修方便，本身重量小，但是也存在容易损坏、标准不统一、不容易清洁等缺点。

（2）塑料托盘

塑料托盘与钢托盘、木托盘相比，具有质轻、平稳、美观、整体性好、无钉无刺、无味无毒、耐酸、耐碱、耐腐蚀、易冲洗消毒、不腐烂、不助燃、无静电火花、可回收等优点，使用寿命是木托盘的 5 ~ 7 倍，是现代化运输、包装、仓储的重要工具，是国际上规定的用于储存食品、水产品、医药、化学品、立体仓库等的必备器材。但由于其成本较高，使用普及率偏低。

（3）金属托盘

金属托盘的优点是承重能力强、结构牢靠、不易损坏；缺点是自身重量大，容易锈蚀。

（4）纸质托盘

纸质托盘因具有无虫害、环保、价格低廉以及承重能力强等优点，目前正成为大多数企业关注的焦点。

使用纸质托盘时，应注意以下几点内容。

①承载物应均匀、平整地摆放在托盘上，保证托盘表面均匀受力。

②在使用叉车提升货物前，应保证叉车工作臂完全进入到托盘内（工作臂进入深度不应低于托盘 2/3 的深度）；提升货品时应保证叉车工作臂保持水平。

③使用叉车时，切勿直接推拉或撞击托盘，严重的碰撞会令纸托盘损毁。

④纸托盘是根据用户的特殊需要而设计制造的。用户只能在该托盘中存放专门用途的货品。

⑤员工切勿站立在纸托盘上，以免破坏托盘的结构，从而对员工造成伤害。

⑥纸质托盘应放在室内干燥的地方，弄湿的纸托盘会影响承托效果。

另外，按叉车叉入托盘的方向分类，托盘又可分为单向叉入式托盘、双向叉入式托盘和四向叉入式托盘。

三、托盘标准化

托盘标准化是实现托盘联运的前提，是实现物流机械和设施标准化的基础及产品包装标准化的依据。下面主要介绍国内及国际托盘标准规格。

（一）国际托盘标准规格

目前，国际标准化组织（ISO）制定的四种托盘的国际规格如下：

（1）1 200mm×800mm（欧洲规格）；

（2）1 200mm×1 000mm（欧洲一部分、加拿大、墨西哥规格）；

（3）1 219mm×1 016mm（美国规格）；

（4）1 100mm×1 100mm（亚洲规格）。

（二）国内托盘标准规格

由于历史原因，我国托盘规格比较复杂。1982 年我国颁布国家标准（GB293-82），规定了三种联运托盘的平面尺寸，加上 ISO 中包括的适用于集装箱的托盘，我国目前的托盘规格主要有如下四种尺寸：

（1）800mm×1 000mm；

（2）800mm×1 200mm；

（3）1 000mm×1 200mm；

（4）1 100mm×110mm。

在这几种托盘中，1 100mm×1 100mm 规格是为配合现在留下的 ISO 国际集装箱而被设计出来的，1 000mm×1 200mm 规格托盘则被很多国家采用，这两种托盘也是世界上目前使用最为广泛的托盘。

第四节　叉车概述

一、叉车的概念

叉车以机动灵活、性能可靠的特点应用在各种物流场所。其作业对象既可以是集装箱，又可以是杂货；作业方式既可以在堆场垂直堆码，又可以用于水平运输；作业内容既可以是装卸货物，又可以将物品摆放在货架上或卸下货架。

因此，叉车是泛指具有各种叉具，能够对货物进行升降和移动以及装卸作业的搬运车辆。其构造会影响操作方便性，同时会对物流系统中的其他设备产生影响。其结构指标具体如下。

（1）货叉。它是直接搬运物品用的，一般宽 100～150 毫米，长 1 000～1 200 毫米，厚 40 毫米。两叉距离根据货物尺寸可以调整。

（2）载重心距。这是负载重心到货叉架的距离，是决定负载能力的因素之一。

（3）轴距。它是决定负载能力、旋转半径、直角堆放通道宽度和离地高度等作业特性的重要参数。

（4）动力系统。托板车和窄道式叉车均采用电瓶式操作，用于室内工作。室外多使用内燃机式叉车。

（5）安全架。它用来保护操作者头部，可以将它设计成多段式的，大部分是液压式的，也有采用电动提升装置的。

（6）货架叉。它可以固定货叉和有关附件。

二、叉车的分类

1. 按动力装置分类

按动力装置分类，叉车可以分为内燃动力叉车、电动叉车、步行操纵式叉车等。

（1）内燃动力叉车以内燃机为动力提供作业所需能量。它又可以分为汽油、柴油、液化石油为动力的叉车。

（2）电动叉车也叫电瓶叉车，由蓄电池供给能量，直流电动机驱动运作。

（3）步行操纵式叉车靠人的体能进行操作。

2. 按结构特点分类

按照结构特点，叉车可以分为平衡重式叉车、前移式叉车、侧叉式叉车。

（1）平衡重式叉车的货叉从车前轮的前方伸出。为消除货叉上的货物重量产生的前倾力矩，保持叉车的纵向稳定性，在车体后部会装有平衡重块。该类叉车由于适应性强，已经成为叉车中应用最广的一种。

（2）前移式叉车。该类叉车有两条前伸的支腿，两前支轮较大，支腿较高。当叉取货物时，支腿不插入托盘下面，而是叉车和门架一起前移，插入托盘或货物底部，然后起升至货叉高出支腿位置，带着货物与门架一起后退，使货物重心位于前后车轮所决定的平面内，再进行搬运。因此，该叉车稳定性好，但其结构较复杂。

（3）侧叉式叉车的货叉位于叉车侧面位置。

三、叉车的主要技术参数

叉车的主要技术参数是用来表明叉车的结构特征和工作性能的。叉车的主要技术参数有额定起重量、载荷中心距、最大起升高度、门架倾角、最大起升速度、最小转弯半径、最小离地间隙、轴距和轮距等。

（1）额定起重量。叉车的额定起重量是指货物重心至货叉前壁的间隔不大于载荷中心距时，能够起升的货物的最大重量，以吨（t）为单位。当货叉上的货物重心超出了规定的载荷中心距时，由于叉车纵向稳定性的限制，起重量应相应减小。

（2）载荷中心距。载荷中心距是指在货叉上放置标准的货物时，其重心到货叉垂直段前壁的水平间隔，以毫米（mm）表示。对于1t叉车规定载荷中心距为500mm。

（3）最大起升高度。最大起升高度是指在平坦坚实的地面上，叉车满载，货物升至最高位置时，货叉水平段的上表面离地面的垂直间隔。

（4）门架倾角。门架倾角是指没有载货物的叉车在平坦坚实的地面上，门架相对其垂直位置向前或向后的最大倾角。前倾角的作用是为了便于叉取和卸放货物；后倾角的作用是当叉车带货运行时，预防货物从货叉上滑落。根据作业需要，一般叉车前倾角为3°~6°，后倾角为10°~12°。

（5）最大起升速度。叉车最大起升速度通常是指叉车满载时，货物起升的最大速度，以米/分（m/min）表示。提高最大起升速度，可以提高作业效率；但起升速度过快，容易发生货损和机损事故。目前国内叉车的最大起升速度已达到20m/min。

（6）最高行驶速度。行驶速度对叉车的作业效率有很大影响。对于起重量为1t的内燃叉车，其满载时最高行驶速度不小于17m/min。

（7）最小转弯半径。当叉车没有装载货物低速行驶并打满方向盘转弯时，车体最外侧和最内侧至转弯中心的最小间隔，分别称为最小外侧转弯半径外和最小内侧转弯半径内。最小外侧转弯半径愈小，则叉车转弯时需要的地面面积愈小，机动性愈好。

（8）最小离地间隙。最小离地间隙是指除车轮以外，车体上固定的最低点至地面的间隔。最小离地间隙愈大，则叉车的通过性愈高。

（9）轴距和轮距。叉车轴距是指叉车前后轮中心线的水平间隔。轮距是指同一轴上左右轮中心的间隔。增大轴距有利于叉车的纵向稳定性，但使车身长度增加，最小转弯半径增大。增大轮距有利于叉车的横向稳定性，但会使车身总宽和最小转弯半径增加。

四、选择叉车应考虑的因素

（1）根据叉车的负载能力不同进行选择。

（2）根据作业区的日吞吐量、作业高度、搬运距离进行选择。

作业区的日吞吐量、作业高度、搬运距离应与叉车的技术性能参数相符。

作业区的日吞吐量是指作业区，如车站、码头等每天入库和出库的货物的总重量或搬运托盘的数量。企业可根据这个指标确定所选叉车的搬运能力和叉车的数量。

（3）根据作业区的高度不同，选择货叉最大的起升高度，在选择时应保证货叉的最大起升高度高于作业区的作业高度。

（4）根据作业环境不同，选择合适的叉车。

五、确定叉车数量及工时

人力/叉车需求量可用托盘的数量乘以工作周期时间再除以可用时间来测算，具体计算公式如下。

$$\text{人力/叉车需求量} = \frac{\text{搬运托盘数} \times \text{工作周期时间}}{\text{叉车可用时间}}$$

【例2-1】在某仓库中，叉车是连续作业的，叉车的工作周期为3.5分钟，该仓库每日需搬运托盘800个，叉车每日的工作时间为8小时。请计算此仓库需安排几辆叉车。

解：叉车需求量$=\frac{800\times3.5}{8\times60}\approx6$（辆）

即该仓库需要安排6辆叉车。

【本章小结】

本章主要介绍了仓储设施设备。其中，托盘是仓库中用于存取货物的基本单元，托盘以装盘容易、自重小、反空容易等特点，在仓库中被广泛应用。叉车是仓库常用的装卸搬运设备，它既可以实现货物的上下移动，也可以实现货物的水平移动，且灵活机动，所以成为仓库中不可缺少的机械设备。货架是为了节省仓库空间，提高货物的存取效率而在仓库中设置的设施。货架根据其存取方式以及结构形态的不同分为多种类型，不同类型的货架适合储存不同的货物。

【案例学习】

各种仓储货架方式的比较与分析

某仓库长和宽分别是48m和27m，该仓库托盘单元货物尺寸为1 000mm（宽）×1 200 mm（深）×1 300 mm（高），重量为1t。仓库若采用窄通道（VNA）系统，可堆垛6层，有效高度可达10m；而采用其他货架方式只能堆垛4层，有效高度为7m。

1. VNA窄通道系统

该系统货物可先进先出，取货方便，适用于仓库屋架下弦较高，如10 m左右。因采用高架叉车，采购价为58万元，地面需要加装侧向导轨；叉车通道宽为1 760mm，总存货量为2 088个货位；货架总造价为41.76万元，仓库总造价为129.6万元，工程总投资为229.36万元，系统平均造价为每个货位1 098元。

2. 驶入式货架系统

货物先进后出，且单独取货困难；但存货密度高，用于面积小、高度适中的仓库。该系统适用于货品单一、成批量进出货的仓库。系统采用平衡重式电动叉车，采购价为22.5万元，叉车直角堆垛通道宽度为3 200mm，总存货量为1 812个货位，货架总造价为43.5万元。仓库建筑总造价为123.12万元，工程总投资为189.12万元，系统平均造价为每个货位1 044元。

3. 选取式货架系统

货物可先进先出，取货方便。该系统对货物无特殊要求，适用于各种类型货物，但属于传统型仓库系统，货仓容量较小。系统采用电动前移式叉车，采购价为 26 万元，叉车直角堆垛通道宽度为 2 800mm，总存货量为 1 244 个货位，货架总造价为 16. 2 万元，仓库建筑总造价为 123. 12 万元，工程总投资为 165. 32 万元，系统平均造价为每个货位 1 329 元。

4. 双深式货架系统

货物可先进后出，取货难度适中。该系统货仓容量较大，可与通廊式货架媲美；且对货物和货仓无特殊要求，适用面广。系统采用站驾式堆高车和伸缩叉，采购价为 25 万元，叉车直角堆垛通道宽度为 2 800mm，总存货量为 1 716 个货位，货架总造价为 24 万元，仓库建筑总造价为 123. 12 万元，工程总投资为 172. 12 万元，系统平均造价为每个货位 1 003 元。

通过以上比较可以看出，除了投资成本的不同，四种不同的货架仓储方式有各自的特点。

VNA 窄通道系统能有效利用仓库的空间（通道最小），同时又能保证有很好的存取货速度和拣选条件（每个托盘都能自由存取和拣选）。该类仓库系统，每台设备的存取货速度大约为每小时 30 ~35 个托盘。该系统适合各种行业，特别是种类比较多，或进出速度较快的情况。如果仓库越大，仓库的进出量就越大，使用该系统的设备数量增加不会很多，成本反而更低。近年来，这种系统的仓库已越来越多，特别是大型仓库。

驶入式系统可以有效利用仓库的空间（货架排布密度大），但不能满足拣选的要求。每个托盘不能自由存取，适合种类比较单一、大批量进出状况的作业。该系统的出货速度不快，每小时只有 10 ~12 个托盘。该系统一般在较少的行业使用。

选取式货架系统是使用最广泛的一种，不能非常有效地利用仓库的空间，但能保证有很好的存取速度和拣选条件（每个托盘都能自由存取和拣选）。该类仓库系统，每台设备的存取速度为每小时 15 ~18 个托盘，适用于各种行业。随着仓库增大，仓库的进出量越大，使用该系统的设备数量增加会较多，所以成本会增加；但它具有较好的灵活性，第三方物流的仓库大都采用这种形式。

双深式货架系统是选取式和驶入式货架系统的结合体，可以非常有效地利用仓库的空间（货架排布密度较大），又能保证有很好的存取货速度和拣选条件（每两个托盘都能自由存取和拣选）。该类仓库系统，每台设备的存取速度为每小时 12 ~15 个托盘。它的灵活性也较好，如果随着仓库增大，仓库的进出量越大，使用该系统的设备数量增加不会较多，所以成本基本保持不变。近年来，使用这种仓库的企业逐渐增多，其没有行业限制，但货物种类不能太多。

综合来看，每种仓库系统各有特色，每个企业要按照各自的行业特点来选择最适合的、性价最好的系统。当然，每个系统并不是独立的，可以结合起来同时使用，根据不同的物流方式、进出速度、货物品种、进出量来选择。

根据该案例分析各种货架的适用情况。

注：案例选编自鲁晓春，吴志强. 物流设施与设备. 北京：清华大学出版社，北京交通

大学出版社，2005。

问题与思考

1. 什么是仓储设施设备？

2. 简述货架的作用。

3. 简述各种货架的特点。

4. 简述托盘的特点。

5. 简述选择叉车时应考虑的因素。

6. 在某仓库中，叉车是连续作业的，叉车工作周期为4分钟，该仓库中每日需搬运托盘1 000个，叉车每日的工作时间为7小时。请计算此仓库需配备几辆叉车。

【实践技能训练】

组织学生对本市的物流中心进行调查，了解现今物流企业的主要物流设施设备，并分析其设备选择是否合理和这些设备的优缺点，对此再提出合理化建议。

以班级为单位组织教学，教学地点选择有两个：物流中心、大型超市。学员临时组成团队（分4~5组，每组8~10人）。

实训课教学以学生主动学习为特征，教师只是引导者。

第三章　现代仓储作业管理

■ **知识目标**

1. 掌握仓储作业基本流程。
2. 掌握储位编码方法、货物编号方法、货物储存位置优选方法。
3. 熟悉进货作业、搬运作业、储存作业、盘点作业的方法。
4. 了解仓储货物保管方法。

■ **能力目标**

1. 能够根据实际需要，安排货物的出入库。
2. 能够根据货物类型，合理安排货位，并选择合适的装卸搬运方式。

第一节　仓储作业流程

仓储作业是指从商品入库到商品发送出库的整个仓储作业全过程，主要包括入库流程、在库管理和出库流程等内容。

一、仓储作业流程

（一）仓储作业组织

1. 仓储作业组织的目标

仓储作业组织按照预定的目标，将仓库作业人员与仓库储存手段有效结合起来，并完成仓库作业过程各环节的职责，为商品流通提供良好的储存劳务。仓储作业组织的目标是指按照仓储活动的客观要求和仓储管理上的需要，将与仓储有直接关系的部门、环节、人和物尽可能地合理组织起来，使他们的工作协调、有效进行，加速商品在仓库中的周转，合理地使用人力、物力，以取得更大的经济效益。仓储组织的目标可以概括为：快进、快出、高效、保质和低成本。

（1）快进。商品运抵港口码头、车站或仓库铁路专用线时，作业人员要以最快的速度完成接货、验收和入库作业活动。接货阶段的活动影响着后续相关的活动，也影响运输的效率和信息的及时性。

（2）快出。快出包含商品在仓库停留的时间尽可能缩短，也包含出库作业环节的快速性。前者可以提高商品的周转率；后者可以加快仓库出库环节的运作效率，包括快速分拣、复核、出单和交割。

（3）高效。在合理规划的基础上，最大限度地利用有效的储存面积和储存空间，提高单位面积的储存量和面积利用率。

（4）保质。按照商品的性质和储存条件的要求，合理安排储存场所，采取科学的保管方法，使其在保管期间质量完好、数量准确。

（5）低成本。尽可能控制商品在仓库储存期间所发生的各项成本。这些成本主要包括运作成本、商品损失成本、管理成本、设备成本和相关成本等。

2. 仓储作业组织的原则

仓储信息争取做到当天到达的商品，当天能反映出来，从而为库存控制、供应链管理提供信息。这些信息包括入库时间、数量、验收结果、储存位置、储存数量等实时动态。

为了实现上述目标，在组织仓储作业的过程中，就更应该在综合全面地考虑各方面因素的同时注意以下原则。

（1）仓储作业过程的连续性。

连续性是指商品在仓储作业过程中的流动，其在时间上是紧密衔接的、连续的。商品在库期间经常处于不停的运动中，从商品到库后的卸车、验收、库内搬运、堆码，到出库时的备料、复核、装车等，都是一环紧扣一环、互相衔接的。因此，在组织仓储作业过程中，要求商品各个环节或工序间的流动，在时间上尽可能衔接起来，控制各种不必要的停顿或等待时间。

保持作业过程的连续性，可以减少货物在各个环节的停留时间，加快货物周转和提高劳动生产率。组织仓储作业时，考虑到相互往来的各个环节的作业要求，应该从整个作业过程出发来评价和选择作业方案，进行作业安排。例如，商品出入库的堆放位置和堆码形式的确定，不仅要符合商品入库的堆放位置和堆码形式的规定，还要考虑到商品出口的装卸作业和搬运路线，尽量避免交叉重复的搬运路线，避免大批货品的长距离搬运。

（2）仓储作业的节奏性。

节奏性是指仓储作业过程的各个阶段、各个工序之间在人力及物力的配备和实践的安排上必须保持适当的运作节奏关系。例如，验收场地和保管场地之间、运输力量和搬运力量之间、验收人员和保管人员之间、验收时间和收发时间之间等要有一个适当的比例。保持作业过程节奏性，可以充分利用人力和设备，避免或减少货物在各个作业阶段和工序的停滞与等待，从而保证作业过程的连续性。

作业过程的节奏性在很大程度上取决于仓储面积布置的正确性，特别是作业中各种设备能力的比例。同时，在货物储存过程中，作业技术的改进，工人技术熟练程度的提高和储存货物品种、规格、数量的变化，也会使作业过程的各环节间的比例发生不协调。因此，在组织作业过程中，库房管理人员应考虑仓储作业具有不均衡性的特点，充分利用人员和设备，从而保证仓储作业的正常进行。

（二）仓储作业的一般流程

仓储作业的流程形式有许多种类，从一般的仓库到复杂的综合物流中心，其流程的区别主要取决于仓库本身的业务模式、规模大小、设施条件、客户方向和服务功能等诸多因素。仓储的基本作业流程如图 3-1 所示。

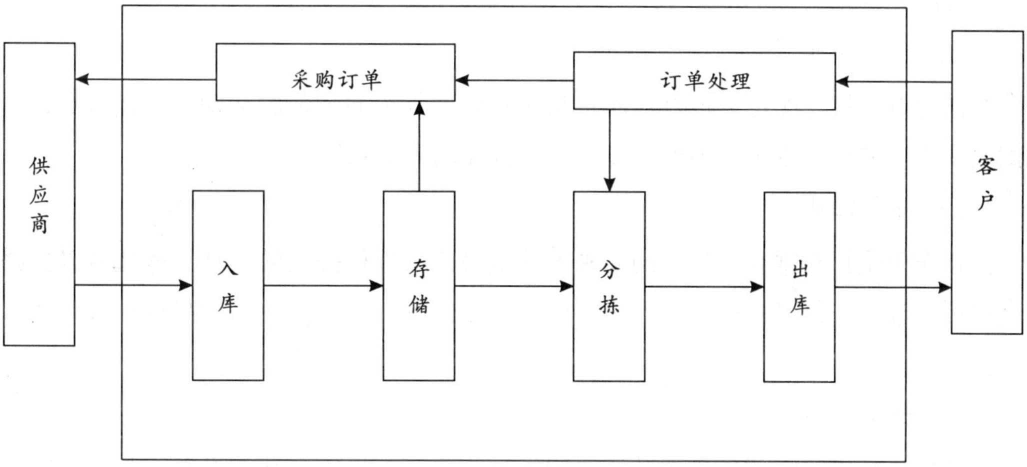

图 3-1 仓储的基本作业流程

二、仓储作业环节

仓储作业过程可归纳为订单处理作业、采购作业、入库作业、盘点作业、拣货作业、出货作业和配送作业七个环节。

（一）订单处理作业

仓库的业务归根结底来源于客户的订单，它始于客户的询价、业务部门的报价。企业接收到客户的订单后，业务部门了解库存状况、装卸能力、流通加工能力、包装能力和配送能力等，以满足客户需求。对于具有销售功能的仓库，核对客户的信用状况、未付款信息也是重要的内容之一。对于服务于连锁企业的物流中心，其业务部门也叫客户服务部。每日处理订单和与客户经常沟通是客户服务的主要功能。

（二）采购作业

采购作业环节有两个作用：一是将仓库的存货控制在一个可接受的水平；二是寻求订货批量、时间和价格的合理关系。采购信息来源于客户订单、历史销售数据和仓库存货量，由此可见仓库的采购活动不是独立的商品买卖活动。采购作业包括统计商品需求数量、查询供货厂商交易条件，然后根据所需数量及供货商提供的经济订购批量提供采购单。服务于连锁企业的物流中心，此项工作由存货控制部来完成。

（三）入库作业

仓库发出采购订单或订单后，库房管理人员即可根据采购单上预定入库日期进行作业安排；在商品入库当日，库房管理人员进行入库商品资料查核、商品检验，当质量或数量与订单不符时，应进行准确记录，并及时向采购部门反馈信息。库房管理人员按库房规定的方式安排卸货、托盘码放和货品入位。同一张订单分次到货或不能同时到达时，库房管理人员要视实际情况进行认真记录，并将部分收货记录资料保存到规定的到货期限。

（四）盘点作业

仓储盘点是指仓库定期核查在库货品实际数量与账面数量的活动。通过盘点，可以掌握仓库真实的货品数量，为财务核算、存货控制提供依据。

（五）拣货作业

拣货作业是指根据客户订单的品种及数量对商品进行拣选的活动。拣选可以按路线拣选也可以按单一订单拣选。拣选工作包括拣取作业、补充作业的货品移动安排和人员调度。

（六）出货作业

出货作业是指完成商品拣选及流通加工作业之后，送货之前的准备工作。出货作业包括准备送货文件、为客户打印出货单据、准备发票、制订出货调度计划、决定货品在车上的摆放方式、打印装车单等工作。

（七）配送作业

配送作业包括送货路线规划、车辆调度、司机安排、与客户及时联系、商品在途的信息跟踪、意外情况处理及文件处理等工作。

第二节　入库作业管理

一、入库作业原则

为了及时、安全和准确地组织货物入库，企业在规划入库作业时须按照以下原则进行。

1. 集中作业

在入库作业时，尽可能将卸货、分类、标志等作业环节集中在一个场所完成。这样既可减少空间的占用，也可节约货物搬运所消耗的人力和物力。

2. 保持顺畅

依据各作业环节的相关性安排活动，避免倒装、倒流，特别是在货台上进行直接转运作业时，更应注意作业的顺畅性。

3. 合理安排

平衡安排装卸货站台的使用，货物从站台至储存区的流动尽量保持直线流动。优先安排入库高峰作业时间，合理调配人力资源，以保证入库作业的顺利进行。

二、入库作业流程

入库作业是指从接到入库通知单后，经过接运提货、装卸搬运、检查验收、办理入库手续等一系列作业环节构成的工作过程。入库作业流程如图 3-2 所示。

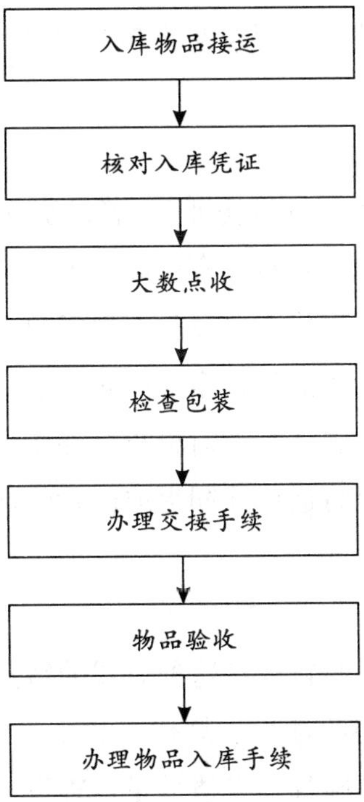

图 3-2　入库作业流程图

入库作业必须经过一系列的操作过程。主要程序包括：入库物品接运、核对入库凭证、大数点收、检查包装、办理交接手续、物品验收和办理物品入库手续等。

（一）入库物品接运

物品接运人员要根据不同的接运方式，处理接运中的各种问题。

1. 专用线接运

专用线接运是铁路部门将转运的物品直接送到仓库内部专用线的一种接运方式，在操作时主要从以下几个方面考虑。

(1) 卸车前的检查：包括核对车号，检查车门、车窗、货封有无异样，物品名称、箱件数是否与物品运单上相符。对盖有篷布的敞车，应检查覆盖状况是否严密完好，尤其要查看有无雨水渗漏的痕迹和破损、散捆等情况。

(2) 卸车过程中要注意：按车号、品名、规格分别堆码，做到层次分明，便于清点，并标明车号和卸车日期；同时注意外包装的指示标志；妥善处理苫盖，防止受潮和污损；与保管人员一同监卸，争取卸车与物品件数一次点清。卸货后货垛之间要留有通道，与消防、电力设施保持一定距离，与专用线铁轨外侧的距离要保持在1.5米以上。正确使用装卸机具和安全防护用具，确保人身和物品安全。

(3) 卸车后的清理：检查车内是否还有物品，关好车门、车窗，通知车站取车；做好卸车记录，办理内部交接手续，主要包括将卸车记录和运输记录交付保管人员，将进货物品件数交付保管人员。

2. 车站、码头提货

到车站提货，应向车站出示“领货凭证”，若发货人没有将“领货凭证”寄到，也可以凭单位证明或单位提货专用章在货票存查联上加盖，将货物提回。

到码头提货手续稍有不同，提货人要事先在提货单上签名并加盖公章或附单位提货证明，到港口换取货运单，然后才能到指定的库房提取货物。

提货时要根据运单和有关资料认真核对检查，并作相应的货运记录。

货到库后，接运人员应及时将运单连同提取的货物向保管人员当面交点清楚，然后双方共同办理交接手续。

3. 自提货

仓库直接到供货单位提货，叫自提。这种方式的特点是提货与验收同时进行。仓库根据提货通知，要了解所提货物的性质、规格、数量，准备好提货所需的设备、工具、人员；到供货单位当场进行物品验收，点清数量，查看外观质量，做好验收记录；将货运到仓库后，应交验收员或保管员复验。

4. 送料

送料是供货单位直接将物品送达仓库的方式。当货物到达后，保管或验收员直接与送货人员进行接收工作，当面验收并办理交接手续。如果有差错要立即作记录，让送货人员签章。

5. 差错处理

在接运过程中，如果发生差错，除了因不可抗力或物品本身性质引起的之外，所有差错的损失都要向责任者提出索赔。因此，差错的记录就显得尤为重要。

差错事故记录主要有以下几种。

（1）货运记录。货运记录是表明承运单位负有责任事故、收货单位据此索赔的基本文件。物品在运输过程中发生以下差错均填写货运记录。货运记录内容包括物品名称、件数与运单记载数字不符，物品被盗、丢失或损坏，物品污损、受潮、生锈、霉变或其他货物差错等。记录必须在收货人卸车或提货前，通过认真检查发现问题，经承运单位复查确认后，由承运单位填写再交给收货单位。

（2）普通记录。这是承运单位开具的一般性证明文件，不具备索赔的效力，仅作为收货单位向有关部门交涉处理的依据。遇到下述情况并发生货损货差时，填写普通记录：铁路专用线自装自卸的物品；棚车的铅封印纹不清或没有按规定施封；施封的车门、车窗关闭不严，或者门窗有损坏；篷布苫盖不严漏雨或其他情况；责任判明为供货单位负责的其他事故。

以上情况的发生，责任一般在供货单位，收货单位可以凭普通记录向发货单位交涉处理，必要时向发货单位索赔。

（二）核对入库凭证

物品运抵仓库后，仓库收货人员要先检验物品入库凭证，然后按物品入库凭证所列的收货单位、货物名称、规格数量等具体内容与物品的各项标志核对，如发现有错误，应当做好记录，退回或另行存放待联系后处理，经复核无误后可进入下一道工序。

（三）大数点收

大数点收是按照物品的大件包装（即运输包装）进行数量清点。点收的方法有两种，一是逐件点数汇总，二是集中堆码点数。在实施大数点收时，相关人员应注意以下事项。

1. 件数不符

接货大数点收中，如件数与通知单据所列不符，经复点确认后，应立即在送货单各联上批注清楚，并按实际数字签收，同时由收货人员和承运人共同签章。经验收核对属实，由保管人员将查明短少物品的品名、规格、数量通知运输部门、发货单位和货主。

2. 包装异状

收货中如发现物品包装有异状时，收货人员应会同送货人员开箱、拆包检查，查明确有残损或细数短少情况，由送货人员出具入库物品异状记录，或在送货单据上注明。

同时，要通知保管人员另行存放，不要与同类物品混杂在一起。如入库物品包装损毁严重，仓库不能修复，且因此无法保证储存物品的安全，应联系货主或供货单位派人协助整理。

3. 物品串库

在点收本地入库物品时，如发现货与单不符，有部分物品错送来库的情况（俗称串库），收货人员应将这部分与单不符的物品另行堆放，交由送货人负责带回，并在签收时如数减除。

4. 物品异状损失

物品异状损失是指接货时发现物品异状或损失。经双方共同清点，确有异状损失情况，应按章索赔；同时要妥善保管有关凭证。

（四）检查包装

在大数点收的同时，相关人员要认真查看每件物品的包装和标志，检查包装是否完整、牢固，有无破损、受潮、水渍、油污等异状。物品包装的异状往往是物品受到损害的一种外在现象。如果发现异状包装，必须单独存放，并打开包装，详细检查内部物品有无短缺、破损和变质。逐一查看包装标志，目的在于防止不同物品混入，避免差错，并根据标志指示操作，确保入库储存安全。

（五）办理交接手续

入库物品经过上述工序，即可与接货人员办理物品交接手续。交接手续通常由仓库收货人员在送货单上签名盖章表示物品收讫。如果发现上述程序出现差错等情况，必须在送货单上详细注明或由接货人员出具差错、异状记录，详细写明差错的数量、破损情况等，以便与运输部门分清责任，并作为查询处理的依据。

（六）物品验收

在办完交接手续后，仓库要对入库的物品进行全面、细致的验收，包括开箱、拆包、检验物品的质量和细数。

仓管人员验收物品时应注意以下问题。

1. 细数不符

在开箱、拆包核点物品细数时，如发现有多余情况，应在入库通知单上按实签收，并通知发货方和货主，不能做溢余处理；如发现数量减少，也应按实际数量签收，同时联系发货方和货主，不能以其他规格的溢余物品作抵充数，或以其他批次余额抵补。

2. 质量问题

在开箱、拆包验收过程中发现物品有残损、变质情况时，保管人员或验收人员应将残损物品另列，好坏分开。签收的单据则根据货主的规定办理，可同时在一份物品入库单上分完好物品、残损物品签收，也可另设残损物品入库单。残损物品签收后，也应及时通知货主和发货方，并分开堆存，保持原状（如玻璃制品的破损原件等），以便货主检查处理。

3. 查询处理

查询处理是仓库验收物品中的具体问题，其用书面形式通知货主或发货方要求查明情况并进行处理的活动。查询处理一般按溢余、短少、残损、变质等情况的不同，填写不同的表格，再由货主抄送发货方。

有时仓库只提供验收中存在问题的记录材料，由货主填送表式给发货方。一般采用的表式有："来货残损、变质物品查询处理表"和"收货清点溢余、短少表"两种，其联数多少视业务需要而定。查询单不可作为入库原始凭证。

（七）办理物品入库手续

物品验收后，由保管人员或收货人根据验收结果，在物品入库单上签收；同时将物品存放的库房、货位编号批注在入库单上，以便记账、查货和发货。经过复核签收的多联入库单，除本单位留存外，还要退还货主一联作为存货的凭证。

物品入库手续包括登账、立卡、建档。

1. 登账

登账即建立物品明细账。根据物品入库收单和有关凭证建立的物品保管明细账目，并按照入库物品的类别、品名、规格、批次、单价、金额等，分别立账，并且还要标明物品存放的具体位置。

2. 立卡

立卡即填制物品的保管卡片，也可称为料卡。料卡是由负责该种物品保管的人填制的。这种方法有利于责任制的明确。料卡的挂放位置要明显、牢固，便于物品进出时及时核对记录。

3. 建档

建档即将物品入库全过程的有关资料证明进行整理、核对，建立资料档案，为物品保管、出库业务创造条件。

三、货物的检验

（一）货物检验的基本要求

货物的检验是指对货物的质量、数量、包装进行检查验收的总称。货物检验的要求包括检验单货是否相符、检验包装是否符合要求、检查货物质量是否合格、商品条形码验收。

在进行货物检验时，基本的验收要求是“认真、及时、准确”。“认真”就是要求工作人员在工作时要细心负责，严格按照验收的方法、过程对货物进行检验。“及时”就是要求在规定的时间内及时将货物验收完毕。商品入库验收具有很强的时间要求，相关人员必须做到及时验收，以便从中发现入库货物存在的问题（尤其是质量问题），并采取相应措施。“准确”就是以商品入库平整为依据，准确地检查入库货物的实际数量和质量状况，并通过书面材料准确地反映出来，做到账、卡、物相符，降低收货差错率，提高企业的经济效益。

（二）货物验收的标准

为了及时准确地验收货物，必须明确验收的标准，常用的验收标准有：

（1）依据采购合同或订单所规定的具体要求和条件；

（2）依据谈判时的样品；

（3）采购合同中的规格和图解；

（4）依据各类产品的国家品质标准或国际标准。通常，合同中会明确规定验收的标准，如果合同中没有规定则按照国家标准或行业标准。

（三）货物验收的内容

（1）数量验收。入库数量准确与否直接关系到配送中心的库存数量控制和流动资产管理，因此数量验收是进货作业中非常重要的内容。相关人员进行检验时应依据送货单和有关订货资料，逐一对商品的品名、规格、等级、产地、牌号数量进行核对，以保证入库货物准确无误。常用的数量检验的方法有计件和计重两种方法。计件商品一般依据科学的验收比率，采用抽样调查的方式进行检验，计重商品一般采取严谨的过磅方式进行检验。

（2）质量检验。配送中心对入库货物进行质量检验主要是检验其质量指标是否符合规定，以便及时发现问题，分清责任，确保到库货物的质量。质量验收有感官检验法和仪器检验法两种。感官检验法主要是借助于验收人员丰富的商品知识和实践经验，通过视、听、味、触、嗅觉来判断商品的质量。仪器检验法则是利用各种仪器设备，对商品的规格、成分、技术要求标准进行物理、化学、生物的分析、测定。

（3）包装检验。检验包装时，应先观察产品外部包装的完整程度，以判断货物是否受损，再就是观察包装是否符合有关标准，即观察包装使用的材料、规格、制作工艺、标志、打包方式等。当需要对货物拆包检验时，一般应有两人以上在场同时操作，以明确责任。

四、货位选择及编号

（一）货位的选择

货位是指仓库中实际可用于堆放商品的面积。货位的选择是在商品分区分类的基础上进行的，所以货位的选择应遵循确保商品安全、方便吞吐发运、力求节约仓容的原则。

1. 确保商品安全的原则

为确保商品质量安全，在货位的选择时，应注意以下几个方面的问题：

（1）怕潮、易霉、易锈的商品，应选择干燥或密封的货位；

（2）怕光、怕热、易溶的商品，应选择低温的货位；

（3）怕冻的商品，应选择不低于0℃的货位；

（4）易燃、易爆、有毒、腐蚀性、放射性的危险品，应存放在郊区仓库分类专储；

（5）性能相互抵触或有挥发性、串味的商品，不能同区存储；

（6）消防灭火方法不同的商品，要分开储存；

（7）同一货区的商品中，存放外包装含水量过高的商品会影响邻垛商品的安全；

（8）同一货区储存的商品中，要考虑有无虫害感染的可能。

2. 方便吞吐发运的原则

货位的选择应符合方便吞吐的原则，要方便商品的进出库，尽可能缩短收发货作业时间。除此之外，还应该兼顾以下几个方面的内容。

（1）收发货方式。采取送货制的商品，由于分唛理货、按车排货、发货的作业需要，其储存货位应靠近理货、装车的场地；采取提货制的商品，其储存货位应靠近仓库出口，便于外来提货的车辆进出。

（2）操作方法和装卸设备。各种商品具有不同的包装形态、包装质地和体积重量，因而需要采用不同的操作方法和设备。因此，货位的选择必须考虑货区的装卸设备条件与仓储商品的操作方法适应。

（3）货物吞吐快慢，仓储商品的流转快慢不一，有着不同的活动规律。对于快进快出的商品，要选择有利于车辆进出库方便的货位；滞销久储的商品，货位不宜靠近库门；整进零出的商品，要考虑零星提货的条件；零进整出的商品，要考虑到集中发运的能力。

3. 力求节约仓容的原则

货位的选择还要符合节约的原则，即以最小的仓容储存最大限量的商品。在货位负荷量和高度基本固定情况下，应从储存商品不同的体积、重量出发，使货位与商品的重量、体积紧密结合起来。轻且体积大的商品应安排在负荷量小和空间高的货位，实重商品应安排在负荷量大而且空间低的货位。

除此之外，在货位的选择和具体使用时，还可以根据仓储商品吞吐快慢不一的规律，针对操作难易不一的特点，把热销和久储、操作困难和省力的商品，在同一货区搭配储存，这样不仅能充分发挥仓容使用的效能，还能克服各个储存区域之间空闲不均的现象。

（二）货物编号的方法

1. 货位编号的要求

货位的编号即商品在仓库中的住址，必须符合“标志明显易找，编排循规有序”的原则。企业在对货位进行具体编号时，应遵循以下要求。

（1）标志设置要适宜。货位编号的标志设置，要因地制宜，采用适当的方法，选择适当的地方。如在无货架的库房内，走道、支道、段位的标志，一般都刷置在水泥或木板地面上；有货架库房内，货位标志一般设置在货架上等。

（2）标志制作要规范。货位编号标志的使用如果随心所欲的话，就很容易造成单据串库、商品错收、错发等事故，但统一使用阿拉伯数字制作标志，就可以避免这些问题。为了区别库房以及走道、支道和段位等，可在数字大小、颜色上进行区分，也可在数字外加上括号、圆圈等符号加以区分。

（3）编号顺序要一致。整个仓库范围内的库房、货场内的走道、支道、段位的编号，一般都以进门的方向左单右双或自左向右顺序编号的规则进行。

（4）段位间隔要恰当。段位间隔的宽窄取决于货种及批量的大小。

同时应注意的是，走道、支道不宜经常变更位置、变更编号，因为这样不仅会打乱原来的货位编号，而且不便于保管员迅速收发货。

2. 货位编号的方法

（1）伸式编号法。伸式编号法是由 1 开始，按数字顺序一直编下去，多用于账号或发票编号（详见表 3-1）。

表 3-1　伸式编号法示例

编号	货物名称
1	空　调
2	冰　箱
3	洗衣机
…	……
n	微波炉

(2) 分组编号法。分组编号法是按货物特性分多个数字组，每个数字组代表货物的一种特性。

表 3-2　分组编号法示例

货物类别	货物形状	供应商代号	货物尺寸
07	5	006	110

其编号意义如表 3-3 所示。

表 3-3　分类编号表

货物	类别	形状	供应商	尺寸大小	意义
编号	07				饮料
		5			圆筒
			006		统一
				110	100×200×400

这种方法分段清晰，表示明确，容易记忆，使用较广。

(3) 实际意义编号法。实际意义编号法是按照货物名称、重量、尺寸、分区、储位、保存期限等实际情况编号。某货物的编号法如图 3-3 所示。

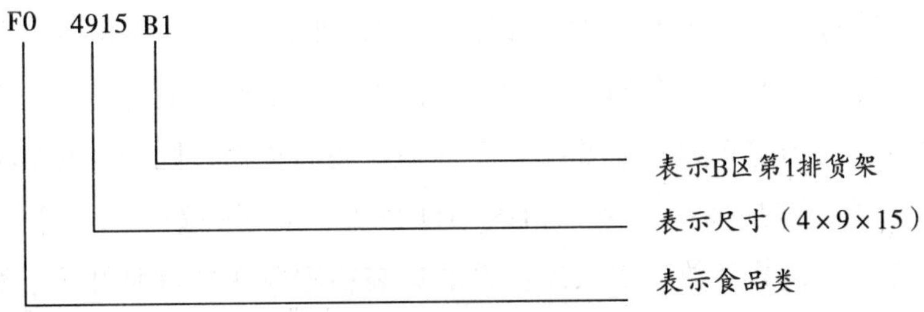

图 3-3　实际意义编号图

(4) 库房编号法。对于多层库房的编号，常采用“三位数编号”、“四位数编号”或“五位数编号”。“三位数编号”是用三个数字或字母依次表示库房、层次和仓间，如 131 编号，表示 1 号库房、3 层楼、1 号仓间。“四位数编号”是用四个数字或字母依次表示库房、层次、仓间和货架，如 1331 编号，表示 1 号库房、3 层楼、3 号仓间、1 号货架。“五位数编号”是用五个数字或字母依次表示库房、层次、仓间、货架、货格，如 13311，表示 1 号库房、3 层楼、3 号仓间、1 号货架、1 号货格。

第三节　在库理货与堆存

一、理货

（一）理货的作用

仓库理货是指仓库在接收入库货物时，根据入仓单、运输单据、仓储合同和仓储规章制度，对货物进行清点数量、检查外表质量、分类分拣、数量接收的交接工作。其作用如下。

（1）仓库履行仓储合同的行为。如果事先未订立合同，仓库对货物进行理货确认，表明仓库接收货物的仓储，这也成为一种通过行为订立合同的方式。

（2）仓库保管质量的第一道关口。

（3）划分责任。

（4）仓储作业的过程。

（5）交接工作。

（二）理货的内容

仓库理货是仓库管理人员在货物入库现场的管理工作，其工作内容不只是狭义的理货工作，还包括货物入库的一系列现场管理工作。

1. 清点货物件数

对于件装货物包括有包装的货物、裸装货物、捆扎货物，根据合同约定的计数方法，点算完整货物的件数。如合同没有约定则仅限点算运输包装件数（又称大数点收）。合同约定计件方法为约定系数及需要在仓库拆除包装的货物，则需要点算最小独立（装潢包装）的件数等，包括捆内件数、箱内小件数等；对于件数和单重同时要确定的货物，一般只点算运输包装件数；对入库拆箱的集装箱则要在理货时开箱点数。

2. 查验货物单重、尺寸

货物单重是指每一运输包装的货物的重量。单重确定了包装内货物的含量，分为净重和毛重。对于需要拆除包装的货物需要核定其净重。货物单重一般通过秤重的方式核定。

对于以长度或者面积、体积进行交易的商品，入库时必然要对货物的尺寸进行丈量，以确定入库货物数量。丈量的项目（长、宽、高、厚等）根据约定或者根据货物的特性确定，通过使用合法的标准量器，如卡尺、直尺、卷尺等进行丈量。同时货物丈量还是区分大多数货物规格的方法，如管材、木材的直径，钢材的厚度等。

3. 查验货物重量

查验货物重量是指对入库货物的整体重量进行查验。对于计重货物（如散装货物）、件重并计的货物（如包装的散货、液体），需要衡定货物重量。货物的重量分为净重和毛重，毛重减净重为皮重。

衡重方法有以下几种：

（1）衡量单件重量，总重等于所有单件重量之和；

（2）分批衡量重量，总重等于每批重量之和；

（3）入库车辆衡重，总重 = 总重车重量 – 总空车重量；

（4）抽样衡量重量，总重 =（抽样总重/抽样样且件数）× 整批总件数；

（5）抽样重量核定，误差在 1% 以内，总重 = 货物单件标重 × 整批总件数。

对设置有连续法定计量工具的仓库，可以直接用该设备对货物进行自动衡重。连续计量设备主要有轨道衡、尾查查宫、FE 量灌包器、流量计等。连续计量设备必须经国家计量行政管理部门检验发证（审证）方可有效使用。

此外，还可以通过对容器或运输工具的液体货物体积量算（容器、货舱、体积）和液体的比重测定来计算重量，此法称为液量计算。船舶水尺等于船舶的排水体积乘水的比重减空船、储备、油水重量，但采用该方法计算出的结果不精确。

4. 检查货物表面状态

理货时应对每一件货物的外表进行感官检验，查验货物外表状态，以接收货物外表状态良好的货物。外表检验是仓库的基本质量检验要求，即确定货物有无包装破损、内容外泄、变质、油污、散落、标志不当、结块、变形等不良质量状况。

5. 剔除残余

在理货时若发现货物外表状况不良，或者怀疑内容损坏等，应将不良货物剔出单独存放，以免与其他正常货物混淆。待理货工作结束后进行质量确定，确定内容有无受损以及受损程度。对不良货物可以采取退货、修理、重新包装等措施处理，或者制作残损报告，以便明确划分责任。

6. 货物分拣

仓库原则上采取分货种、分规格、分批次的方式储存货物，以保证仓储质量。对于同时入库的多品种、多规格货物，仓库有义务进行分拣分类分储。理货工作就是要进行货物确认和分拣作业。对于仓储委托的特殊的分拣作业，如对外表分颜色、分尺码等，也应在理货时进行，以便分存。当然需要开包进行内容分拣，则需要进行独立作业。

7. 安排货位、指挥作业

由理货人员进行卸车、搬运、垛码作业指挥。根据货物质量检验的需要，指定检验货位，无需进一步检验的货物，直接确定存放位置。要求作业人员按照预定的堆垛方案堆码货或者上架。对货垛需要的垫垛，堆垛完毕的苫盖的铺设，指挥作业人员按要求进行；作业完毕，要求作业人员清扫运输、搬运工具、收集地脚货。

8. 处理现场事故

对于在理货中发现的货物残损，不能退回的，仓库只能接收，但要制作残损记录，并由送货人、承运人签署确认。对作业中发生的工损事故，也应制作事故报告，由事故责任人签署。

9. 办理交接

由理货人员与送货人、承运人办理货物交接手续；接收随货单证、文件；填制收费单据；代表仓库签署单证；提供单证由对方签署等。

（三）理货的方法

（1）在运输工具现场进行理货。在车旁与卸货同时进行或在车上点数，卸车时查验外表状态。

（2）与送货人共同理货。如送货人或存货人拒绝参与理货，表明其放弃理货权利，只能接受仓库单方的理货结论。

（3）按送货单或者仓储合同理货。严格按送货单或者仓储合同上规定要求理货，货损货差现象一定按要求记录。

（4）在现场进行记录和及时签署单证。

二、堆存

（一）货物存放的基本原则

1. 分类存放

分类存放是仓库保管的基本要求，是保证货物质量的重要手段。

2. 选择适当的搬运活性、摆放整齐

为了减少作业时间、次数，提高仓库周转速度，根据货物作业的要求，合理选择货物的搬运活性。对搬运活性高的货物，也应注意摆放整齐，以免堵塞通道，浪费仓容。

3. 尽可能码高、货垛稳固

为了充分利用仓容，存放的货物要尽可能码高，使货物最少占用地面面积。尽可能码高包括采用码垛码高和使用货架在高处存放，充分利用空间。货物堆垛必须稳固，以免倒垛、散垛，要求叠垛整齐、放位准确，必要时采用稳固方法，如垛边、垛头采用纵横交叉叠垛，使用固定物料加固等，同时应注意：只有在货垛稳固的情况下才能码高。

4. 面向通道、不围不堵

面向通道包括两方面意思，一是垛码、存放的货物的正面，尽可能面向通道，以便查看。货物的正面是指标注主标志的面。二是所有货物的货垛、货位都有一面与通道相连，处在通道旁，以便能对货物进行直接作业。只有在所有货位都与通道相通时，才能保证不围不堵。

5. “五距”合理，即垛距、墙距、柱距、顶距和灯距

（1）垛距。货垛与货垛之间的必要距离，称为垛距，常以支道作为垛距。垛距能方便存取作业，起通风、散热的作用，方便消防工作。库房垛距一般为0.5~1米，货场垛距一般不少于1.5米。

（2）墙距。为了防止库房墙壁和货场围墙上的潮气对商品产生影响，也为了开窗通风、消防工作、建筑安全、收发作业，货垛必须留有墙距。墙距分为库房墙距和货场墙距，其中，库房墙距又分为内墙距和外墙距。内墙是指墙外还有建筑物相连，因而潮气相对少些；外墙则是指墙外没有建筑物相连，所以墙上的湿度相对大些。库房的外墙距为0.3~0.5米；内墙距为0.1~0.2米，货场只有外墙距，一般为0.8~3米。

（3）柱距。为了防止库房柱子的潮气影响货物，也为了保护仓库建筑物的安全，必须留有柱距，一般为0.1~0.3米。

（4）顶距。货垛堆放的最大高度与库房、货棚屋顶间的距离，称为顶距。顶距能便于搬运作业，能通风散热，有利于消防工作，有利于收发、查点。顶距的一般规定是：平库房为0.2~0.5米；人字形库房为以屋架下弦底为货垛的可堆高度；多层库房为底层与中层为0.2~0.5米，顶层须大于等于0.5米。

（5）灯距。货垛与照明灯之间的必要距离，称为灯距。为了确保储存商品的安全，防止照明灯发出的热量引起靠近商品的燃烧而发生火灾，货垛必须留有灯距。灯距严格规定不少于0.5米。

（二）货物存放的基本方法

根据货物的特性、包装方式和形状、保管的需要，确保货物质量、方便作业和充分利用仓容，以及根据仓库的条件确定存放方式。仓库货物存放的方式有地面平放式、托盘平放式、直接码垛式、托盘堆码式、货架存放式。

货物存放的码垛方法有以下几种。

1. 散堆法

散堆法适用于露天存放的没有包装的大宗货物，如煤炭、矿石、黄沙等，也可适用于库内少量存放的谷物、碎料等散装货物。散堆法是直接用堆扬机或者铲车在确定的货位后端起，直接将货物堆高，在达到预定的货垛高度时，逐步后退堆货，后端先形成立

体梯形，最后成垛，整个垛形呈立体梯形状。由于散货具有的流动、散落性，堆货时不能堆到太近垛位四边，以免散落使货物超出预定的货位。散堆法决不能采用先堆高后平垛的方运堆垛，以免堆超高时压坏场地地面。

2. 货架存放

货架存放适用于小件、品种规格复杂且数量较少，包装简易或脆弱、易损害、不便堆垛，特别是价值较高而需要经常查数的货物的存放。货架存放需要使用专用的货架设备，常用的货架有橱柜架、悬臂架、U 形架、板材架、栅格架、钢瓶架、多层平面货架、托盘货架、多层立体货架等。

3. 堆垛法存货

对于有包装（如箱、桶、袋、箩筐、捆、扎等包装）的货物，包括裸装的计件货物，采取堆垛的方式储存。堆垛方法储存能充分利用仓容，做到仓库内整齐，方便作业和保管。

（三）垛形与码垛

1. 垛形

垛形是指货物在库场码放的形状。垛形的确定根据货物的特性，保管的需要，能方便、迅速实现作业，并充分利用仓容的原则。仓库常见的垛形有以下几种。

（1）平台垛。平台垛（见图 3-4）是先在底层以同一个方向平铺摆放一层货物，然后垂直继续向上堆积，每层货物的件数、方向相同。在实际堆垛时，往往采用从一端开始逐步后移的方法。平台垛适用于包装规格单一的大批量货物，包装规则、能够垂直叠放的方形箱装货物、大袋货物、规则的软袋成组货物、托盘成组货物。平台垛适用于仓库内和堆场堆放的货物码垛。

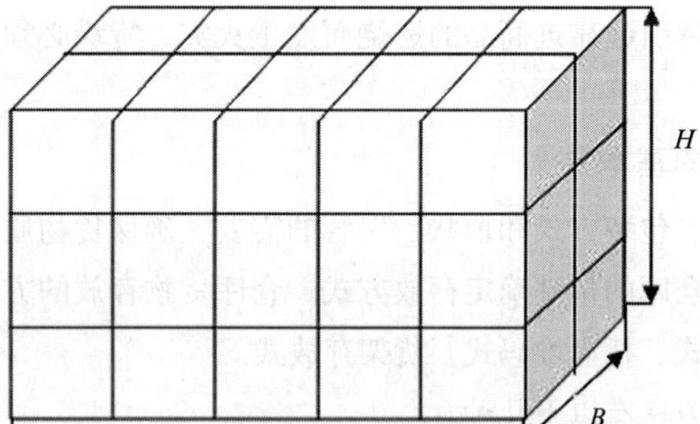

图 3-4　平台垛示意图

平台垛具有整齐、便于清点、占地面积小、堆垛作业方便的优点。但该垛型的稳定性较差，特别是小包装、硬包装的货物有货垛端头倒塌的危险，所以在必要时（如太高、长期堆存、端头位于主要通道等）要在两端采取稳定的加固措施。对于堆放很高的轻质货物，往往在堆码到一定高度后，向内收半件货物后再向上堆码，以保证货垛稳固。

标准平台垛的货物件数为：

$$A = L \times B \times H$$

式中：A——总件数；

L——长度方向件数；

B——宽度方向件数；

H——层数。

【例 3-1】 现仓库存储 5 000 箱商品，每箱尺寸为 50cm × 50cm × 20cm，限高 10 层，某货位长 10m，试计算该仓库需要建多宽多高的货位来储存这些商品？

解：$10 \div 0.5 = 20$（箱）

$A = L \times B \times H$

$5\,000 = 20 \times B \times 10$

$B = 25$（箱）

$25 \times 0.5 = 12.5$m

$0.2 \times 10 = 2$m

即该仓库需建长为 10m，宽为 12.5m，高 2m 的仓库来储存这些商品。

（2）起脊垛。先按平台垛的方法码垛到一定的高度，以卡缝的方式逐层收小，将顶部收尖成屋脊形。起脊垛用于堆场场地堆货的主要垛型，货垛表面的防雨遮盖从中间起向下倾斜，便于雨水排泄。有些仓库由于陈旧或建筑简陋有漏水现象，仓内的怕水货物也应采用起脊垛堆垛并遮盖。

起脊垛是平台垛为了遮盖、排水需要的变形，具有平台垛操作方便、占地面积小的优点，适用于平台垛的货物都可以采用起脊垛堆垛。但是起脊垛由于顶部压缝收小，形状不规则，无法在垛堆上清点货物，所以顶部货物的清点需要在堆垛前以其他方式进行。另外，由于起脊的高度使货垛中间的压力大于两边，因而采用起脊垛时库场使用定额要以脊顶的高度来确定，以免中间底层货物或库场被压损坏。

起脊垛的货物件数为：

$$A = L \times B \times H + \text{起脊件数}$$

式中：A——总件数；

L——长度方向件数；

B——宽度方向件数；

H——未起脊层数。

（3）立体梯形垛。立体梯形垛（见图3-5）是在最底层以同一方向排放货物的基础上，向上逐层同方向减数压缝堆码，垛顶呈平面，整个货垛呈下大上小的立体梯形形状。立体梯形垛用于包装松软的袋状货物和上层面非平面而无法垂直叠码的货物的堆码，如横放的桶装、卷形、捆包货物。立体梯形垛极为稳固，可以堆放得较高，仓容利用率较高。对于在露天堆放的货物采用立体梯形垛，为了排水需要也可以在顶部起脊。为了增加立体梯形垛的空间利用率，在堆放可以立直的筐装、矮桶装货物时，底部数层可以采用平台垛的方式堆放，在一定高度后才用立体梯形垛。

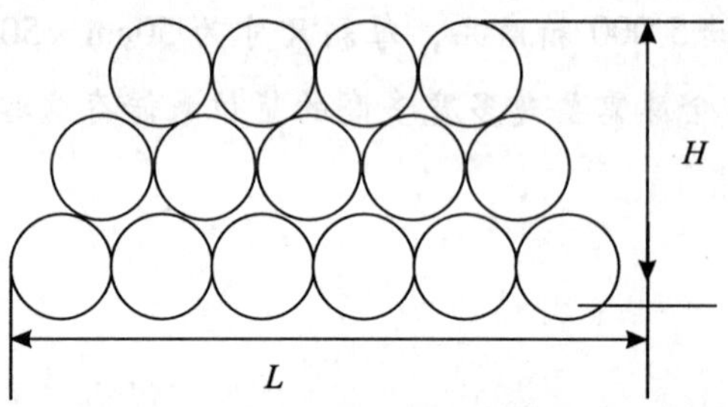

图3-5　立体梯形垛示意图

每层两侧面（长度方向）收半件（压缝）的立体梯形垛件数为：

$$A = \frac{(2L - H + 1)HB}{2}$$

式中　A——总件数；

L——长度方向件数；

B——宽度方向件数；

H——层数。

（4）行列垛。行列垛是将每票货物按件排成行或列排放，每行或列一层或数层高。垛形呈长条形。行列垛用于存放货物批量较小的库场码垛使用，如零担货物。每个货垛的端头都延伸到通道边，可以直接作业而不受其他货物阻挡。行列垛占用库场面积大，库场利用率较低。

（5）井形垛。井形垛用于长形的钢材、钢管及木方的堆码。它是在以一个方向铺放一层货物后，再以垂直的方向铺放第二层货物，货物横竖隔层交错逐层堆放。井形垛垛型稳固，但层边货物容易滚落，需要捆绑或者收进。井形垛的作业较为不便，需要不断改变作业方向。

井形垛的货物件数为：

$$A=\frac{(L+B)H}{2}$$

式中　A——总件数；

L——纵向方向件数；

B——横向方向件数；

H——层数。

（6）梅花形垛。对于需要立直存放的大桶装货物，将第一排（列）货物排成单排（列），第二排（列）的每件靠在第一排（列）的两件之间卡位，第三排（列）同第一排（列）一样，而后每排（列）依次卡缝排放，形成梅花形垛。梅花形垛货物摆放紧凑，充分利用了货件之间的空隙，节约库场面积的使用。

对于能够多层堆码的桶装货物，在堆放第二层以上时，将每件货物压放在下层的三件货物之间，四边各收半件，形成立体梅花形垛。单层梅花形货垛示意图如图 3-6 所示。

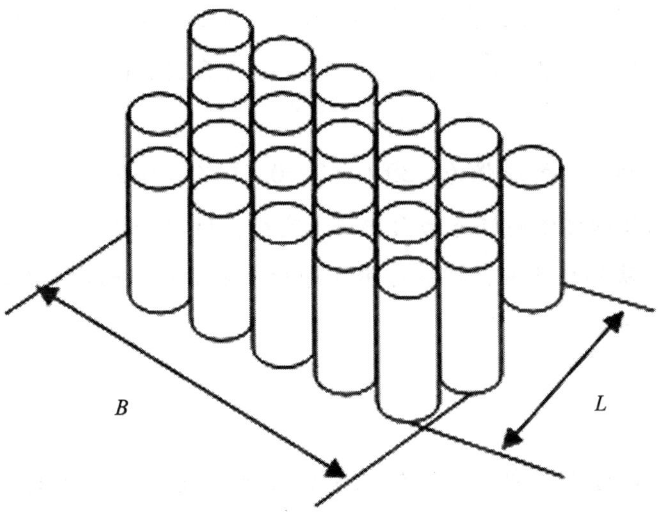

图 3-6　单层梅花形垛示意图

单层梅花形货垛的货物件数为：

$$A=\frac{(2B-1)L}{2}$$

式中　A——总件数；

L——长度方向件数；

B——宽度方向件数。

2. 码垛

码垛的基本要求：合理、牢固、定量、整齐、节约、方便。

（四）垫垛

垫垛是指在货物码垛前，在预定的货位地面位置，使用衬垫材料进行铺垫。常见的衬垫物有枕木、废钢轨、货板架、木板、帆布、芦席、钢板等。

（1）垫垛的目的：使地面平；堆垛货物与地面隔离，防止地面潮气和积水浸湿货物，并形成垛底通风层，有利于货垛通风排湿；地面杂物、尘土与货物隔离；货物的泄漏物留存在衬垫之内，不会流动扩散，便于收集和处理；通过强度较大的衬垫物使重物的压力分散，避免损害地坪。

（2）垫垛的基本要求：所使用的衬垫物与拟存货物不会发生不良影响，具有足够的抗压强度；地面要平整坚实、衬垫物要摆平放正，并保持同一方向；层垫物间距适当，直接接触货物的衬垫面积与货垛底面积相同，垫物不伸出货垛外；要有足够的高度，露天堆场要达到0.3~0.5米，库房内0.2米即可。

【例3-2】某仓库内存放自重30t设备，设备底架为两条2m×0.2m的钢架。该仓库库场单位面积技术定额为$3t/m^2$，问是否垫垛？如何采用2m×1.5m，自重0.5t的钢板垫垛？

解：（1）钢板对地面的压强为：$30+(2\times0.5)/2\times0.2\times2=38.7t/m^2$

钢板对地面的压强远远超过库场面积技术定额，所以必须垫垛。

（2）设采用n块钢板垫垛，根据重量（含衬垫重量）＝面积×库场单位面积定额

则$30+n\times0.5=3\times2\times1.5\times n$

$8.5n=30$

$n\approx4$（块）

即需要4块钢板垫垛，即将4块钢板平铺展开，设备的每条支架均匀压在两块钢板上。

（五）苫盖

苫盖是指采用专用苫盖材料对货垛进行遮盖，以减少自然环境中的风雨、尘土等对货物的侵蚀、损伤，并尽可能减小货物由于自身理化性质所造成的自然损耗，保护货物在储存期间的质量。常用的苫盖材料有帆布、芦席、竹席、塑料膜、铁皮铁瓦、玻璃钢瓦、塑料瓦等。

1. 苫盖的方法

（1）就垛苫盖法。直接将大面积苫盖材料覆盖在货垛上遮盖，适用于起脊垛或大件包装货物。一般采用大面积的帆布、油布、塑料膜等。就垛苫盖法操作便利，但基本不

具有通风条件。

（2）鱼鳞式苫盖法。将苫盖材料从货垛的底部开始，自下而上呈鱼鳞式逐层交叠围盖。该法一般采用面积较小的席、瓦等材料苫盖。鱼鳞式苫盖法具有较好的通风条件，但每件苫盖材料都需要固定，操作比较烦琐。

（3）活动棚苫盖法。将苫盖物料制作成一定形状的棚架，在货物堆垛完毕，移动棚架到货垛遮盖，或者采用即时安装活动棚架的方式苫盖。活动棚苫盖法较为快捷，具用良好的通风条件，但活动棚本身需要占用仓库位置，也需要较高的购置成本。

2. 苫盖的要求

苫盖的目的是为了给货物遮阳、避雨、挡风、防尘。苫盖的要求就是实现苫盖的目的。

（1）选择合适的苫盖材料。选用符合防火、无害的安全苫盖材料；苫盖材料不会与货物发生不利影响；成本低廉，不宜损坏，能重复使用；没有破损和霉烂。

（2）苫盖要牢固。每种苫盖材料都需要牢固固定，必要时在苫盖物外用绳索、绳网绑扎或者采用重物镇压，确保刮风揭不开。

（3）苫盖接口。苫盖的接口要有一定深度的互相叠盖，不能迎风叠口或留空隙；苫盖必须平整，不得有折叠和凹陷，防止积水。

（4）苫盖的底部与垫垛平齐。不腾空或拖地，并牢固地绑扎在垫垛外侧或地面的绳桩上，衬垫材料不露出垛外，以防雨水顺延渗入垛内。

（5）要注意材质和季节。使用旧的苫盖物或在雨水丰沛季节，垛顶或者风口需要加层苫盖，确保雨淋不透。

第四节 出库作业管理

出库作业是指根据业务部门或存货单位开具的出库凭证，从对出库凭证审核开始，进行拣货、分货、发货检查、包装直到把商品点交给要货单位或发运部门的一系列作业过程。

一、出库作业的基本方式

货物出库的基本方式有送货、自提、过户、取样和转仓。

1. 送货

仓库根据货主单位预先送来的“提货单”，通过发货作业，把应发商品交由运输部门送达收货单位，这种发货形式就是通常所称的送货制。

送货具有“预先付货、按车排货、发货等车”的特点。仓库实行送货具有多方面的好处：仓库可预先安排作业，缩短发货时间；收货单位可避免因人力、车辆等不便而发生的取货困难；在运输上，可合理使用运输工具，减少运费。

2. 自提

由收货人或其代理持“提货单”直接到库提取，仓库凭单发货，这种发货形式就是仓库通常所称的提货制。它具有“提单到库，随到随发，自提自运”的特点。

3. 过户

过户是一种就地划拨的形式，商品虽未出库，但是所有权已从原存货户转移到新存货户。仓库必须根据原存货单位开出的正式过户凭证，才予办理过户手续。

4. 取样

货主单位出于对商品质量检验、样品陈列等需要，到仓库提取货样（一般都要开箱拆包、分割，发给若干细数）。仓库也必须根据正式取样凭证才予发给样品，并做好账务记载。

5. 转仓

货物转仓是货物存放地点的变化。某种货物由于业务上的需要，或由于货物特征的原因而需要变更储存场所，从一个仓库移至另一个仓库储存时，这就是转仓的发货形式。

二、出库作业的流程

企业自用库和中转库在物资出库业务上有些不同。一般地说，企业自用库比较简单些。对于中转库，它的物资出库程序是：物资出库前的准备→核对出库凭证→备料出库→复核→交接清点等（见图3-7）。

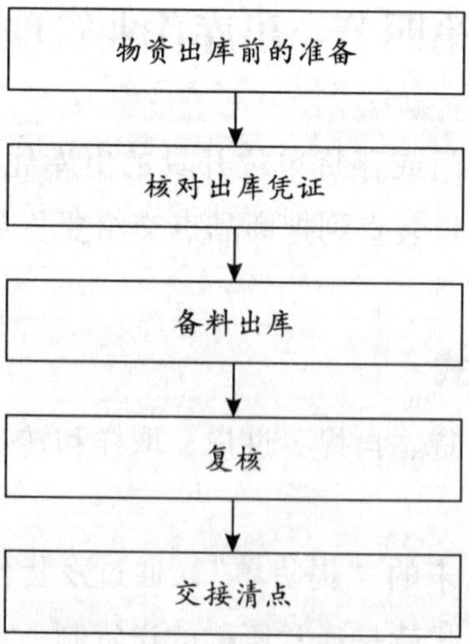

图3-7 出库作业流程

1. 物资出库前的准备

物资出库前的准备工作分为两方面：一方面是计划工作，就是根据需求方提出的出库计划或要求，事先做好物资出库的安排，包括货场货位、机械搬运设备、工具和作业人员等的计划、组织；另一方面要做好出库物资的包装和涂写标志工作。

出库发运外地的物资，其包装要符合运输部门的规定和适合物资的特点，大小和形状适宜、牢固，便于搬运装卸。

出库物资大多数是原件分发的，由于经过运输、多次中转装卸、堆码及翻仓倒垛或拆件验收，部分物品包装不能再适应运输的要求，所以仓库必须根据情况事先进行整理加固或改换包装。

对经常需要拆件发零的物品，应事先备好一定的数量和不同品种的物品，发货付出后，要及时补充，避免临时再拆整取零，延缓付货。拼箱物品一般事先要做好挑选、分类、整理、配套等准备工作。有的物品可根据要求事先进行分装。

有装箱、拼箱、改装等业务的仓库，在发货前应根据物品的性质和运输部门的要求，准备各种包装材料及相应的衬托物，同时还要准备刷写包装标志的用具、标签、颜料及钉箱、扩仓的工具用品等。

出库商品从办理托运到出库的付运过程中，需要安排一定的仓容或站台等理货场所，需要调配必要的装卸机具。提前集中付运的物品，应按物品运输流向分堆，以便于运输人员提货发运，及时装卸物品，加快发货速度。

由于出库作业比较细致复杂，工作量也大，事先对出库作业合理组织，安排好作业人力，保证各个环节的紧密衔接，是十分必要的。

2. 核对出库凭证

对于物资出库凭证，不论是领（发）料单或调拨单均应由主管分配的业务部门签章。

仓库接到出库凭证后，由业务部门审核证件上的印鉴是否齐全相符、有无涂改，审核无误后，按照出库单证上所列的物资品名规格、数量与仓库料账再做全面核对，无误后，在料账上填写预拨数后，将出库凭证移交给仓库保管人员。保管员复核料卡无误后，即可做物资出库的准备工作，包括准备随货出库的物资技术证件、合格证、使用说明书、质量检验证书等。

凡在证件核对中，有物资名称、规格型号不对的，印鉴不齐全、数量有涂改、手续不符合要求的，均不能发料出库。

3. 备料出库

物资保管人员按照出库凭证上的品名、规格查对实物保管卡，注意规格、批次和数量，规定有发货批次的，按规定批次发货，未规定批次的，按先进先出、推陈出新等原则，确定应发货的垛位。

备料有两种方式：第一种是在原货位上备料，无须“上线”集中，这种方式多用于大宗物资出库；第二种是备料出库上线就位，即将出库物资按出库凭证上所列的品名、规格、数量，经过搬卸运输作业，送到指定的场所集中。这种方式，一般多用于小批量或不是整车发运数量而需集中配装的出库物资。

凡出库物资均应有技术证件。同批到达而只有一种技术资料的，应以抄写或复印件随货同行，原件仍由仓库保存。

4. 复核

货物备好后，为了避免和防止备料过程中可能出现的差错，应再做一次全面的复核查对，并按照出库凭证上所列的内容进行逐项复核。

（1）物资品名、规格是否相符。

（2）物资数量是否准确无误。

（3）出库物资应附的技术证件和各种凭证是否齐全。

（4）包装质量如何，是否牢固、安全，是否适于运输要求等。

核查的具体内容包括以下几方面。

（1）能否承受装载物的重量，能否保证在物资运输装卸过程中保障物资的完整。

（2）是否便于装卸搬运作业。

（3）怕震怕潮等物资，衬垫是否稳妥，密封是否严密。

（4）收货人、到站、箱号、危险品或防震防潮等标志是否正确、明显。

（5）每件包装是否有装箱单，装箱单上所列各项目是否和实物、凭证等相符合。

物资出库的复核查对形式应视具体情况而定，可以由保管员自行复核，也可以由保管员相互复核，还可以设专职出库物资复核员进行复核或由其他人员复核等。

如经反复核对确实不符时，应立即调换，并将原错备物品上刷的标识除掉，退回原库房；复核结余物品数量或重量是否与保管账目、商品保管卡片结余数相符，发现不符应立即查明原因。

5. 交接清点

对于备料出库物资，经过全面复核查对无误后，即可办理清点交接手续。如果是用户自提方式，即将物资和证件向提货人当面点清，办理交接手续。如果是代运方式，则应办理内部交接手续，即由物资保管人员向运输人员或包装部门的人员点清交接，由接收人签章，以划清责任。

运输人员根据物资的性质、重量、包装、收货人地址和其他情况选择运输方式后，应将箱件清点，做好标记，整理好发货凭证、装箱单等运输资料，向承运单位办理委托代运手续。对于超高、超长、超宽和超重的物资，必须在委托前说明，以便承运部门计划安排。

承运单位同意承运后，运输人员应及时组织力量，将物资从仓库安全无误地点交给承运单位，并办理结算手续。运输人员应向承运部门提供发货凭证样本、装箱单，以便和运单一起交收货人。运单总体应由运输人员交财务部门做物资结算资料。

如果是专用线装车，运输人员应于装车后检查装车质量，并向车站监装人员做交接手续。

物资点交清楚，出库发运之后，该物资的仓库保管业务即告结束，物资仓库保管人员应做好清理工作，及时注销账目、料卡，调整货位上的吊牌，以保持物资的账、卡、物一致，及时准确地反映物资的进出、存取的动态。

三、物资出库方式与出库中遇到问题的处理

出库中遇到的问题主要有无单提货、凭证问题、单货不符、包装损坏、货未发完、货已错发等。

（1）无单提货。无单提货主要指没有正式提货凭证而要求提货，如以“白条”和电话提货，遇到这种情况，不能发货。

（2）凭证问题。发货前验单时，若发现提货凭证有问题，如抬头、印鉴不符，有涂改痕迹，超过了提货有效期，应立即与货主联系，并向主管部门反映。配货后复核时发现凭证有问题，仓库应立即停止发货作业。总之，手续不符，仓库有权拒绝发货。

（3）单货不符。发货之前验单时，若发现提货凭证所列物资与仓库储存的物资不符，一般应将凭证退回开单单位，经更正确认后，再发货。遇到特殊情况，如出库商品必须立即发运出口，货主要求先行发货，然后更改提货凭证时，经主管部门批准后，可以发货，但应将联系情况详细记录，并在事后及时请货主补办更正手续。若配货后复核时发现所备物资与提货凭证所列不符，应立即调换。

（4）包装损坏。对物资外包装有破损、脱钉、松绳的，应整修加固，以保证运输途中物资安全。若发现包装内的物资有霉烂、变质等质量问题或数量短缺，不得以次充好、以溢余补短缺。

（5）货未发完。仓库发货原则上是按提货单当天一次发完，如确有困难，不能当日提取完毕，应办理分批提取手续。

（6）货已错发。如果发现货已错发，应先将情况尽快通知货主，同时报告主管部门负责人，接着应了解物资已运到什么地方，能及时追回的应及时追回，无法追回的，应在货主的帮助下，采取措施，尽量挽回损失，然后查明原因，以防再次发生。

第五节　盘点作业管理

商品在库房中因不断被搬运和进出库，其库存账面数量容易与实际数量产生不符的现象，如有些物品因存放时间过久、储存不当而变质、丢失等。为了有效掌握商品在库数量，需要对在库商品的数量进行清点，即盘点工作。商品盘点是保证储存货物达到账、货、卡完全相符的重要措施之一。实施仓库盘点工作能够确保商品在库数量的真实性及各种商品的完整性。

一、盘点的目的

（1）确定当前库存量。通过盘点可以查清实际库存数量，并确认库存商品实际数量与库存账面数量的差异。账面库存数量与实际库存数量不符的主要原因通常是手工作业中产生的误差，如记录库存数量时多记、误记、漏记；作业中导致的商品损坏、遗失；验收与出库时清点有误；盘点时误盘、重盘、漏盘等。如发现盘点的实际库存数量与账面库存数量不符时，应及时查清问题原因，并作出适当的处理。

（2）查清库房账面损益。库存商品的总金额直接反映企业库存资产的使用情况，库存量过大，将增加企业的库存成本。通过盘点，可以定期核查企业库存情况，从而提出改进库存管理的措施。

（3）核实商品管理成效。通过盘点，可以发现呆品和废品及其呆废品处理情况、存货周转率以及商品保管、养护、维修情况，从而采取相应的改善措施。

二、商品盘点的程序

（一）人员准备与组织

盘点前的准备工作是否充分，关系到盘点作业能否顺利进行。事先对可能出现的问题、对盘点工作中易出现的差错进行周密的研究和准备是相当重要的。在实施盘点作业前，相关人员需做好以下准备。

（1）对尚未办理入库手续的货物，予以标明不在盘点之列。

（2）对于已办理出库手续的货物，亦不在盘点之列，需运到配送区域。

（3）整理货物堆垛、货架以及其间的货物，使之整齐有序，以便清点。

（4）检查计量器具，使其误差保持在允许的范围内。

（二）确定盘点时间

一般情况下，盘点的时间应选择在月末或财务决算前。

从理论上讲，在条件允许的情况下，盘点的次数越多越好。但每一次盘点，都要耗费大量的人力、物力和财力。因此，企业应根据实际情况确定盘点频率。存货周转率比较低的企业，其盘点作业可以半年或一年进行一次。存货周转量大，库存品种比较多的企业可以根据商品的性质、价值大小、流动速度、重要程度来分别确定不同的盘点时间。盘点时间可以是每天、每周、每月、每季、每年盘点一次，如可按 ABC 分类法将货物分为 A、B、C 不同的等级，分别制定相应的盘点周期，重点的 A 类商品，每天或每周盘点一次，一般的 B 类商品每两周或三周盘点一次，重要性最低的 C 类商品可以每个月甚至更长时间盘点一次。

（三）选择盘点作业方法

盘点方法有两种，即账面盘点和现货盘点。

（1）账面盘点又称永续盘点，是指把每天入库及出库商品的数量及单价，记录在计算机或账簿上，而后不断地累计加总算出账面上的库存量及库存金额。

（2）现货盘点又称实地盘点，是指实地调查仓库内商品的库存数，然后再根据商品单价计算出库存金额的方法。

因此，如要得到最正确的库存情况并确保盘点无误，最直接的方法是确定账面盘点与现货盘点的结果完全一致。如存在差异，即产生账货不符的现象，就应分析产生差错的原因，弄清究竟是账面盘点记错还是现货盘点点错，划清责任归属。

（四）培训盘点人员

盘点的结果如何取决于作业人员的认真程度和程序的合理性。为保证盘点作业顺利进行，必须对参与盘点的所有人员进行集中培训。培训的主要内容是盘点的方法及盘点作业的基本流程和要求。通过培训使盘点工作人员掌握盘点的基本要领，以及表格及单据的填写方式。

（五）开始盘点作业

盘点人员按照盘点单到指定库位清点商品，并且将数量填入盘点单中实盘数量处。如使用盘点机进行盘点，可以采用以下两种方式：一是输入商品编码及数量；二是逐个扫描商品条码。

三、盘点结果的处理

（一）盘点出现盈亏的原因分析

（1）货物入库登记账卡时看错数字。

（2）运转途中发生的损耗在入库检查中未被发现。

（3）盘点时计算有误，或计算方法不正确。

（4）由货物本身的情况而产生的自然损耗。

（5）因气候或温湿度影响而发生腐蚀、硬化、变质、生锈、发霉等导致货物失去原有使用价值而发生数量短缺。

（6）液体货物容器破损而损耗。

（7）包装或分割出库时发生错误使数量短缺。

（8）衡器、量具不准或使用方法不当引起数量错误。

（二）盘点结果的评价

（1）盘点数量误差。其计算公式为：

盘点数量误差 = 实际库存数 – 账面库存数

（2）盘点数量误差率。其计算公式为：

盘点数量误差率 = 盘点数量误差 ÷ 实际库存数 ×100%

（3）盘点品项误差率。其计算公式为：

盘点品项误差率 = 盘点误差品项数 ÷ 盘点实际品项数 ×100%

（4）平均每件差品金额。其计算公式为：

平均每件差品金额 = 盘点误差金额 ÷ 盘点误差量

（5）盘点次数比率。其计算公式为：

盘点次数比率 = 盘点误差次数 ÷ 盘点执行次数

（6）平均每品项盘差次数率。其计算公式为：

平均每品项盘差次数率 = 盘差次数 ÷ 盘差品项数 ×100%

第六节　装卸搬运作业管理

装卸搬运是指将不同散装、包装或整体的原材料、半成品和产成品，在水平或垂直方向加以提起、放下或移动，可能是要运送，也可能是要重新摆放物料，而使货物能适时、适量移到适当位置或存放场所的一种作业过程。

装卸一般是指在装车和卸车的过程中对货品的“上下移动”，搬运一般是指货品的“水平移动”。在实际操作中，装卸与搬运是密不可分的，两者是伴随在一起发生的。因此，在物流科学中并不过分强调两者差别而是将它们作为一种活动来对待。

一、装卸搬运的特点

1. 装卸搬运是附属性、伴生性的活动

装卸搬运是物流每一项活动开始及结束时必然发生的活动，因而有时常被人忽视，有时被看作是其他操作不可缺少的组成部分。例如，一般而言的“汽车运输”，就实际包含了相随的装卸搬运，仓库中泛指的保管活动，也含有装卸搬运活动。

2. 装卸搬运是支持、保障性活动

装卸搬运的附属性不能理解成被动的，实际上，装卸搬运对其他物流活动有一定的决定性。装卸搬运会影响其他物流活动的质量和速度，如装车不当，会引起运输过程中的损失；卸放不当，会给下一阶段货物的搬运造成困难。

3. 装卸搬运是衔接性的活动

在任何其他物流活动互相过渡时，都是以装卸搬运来衔接的，因此装卸搬运往往成为整个物流“瓶颈”，是物流各功能之间能否形成有机联系和紧密衔接的关键，建立一个有效的物流系统，关键看这一衔接是否有效。

二、装卸搬运作业的原则

如何使装卸搬运合理化是物流企业为提高效率、降低成本、改善服务和提高经济效益所应认真研究的问题。促使装卸搬运的合理化是一项复杂的系统工程，涉及诸多方面，但一般而言，应遵循以下原则。

1. 提高机械化水平的原则

对于劳动强度大、工作条件差、搬运与装卸频繁、动作重复的环节，应尽可能采用有效的机械化作业方式。如采用自动化立体仓库可以将人力作业降到最低程度，而使机械化、自动化水平得到很大提高。

2. 减少无效作业的原则

当按一定的操作过程完成货物的装卸搬运时，要完成许多作业。作业即产生费用，因此，应避免无效作业，如减少作业环节、使搬运距离尽可能缩短等。

3. 扩大产品单元的原则

为了提高搬运、装卸和堆存效率，提高机械化、自动化程度和管理水平，应根据设备能力，尽可能扩大货物的物流单元，如采用托盘、货箱等。目前发展较快的集装箱单元就是一种标准化的大单元装载货物的容器。

4. 提高搬运活性指数的原则

移动货物时的搬运活性指数大小反映出物流的合理化程度。从物流的合理化角度看，应尽可能使货物处于搬运活性指数高的状态。

5. 利用重力和减少附加重量的原则

在货物搬运、装卸和堆存时，应尽可能利用货物的自重，以节省能量和投资。如利用地形差进行装货、采用重力式货架堆货等。在保证货物搬运、装卸和堆存安全的前提下，应尽可能减少附加工具的自重和货物的包装物重量。

6. 各环节均衡、协调的原则

装卸搬运作业是各作业线环节的有机组成，只有各环节相互协调，才能使整条作业线产生预期的效果，同时应使装卸搬运各环节的生产率协调一致，相互适应，因为个别薄弱环节的生产能力决定了整个装卸搬运作业的综合能力。因此，要针对薄弱环节，采取措施，提高能力，使装卸搬运系统的综合效率最高。

7. 系统效率最大化原则

在货物的流通过程中，应力求改善包装、装卸、运输、保管等各物流要素的效率。由于各物流要素间存在着效益背反的关系，如果分别独自进行，则物流系统总体效率不一定能够提高，因此要从物流全局的观点来研究问题。

三、装卸搬运作业的方法

我们可以按作业对象、作业手段、装卸设备、作业方式的不同对装卸搬运作业方法进行分类。

（一）按作业对象

（1）单件作业法。它是指单件、逐件装卸搬运的方法，这是以人力作业为主的作业方法。

（2）集装作业法。它是指对煤炭、矿石、粮食、化肥等块、粒、粉状物资，采用重力法（通过筒仓、溜槽、隧洞等方法）、倾翻法（铁路的翻车机）、机械法（抓、舀等）、气力输送法（用风机在管道内形成气流，利用压差来输送）等方法进行装卸。

（二）按装卸搬运的机械及机械作业方式

（1）“吊上吊下”方式。这种方式采用各种起重机械从货物上部起吊，依靠起吊装置的垂直移动实现装卸，并在吊车运行的范围内或回转的范围内实现搬运或依靠搬运车辆实现小搬运。由于吊起及放下属于垂直运动，这种装卸方式属垂直装卸。

（2）“叉上叉下”方式。这种方式采用叉车从货物底部托起货物，并依靠叉车的运动进行货物位移，其完全靠叉车本身，货物可不经中途落地直接放置到目的地。这种方式属水平装卸方式。

（3）“滚上滚下”方式。它是港口装卸的一种水平装卸方式。利用叉车或半挂车、汽车承载货物，连同车辆一起开上船，到达目的地后再从船上开下，称“滚上滚下”方式。利用叉车的滚上滚下方式，在船上卸货后，叉车必须离船；利用半挂车、平车或汽车，则拖车将半挂车、平车拖拉至船上后，拖车开下离船而载货车辆连同货物一起运到目的地。

滚上滚下方式需要有专门的船舶，对码头也有不同要求，这种专门的船舶称“滚装船”。

（4）“移上移下”方式。它是在两车之间（如火车及汽车）进行靠接，然后利用各种方式，不使货物垂直运动，而靠水平移动从一个车辆上推移到另一车辆上，称移上移下方式。移上移下方式需要使两辆车水平靠接，因此对站台或车辆货台需进行改造，并配合移动工具实现这种装卸。

（5）“散装散卸”方式。这种方式主要应用于对散装物的装卸，一般从装点直到卸点，中间不再落地，这是集装卸与搬运于一体的装卸方式。

（三）按装卸搬运的作业特点

（1）间歇作业法。这种方法有较强的机动性，装卸地点可在较大范围内变动，主要适用于货流不固定的各种货物，尤其适用于包装货物、大件货物，对于散粒货物的搬运也可采取此方法。

（2）连续作业法。这种方法是同种大批量散装或小件杂货通过连续输送机械，连续不断地进行作业，中间无停顿，货间无间隔。在装卸量较大、装卸对象固定、货物对象不易形成大包装的情况下适用采取这一方法。

四、装卸搬运合理化

装卸搬运合理化是将搬运活性指数尽可能的提高。搬运活性指数是指物品存放状态对装卸搬运作业的方便（难易）程度，搬运指数越大，越容易搬运，反之则相反。搬运活性分析如表3-4 所示。

表3-4　搬运活性分析

活性指数	物品状态	作业说明	需要作业数
0	杂乱地堆在地面上	集中、搬起、升起、运走	4
1	装箱或经捆扎后的状态	搬起、升起、运走	3
2	箱子或被捆扎后的物资，下面放有枕木或其他衬垫，便于叉车或其他机械作业	升起、运走	2
3	置于装卸、搬运机械上，可即刻移动	运走	1
4	被装卸、搬运的物资，已经被起动，被直接作业	–	0

从理论上讲，活性指数越高越好，但在实际的储存中，活性指数为4的输送带和活性指数为3的车辆，在一般的仓库中却很少被采用。这是因为大批量的物资不可能存放在输送带和车辆上的缘故。为了说明和分析物资搬运的灵活程度，通常采用平均活性指数的方法。这个方法对某一物流过程物资所具备的活性情况累加后计算其平均值，用δ表示，以它的大小来确定是否改变搬运方式。

（1）当$\delta<0.5$时，指所分析的搬运系统半数以上处于活性指数为0的状态，即大部分处于散装情况，其改进方式可采用料箱、推车等存放物资。

（2）当$0.5<\delta<1.3$时，大部分物资处于集装状态，其改进方式可采用叉车和动力搬动车。

（3）当$1.3<\delta<2.3$时，装卸、搬运系统大多处于活性指为2，可采用单元化物资的连续装卸和运输。

（4）当$\delta>2.3$时，则说明大部分物资处于活性指数为3的状态，其改进方法可选用拖车、机车车头拖挂的装卸搬运方式。

五、装卸搬运作业的发展趋势

装卸搬运技术随着物流技术的提高而走向机械化、电子化和自动化。在实现了物流托盘化的系统中装卸搬运可以托盘为单位进行，这样可以大大提高物流过程的连续性，提高装卸搬运作业的效率和质量。在一定质量和体积范围内装卸货物的物流对象系统中，例如，货物一般不重于50kg，则可采用电子的传输带进行货物分类、搬运等作业。在高架仓库中可采用计算机控制的货物分类、取放作业的自动化仓库管理系统。

装卸搬运组织随着物流过程运行与其形成一体化。为了削弱流通、消费领域中的装卸搬运组织的难度，在市场经济和专业化分工的条件下，国外一些运输经营者开始随物流业务的需要，把装卸搬运的触角同时伸向了生产、流通、消费等领域，逐步形成了一体化作业体系。

货物的装卸搬运只能使货物在空间上产生位移，不仅不能提高或增加物资的使用价值，而且多次装卸搬运，增加了造成货物损坏的可能性。同时，货物装卸搬运中活劳动和物化劳动的消耗，是要追加到其价值上去的，因此必须设法减少装卸搬运次数。

第七节　拣货作业管理

一、拣货作业的概念

拣货作业是按照客户订单的要求或出库单的要求将商品挑选出来，并放在指定位置的物流作业活动。商品的入库是批量到货，并且相同的品种存放在一起。客户的订单包含多种不同商品品种，拣货作业就是按照订单的需求，用最短的实践和最少的作业将商品准备好。

随着市场竞争日趋激烈，零售点对于商品配送的需要，转为多样少量、高频率的配送方式。为了满足如便利商店、百货公司、超市、量贩店的配送方式，使得整个拣选作业更趋于复杂化。

如何在正确的时间内，将正确的商品及数量，以最好的产品状态与服务品质，在最低的运送成本下，送到正确的场地给正确的客户，这有赖于整个仓库或配送中心各项作业的相互配合。但不可否认的是，拣选作业的快慢及正确与否，将直接影响客户对其服务的评价。

二、拣货的作业方式

1. 按订单拣货

这种作业方式是按照每一张订单的品种和数量的要求，一次将客户所需的商品由存放位置挑选出来，是较传统的拣货方式。其适用于单张订单订货数量较多、商品品种较少的连锁餐饮业。

按订单拣货的优点如下：

（1）作业方法简单；

（2）实施容易且弹性大；

（3）拣货后不用再进行分类整理作业，适用于大量订单的处理；

（4）作业人员责任明确；

（5）相关文件准备时间较短；

按订单拣货的缺点如下：

（1）拣货区域大时，补货及搬运的系统设计困难；

（2）商品品种多时，拣货行走路径较长，拣货效率降低。

2. 批量拣货

这种作业方式是把多张订单汇集成一批，按照商品类别及品种将数量相加后先进行初次拣货，然后再按照单一订单的要求将货品分配给每一张订单。

批量拣货优点如下：

（1）可以缩短拣货时行走搬运的距离，增加单位时间的拣货量；

（2）适用于订单数量庞大的系统。

批量拣货缺点如下：

（1）对订单无法快速反应，必须等订单累积到一定数量时才做一次性处理，因此容易出现停滞现象；

（2）批量拣货后，需进行重新再分配，增加人工搬运次数。

三、拣货作业的基本过程

拣货作业的基本过程包括如下四个环节。

1. 拣货信息的形成

拣货作业开始前，指示拣货作业的单据或信息必须先行处理完成。虽然一些配送中心直接利用顾客订单或公司交货单作为拣货指示，但此类方法容易使订单在拣货过程中受到污损而产生错误，所以多数拣货方式仍需将原始订单转换成拣货单或电子信号，使拣货员或自动拣取设备进行更有效的拣货作业。

2. 行走与搬运

拣货时，拣货作业人员或机器必须直接接触并拿取货物，这样就形成了拣货过程中的行走与货物的搬运。这一过程有以下两种完成方式。

（1）人—物方式，即拣货人员以步行或搭乘拣货车辆方式到达货物储位。这一方式的特点是物静而人动。拣取者包括拣货人员、自动拣货机和拣货机器人。

（2）物—人方式，与第一种方式相反，拣取人员在固定位置作业，而货物保持动态的储存方式。这种方式的特点是物动而人静，如轻负载自动仓储、旋转自动仓储等。

3. 拣货

无论是人工或机械拣取货物都必须先确认被拣货物的品名、规格、数量等内容是否与拣货信息传递的指示一致。这种确认既可以通过人工目视读取信息，也可以利用无线传输终端机读取条码，由计算机进行对比，后一种方式可以大幅度降低拣货的错误率。拣货信息被确认后，拣取的过程可以由人工或自动化设备完成。

4. 分类与集中

配送中心在收到多个客户的订单后，可以形成批量拣取，然后再根据不同的客户或送货路线分类集中，有些需要进行流通加工的商品还需根据加工方法进行分类，加工完毕再按一定方式分类出货。多品种分货的工艺过程较复杂，难度也大，容易发生错误，必须在统筹安排形成规模效应的基础上提高作业的精确性。

提高拣货作业效率主要是缩短以上四个作业时间。此外，防止发生拣货错误，提高储存管理账物相符率及顾客满意度，降低拣货作业成本也是拣货作业管理的目标。

【本章小结】

本章主要介绍了仓储管理的主要环节，包括入库管理、出库管理、存货管理、仓储盘点、装卸搬运及拣货作业。进货作业的流程主要包括入库物品接运、核对入库凭证、大数点收、检查包装、办理交接手续、物品验收、办理物品入库手续等。仓库理货是指仓库在接收入库货物时，根据入仓单、运输单据、仓储合同和仓储规章制度，对货物进行清点数量、检查外表质量、分类分拣、数量接收的交接工作。出货作业是根据业务部门或存货单位开具的出库凭证，从对出库凭证审核开始，进行拣货、分货、发货检查、包装直到把商品点交给需求单位或发运部门的一系列作业过程。货物盘点检查是对仓库储存货物按预定计划或有针对性地进行清点，对于准确了解和掌握储存物的数量、质量、动态变化有着重要意义。装卸搬运是指将不同散装、包装的原材料、半成品和产成品，在平面垂直方向加以提起、放下或移动，可能是要运送，也可能是要重新摆放物料，而使货物能适时、适量移到适当位置或存放场所的一种作业过程。拣货作业是按照客户订单的要求或出库单的要求将商品挑选出来，并放在指定位置的物流作业活动。拣货作业就是按照订单的需求，用最短的时间将商品准备好。

【案例学习】

从英迈公司仓储管理得到的启示

2000 年英迈公司全部库房只丢了一根电缆。半年一次的盘库，由公证公司作第三方机构检验，前后统计结果只差几分线，仓库损坏率为 0.03%，运作成本不到营业总额的 1%。这些都发生在全国拥有 15 个仓储中心，每天库存货品上千种，价值可达 5 亿人民币的英迈公司身上。这家公司是如何做到的呢？通过参观英迈公司在上海的储运中心，我们发现英迈公司具有强烈的成本概念和服务意识。

一、几个数字

一毛二分三：英迈库存中所有的货品在摆放时，货品标签一律向外，而且没有一个倒置，这是在进货时就按操作规范统一摆放的，目的是为了出货和清点库存时查询方便。运作部曾经计算过，如果货品标签向内，以一个熟练的库房管理人员操作，将其恢复至标签向外，需要 8 分钟，这 8 分钟的人工成本就是一毛二分三。

3 千克：英迈的每一个仓库中都有一本重达 3 千克的行为规范指导，细到怎样检查销售单、怎样装货、怎样包装、怎样存档、每一步骤在系统上的页面是怎样的等，在这本指导上都有流程图，有文字说明，任何受过基础教育的员工都可以从规范指导中查询和了解到每一个物流环节的操作规范，并遵照执行。在英迈的仓库中，只要有动作就有规范，操作流程清晰的观念为每一个员工所熟知。

5 分钟：统计和打印出英迈上海仓库或全国各个仓库的劳动力生产指标，包括人均收货多少钱，人均收货多少行（即多少单，其中人均每小时收到或发出多少行订单是仓储系统评估的一个重要指标），只需要5分钟。在Impulse系统中，劳动力生产指标统计适时在线，随时可调出。而如果没有系统支持，这样的一个指标统计至少得一个月时间。

20分钟：在日常操作中，仓库员工从接到订单到完成取货，规定时间为20分钟。因为仓库对每一个货位都标注了货号标志，并输入Impulse系统中，Impulse系统会将发货产品自动生成产品货号，货号与仓库中的货位一一对应，所以仓库员工在发货时就像邮递员寻找邮递对象的门牌号码一样方便快捷。

4小时：一次，由于库房经理的网卡出现故障，无法使用Impulse系统，结果他在库房中寻找了4小时，也没有找到他想找的网络工作站。依赖IT系统对库房进行高效管理，已经成为库房员工根深蒂固的观念。

一个月：英迈的库房是根据中国市场的现状和生意的需求而建设的，投入要求恰如其分，目标清楚，能支持现有的经销模式并做好随时扩张的准备。每个地区的仓库经理都要求能够在一个月之内完成一个新增仓库的考察、配置与实施，这都是为了飞快的起动物流支持系统。在英迈的观念中，如果人没有准备，有钱也没用。

二、几件小事

（1）英迈库房中的很多记事本都是收集已打印一次的纸张装订而成，即使是各层经理也不例外。

（2）所有物品进出库房都须严格按照流程进行，每一个环节的责任人都必须明确，违反操作流程，即使有总经理的签字也不可以。

（3）货架上的货品号码标识用的都是磁条，采用的原因同样是因为节约成本。以往采用的是打印标识纸条，但因为进仓货品经常变化，占据货位的情况也不断改变，用纸条标识灵活性差，而且打印成本也很高，采用磁条后问题得到了根本性解决。

（4）英迈要求与其合作的所有货运公司在运输车辆的箱壁上必须安装薄木板，以避免因为板壁不平而使运输货品的包装出现损伤。

（5）在英迈的物流运作中，厂商的包装和特制胶带都不可再次使用，否则，视为侵害客户权益。因为包装和胶带代表着公司自身知识产权，这是法律问题。如有装卸损坏，必须运回原厂出钱请厂商再次包装。而如果由英迈自己包装的散件产品，全都统一采用印有其指定国内代理怡通公司标识的胶带进行包装，以分清责任。

三、仅仅及格

提起英迈，在分销渠道中都知道其最大优势是运作成本，而这一优势又往往被归因于其采用了先进的Impulse系统。但从以上描述中可看出，英迈运作优势的获得并非看似那样的简单，而是通过对每一个操作细节不断改进，日积月累而形成的。从所有的操作流程看，成本概念和以客户需求为中心的服务观念贯穿始终，这才是英迈竞争的核心所在。在我国物流市场中，英迈的系统能力和后勤服务能力在英迈国际的评估体系中仅被打了62分，刚刚及格。据介绍，在美国专业物流市场中，英迈国际能拿到70～80分。

作为对市场销售的后勤支持部门，英迈运作部认为，真正的物流应是一个集中运作体系，一个公司能不能围绕新的业务，通过一个订单把后勤部门全部调动起来，这是一个核心问题。产品的覆盖面不见得是公司物流能力的覆盖面，物流能力覆盖面的衡量标准是应该经得起公司业务模式的转换，换了一种产品仍然能覆盖到原有的区域，解决这个问题的关键是建立一整套物流运作流程和规范体系，这也正是大多数国内IT企业所欠缺的物流服务观念。

问题：

1. 从英迈公司在中国物流市场的运作中，我们得到什么启示？
2. 你认为英迈运作优势究竟来源于什么？

问题与思考

1. 简述入库作业的流程。
2. 货物编码的原则有哪些？
3. 装卸搬运作业的特点有哪些？
4. 简述储存合理化的标志。
5. 储存保管的主要指标有哪些？
6. 货物拣选的方式有那些？

【实践技能训练】

要求学生选择一家仓储企业，并在重要部门轮岗实习。了解该仓储企业的出入库作业流程的处理，分析该仓储企业主要优势和不足，要求学生完成实践总结报告。

第四章　现代仓储的规划与设计

■ **知识目标**

1. 掌握仓库的结构。
2. 掌握储位分配原则。
3. 掌握仓库货位的布置。
4. 熟悉因素评分法、线性规划法、德尔菲分析模型的选址理论。
5. 能够用重心法计算单一仓库的选址。

■ **能力目标**

1. 能够对所见到的仓库进行分析、分类。
2. 能够合理地进行仓库货位的布置。

第一节　仓库结构与布局

一、仓库的结构

仓库应包括存储空间、货物、仓库设施设备、人员和作业及管理系统等要素。

1. 存储空间

存储空间由仓库库房提供，不同的库房提供的空间差别很大。在进行存储空间规划时，必须考虑到空间的大小、柱子间距、有效高度、通道和收发站台等因素，并配合其他因素，才能作出完善的设计。

2. 货物

货物是仓库的生命源。货物的特征、货物在存储空间的摆放方式和管理与控制是储存系统要解决的关键问题。货物的特征包括规格类别、数量等，而影响到它们在存储空间摆放的因素有储位单位、储位策略和原则、商品特性等。在仓库中不仅仅要将货物摆放好，还要便于存取、分拣和加工管理。

3. 仓储设施设备

仓储设施设备由收发设施设备、储存设备、搬运和输送设备等组成。

4. 人员

仓储系统的人员包括仓管、搬运、拣货和补货等人员。即使是自动化的仓库也需要人员来看护和管理。人员仍然是仓库最活跃的因素，在仓储空间设计和设备选择时，都要根据自动化程度的高低来考虑人机作业和管理问题。例如，考虑人员在存取搬运货物时，要求效率高、省时省力，作业流程要合理，储位配置及标志要简单清楚、一目了然，且要好放、好拿、好找。

5. 作业及管理系统

前几项组成已经决定了仓库的作业状况好坏。按照设施规划设计的要求，我们首先要考虑的是作业流程，没有通畅的作业流程就不可能有完善的仓库功能布局。现代仓库还要考虑信息系统。仓库管理系统（Warehouse Management System，WMS）是仓库运作的神经中枢，与良好的作业系统配合，才能完成仓库的各项功能。

二、仓库布局的主要内容

仓库布置是根据仓库的总体设计，科学、合理地布置两区（库区、生活区）、四场（业务场所、辅助业务场所、生活区办公场所以及生活场所）和其他设施，其目的是为了充分利用存储空间、提高存货的安全性、有效利用搬运设备、提高仓库的运作效率和服务水平。

1. 仓库结构类型的选择

仓库结构类型的选择主要根据仓库的功能和任务来确定，主要包括以下内容。

（1）仓库的主要功能是单纯储存还是兼有分拣、流通加工、配送等功能。

（2）储存的对象，储存物品的性质、类型、数量、外形尺寸。

（3）仓库内外环境要求是常温、冷藏还是恒温，以及防盗、防火、防污染等条件。

（4）经济能力，投资额的大小，对经营成本的要求等。

2. 仓库设施、设备的配置

仓储功能与设备类型如表4-1所示。

表4-1　仓储功能与设备类型

功能要求	设备类型
存货、取货	货架、叉车、堆垛机械、起重运输机械等
分拣、配货	分拣机、托盘、搬运车、传输机械等
验货、养护	检验仪表、工具、养护设施等

（续表）

功能要求	设备类型
防火、防盗	温度监视器、防火报警器、监视器、防盗报警设施等
流通加工	所需的作业机械、工具等
控制、管理	计算机及辅助设备等
配套设施	站台（货台）、轨道、道路、场地等

3. 仓储面积及参数的确定

仓储面积是反映仓库规模和仓储能力的重要因素。仓储面积包括库区总面积和仓库建筑面积。仓库建筑面积包括以下三个不同的概念。

（1）建筑面积，是指仓库建筑所占的平面面积，以建筑物地脚以上外墙围水平截面计算，包括了使用面积、辅助面积和结构面积。多层的建筑物，其建筑面积为各层面积的总和。

（2）使用面积，是指仓库建筑物内可供使用的净面积，一般是建筑面积扣除外墙、库内立柱、间隔墙等所剩余的面积。

（3）有效面积，是指仓库内实际存放物品所占的面积，包括货垛、货架等所占面积的总和。

确定仓库面积所要考虑的主要因素包括：

（1）物资储备量。它决定了所需仓库的规模；

（2）平均库存量。它主要决定了所需仓库的面积；

（3）仓库吞量。它反映了仓库实物作业量，与仓库面积成正比例关系。

仓库建筑物主要参数是指仓库建筑物的长宽比、高度、层数、占地面积、梁间距、容积、容许库容量、站台、库房门窗尺寸等。

三、仓库货位的布置

对整个仓库进行分区，即设置库区后，就可以设置货位了。货位就是指仓库中货物存放的具体位置，其在库区中按地点和功能进行划分，以存放不同类别的货物。货位的设置要方便仓库中对货物的组织，以及出入库时对货物的管理。规划货位的原则要求为：货位布置要紧凑，提高仓容利用率；便于收货、发货、检查、包装及装卸车，灵活合理；堆垛稳固，操作安全；通道流畅便利，叉车行走距离短。

1. “储位”规划

“储位”，即货物储存的位置。为方便管理，仓储/配送中心的每个“储位”都应进行编号并输入“WMS ”。

（1）编号一般由通道编号、货架编号、列数、层数组成。

（2）通道编号一般采用英文字母，其他的采用阿拉伯数字。

（3）编号位数视储位多少而定。

（4）通道编号、货架编号、列数、层数应用醒目的字体制成标牌（签），悬挂、粘贴在相应位置。

2. “储位”分配

（1）为方便出入库，物品必须面向通道进行保管。

（2）尽可能地向高处码放，提高保管效率。

（3）“出货”频率高的放在近处，“出货”频率低的放在远处。

（4）“重货”放在近处，“轻货”放在远处。

（5）“大型货物”放在近处，“小型货物”放在远处。

（6）“一般物品”放在下层，“贵重物品”放在上层。

（7）“重货”放在下层，“轻货”放在上层。

（8）“大型货物”放在下层，“小型货物”放在上层。

（9）加快周转，先入先出。

3. 货物的堆码

（1）同类产品按生产日期、规格单独存放。

（2）不同品种的货物分别放置在不同的托盘上。

（3）贴有“标签”的物品，“标签”应向外与通道平行。

（4）严禁倒置，严禁超过规定的层级堆码。

（5）货架上物品存放重量不得超过货架设计载荷。

（6）在托盘上码放货物时，托盘间应预留合理距离，以便于移动，并避免货物错放。

（7）手工操作的，每一货物托盘上应放置一张“储位卡”。

4. “储位卡”

（1）“储位卡”是在每个储位上设置的用以反映所存货物情况的卡片。在手工操作情况下，“储位卡”是有效的库存管理工具。

（2）“储位卡”主要用于记录所存货物名称、存取时间和数量、批号及剩余数量。

（3）每次存、取货物的时间和数量均须在“储位卡”上记录。

5. 货位布置方案案例

某物流公司的客户有箭牌佳口有限公司、李锦记、太太乐等，这里仅以箭牌佳口有限公司在该仓库中所在的区域为例介绍货位的布置。

货物在仓库的仓储方式主要有以下五种类型。

（1）地面平放式：将保管物品直接堆放在地面上。

（2）托盘平放式：将保管物品直接放在托盘上，再将托盘平放于地面。

（3）直接堆放式：将货物在地面上直接码放堆积。

（4）托盘堆码式：将货物直接堆码在托盘上，再将托盘放在地面上。

（5）货架存放式：将货物直接码放在货架上。

根据规定，在仓储/配送中心存放的物品均须在托盘上码放。因此，该仓库货位布置方式有两种方案可供选择：一是托盘堆码式；二是托盘式货架系统。

箭牌佳口有限公司在该仓库中货位的布置（托盘堆码式）如图 4-1 所示。

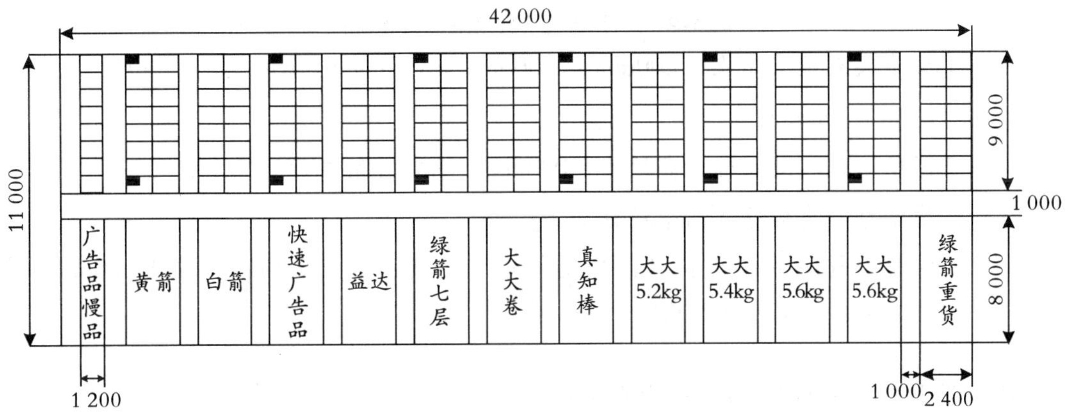

图 4-1　托盘堆码式货位布置图（方案一）

从图 4-1 中我们可以看出：该仓库首先将货物按不同客户进行分类存放，然后将货物按出货频率的高低进行分区，将那些快速品和比较重的货物就近存放在存取较为方便的货位，将那些客户不常选购的慢品存放在较远的货位，而将贵重商品则另存放至相对隔离的储区中。对于同类产品另根据包装规格、生产日期等分托盘储存。通过货物在仓库中的合理布局，从而提高物流工作效率，实现物流合理化。仓库货物放置和管理采用固定库位存储方式。运用固定库位存储方式时，通常货物被储存在仓库的一个固定位置，仓库管理员通过简单的人工操作或记忆就能准确地知道某种货物所在的位置，因而这种方法一般不需要非常先进的仓库处理设备。

随着企业业务量的扩展，实现仓库的机械化及自动化管理是一个必然的趋势，货架系统在其运作过程中起着相当重要的作用。为此，对此区域可以采用如图 4-2 所示的规划。

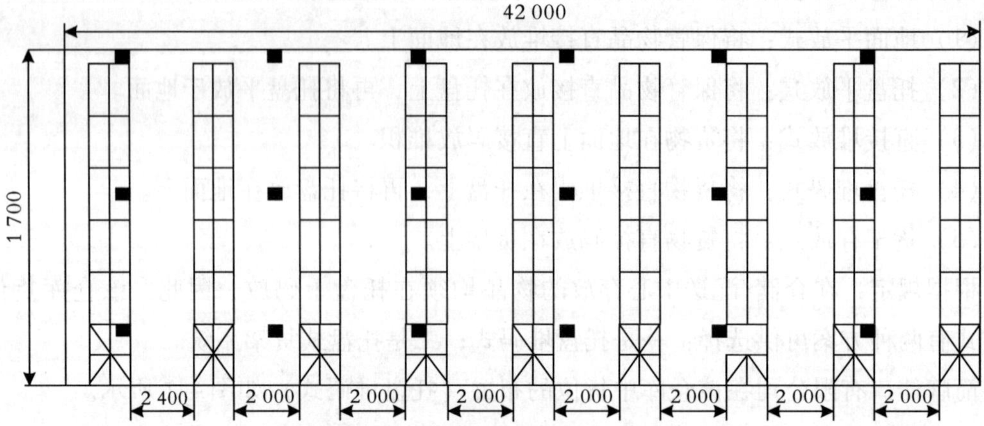

图 4-2　　托盘式货架系统（方案二）

注：①该货架系统采用在 1 200mm × 1 000mm × 150mm 的标准托盘上堆垛，高度不超过 1 200mm；

②因所选叉车最大起升高度为 3 000mm，确定货架层数为三层；

③货架每一货格存放两个托盘货物；

④因每一货格放两个托盘，确定货格尺寸为：长 2 750mm，深 1 000mm，高 1 400mm（含横梁高度）。

比较图 4-1 和图 4-2，我们可以看出：

在方案 1 中：总货位数：25 × 8 × 2 = 400（货位）

在方案 2 中：总货格数：18 × 6 × 3 = 324（货格）

总货位数 = 324 × 2 = 648（货位）

可见，在此例中，托盘式货架系统存储能力是托盘堆码式货位布置的 1.62 倍。

两种仓储方式有各自的特点，我们可以通过表 4-2 来观察。

表 4-2　两种仓储方式比较一览表

比较项目	托盘货架	托盘堆码
存货数量	大	少
存取速度	快	慢
空间利用	好	差
先进先出	可以	可以
存取设备	前移式叉车	手动液压托盘搬运车
通道宽度（mm）	3 000	1 000

（续表）

比较项目	托盘货架	托盘堆码
堆码高度（层）	3	1
出入库能力	可以	可以
设备造价（万元）	20	1
货价造价（万元）	10	–
工程总投资	30	1
总存货量（货位）	648	400
平均每货位价格（元）	463	25

显然，在同样的仓库面积的基础上采用货架进行储存是比较合适的，但是货架也有成本高、不能随意更改等缺点。因此，仓库选用何种方案还需结合仓储企业自身的状况来选择。

四、仓库内部布局与规划

仓库可根据场地和仓储、配送对象的具体情况进行规划。其一般可分为储货区、拣货区、入库暂存区、出库暂存区、办公区等。在各区域之间应预留安全通道，在货架之间应预留工作通道。

仓库内部布局是否合理，将对仓库作业的效率、储运质量、储运成本和仓库盈利目标的实现产生很大的影响。

1. 仓库规划应遵循的原则

（1）储存的物品及作业人员运动距离最小化。

（2）面积和空间利用率最大化。

（3）方便作业，有利于提高作业效率。

（4）有利于作业时间的充分利用和作业环节的有机衔接。

（5）有利于充分发挥设备的效能。

（6）有利于人员、设备的安全。

2. 安全通道

安全通道是指在发生紧急情况时，为保证工作人员安全撤离而预留的空间。

（1）安全通道与安全出口相连。

（2）安全通道的最小宽度应大于 0.8 米。

（3）任何人员可到达的区域到最近的安全出口的距离不得超过 50 米。

（4）如果通道是死胡同，这个距离不得超过 25 米。

（5）如果库存的是易燃物品，这个距离不得超过 10 米。

（6）安全通道用橘红色标出。

（7）任何时间都不得在安全通道上放置任何物品。

3. 工作通道

工作通道是为保证装卸、拣选设备正常作业而预留的空间。工作通道的宽度视采用的设备而定，在单台设备通行的情况下，应注意以下事项。

（1）采用自动堆垛机的，工作通道宽度为 1.4 米。

（2）采用三向叉车的，工作通道宽度为 1.8 米。

（3）采用前移式叉车的，工作通道宽度为 2.8 米。

（4）采用平衡重式叉车的，工作通道宽度为 4.5 米。

4. 仓库内部布局方案

某物流公司仓库为两层（三、四楼），在对仓库进行规划设计时主要考虑的因素如表 4-3所示。

表 4-3　仓库规划设计时主要考虑因素

功能描述		
长×宽×高：65m×22m×6m	面积：2 865m^2	梁下高度：6m
地面承重：2 500kg	柱距：（X 向）：7m　　（Y 向）：7m	
物料描述		
定义每个产品种类：食品	每种产品的总价值	每个种类相关单元价值
包装形式：箱数	拣货单位：箱	每种物料的稳定性：是
产品有效期的要求：有	易燃性	安全防盗
每种物料的可堆垛性：可以（最大堆码高度 1.2m）		批量控制
设置优先级		
配送成本	顾客服务	库存最小化
空间利用最大化	吞吐量	订单执行准确性

企业一般是根据库房（区）的建筑形式、面积大小、库房楼层或固定通道的分布和设施设备状况，结合储存物品需要的条件，将储存场所划分为若干库区，每一库区再划分为若干货位，每一货位固定存放一类或几类数量不等、保管条件相同的物品。

具体仓库布局方案如下：三层平面规划图如图 4-3 所示，四层平面规划图如图 4-4 所示。

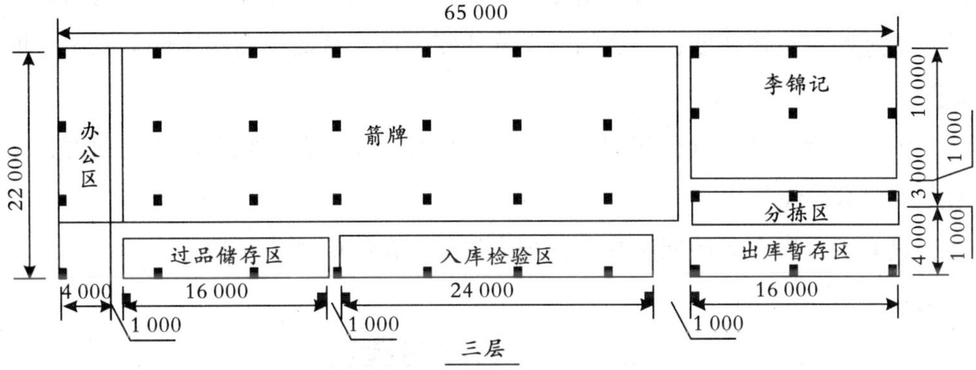

图 4-3　三层平面规划图

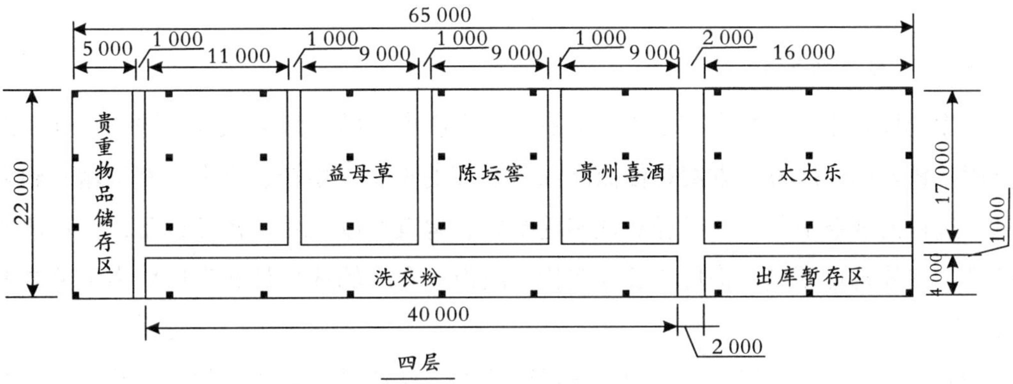

图 4-4　四层平面规划图

说明：在对仓库各层进行平面规划时，遵循仓库规划原则，结合不同客户与物流公司签订的仓储合同中要求的仓储面积进行具体设计。目前只有李锦记厂家的产品要求分拣，所以分拣区位于三楼。

仓库的内部布局还要结合实际，随时调整，做到“专而不死，活而不乱”。此外，为应付特殊情况，库房还要预留一定的机动货位，可避免固定库区因超额储存不能安排而到处乱放的问题，能够随时接收计划外入库，还可作为物品等待、整理等场地之用。

企业的性质不同，其仓库的内部布局和设计也是不一样的，但仓库布局的原则都是充分利用现有仓库的内部空间。在这一原则的指导下，根据存储产品的特点、公司的财务状况、市场竞争环境和顾客的需求等适时改变仓库的布局。一般良好的仓库布局能带来如下好处。

（1）提高仓库的产出率，在现有的仓库设备、管理人员和仓库大小的情况下获得最大的经营效益。

（2）减少物料搬运费用、保管费用、设备维修费用等，使仓库的成本费用最小。

（3）加速物资运输速度，提高物资保管的安全性，从而提高顾客服务水平，增加顾客满意度。

（4）便于管理人员进行仓库的作业管理，提高仓库内存储物资的流动速度，减少不必要的搬运和运输环节。

（5）良好的仓库布局还能给仓库管理人员提供良好的工作环境。

第二节　仓库的选址

仓库的选址是仓储管理上战略层面的问题，一旦地址选好并开始建设就不能再更改。

一、仓库选址概述

仓库选址是指在一个具有若干供应点及若干需求点的经济区域内，选一个地址来建设仓库。较佳的仓库选址方案是使商品通过仓库的汇集、中转、分发，直至输送到需求点的全过程的效益最好。仓库拥有众多建筑物、构筑物以及固定机械设备，一旦建成很难搬迁，如果选址不当，将付出长远代价。因而，仓库的选址是仓库规划中至关重要的一步。

随着国民经济的发展，社会物流量不断增长，这就要求有相应的仓库及网点与之相适应。进行仓库的建设，必须有一个总体规划，就是从空间和时间上，对仓库的新建、改建和扩建进行全面系统的规划。规划的合理与否，对仓库的设计、施工与应用，对其作业质量、安全、作业效率和保证供应，对节省投资和运营费用等，都会产生直接和深远的影响。

仓库选址对商品流转速度和流通费用产生直接的影响，并关系到企业对顾客的服务水平和服务质量，最终影响企业的销售量和利润。一旦选择不当，将给企业带来很多不良后果，而且难以改变。因此，在进行仓库选址时，必须充分考虑到多方面因素的影响，慎重决策。

二、仓库选址的原则

仓库的选址过程应同时遵守适应性原则、协调性原则、经济性原则和战略性原则。

（1）适应性原则。仓库的选址须与国家以及省市的经济发展方针、政策相适应，与我国物流资源分布和需求分布相适应，与国民经济和社会发展相适应。

（2）协调性原则。仓库的选址应将国家的物流网络作为一个大系统来考虑，使仓库的设施设备在地域分布、物流作业生产力、技术水平等方面互相协调。

（3）经济性原则。仓库发展过程中，有关选址的费用，主要包括建设费用及物流费用（经营费用）两部分。仓库的选址定在市区、近郊区或远郊区，其未来物流辅助设施的建设规模及建设费用，以及运费等物流费用是不同的，选址时应以总费用最低作为仓库选址的经济性原则。

（4）战略性原则。对于仓库的选址，我们应具有战略眼光：一是要考虑全局；二是要考虑长远。局部要服从全局，目前利益要服从长远利益，既要考虑目前的实际需要，又要考虑日后发展的可能。

三、仓库选址的影响因素

（一）自然环境因素

1. 气象条件

仓库选址过程中，主要考虑的气象条件有温度、风力、降水量、无霜期、冻土深度、年平均蒸发量等指标。如选址时要避开风口，因为在风口建设会加速露天堆放商品的老化。

2. 地质条件

仓库是大量商品的集结地。某些容重很大的建筑材料堆码起来，会对地面造成很大压力。如果仓库地面以下存在着淤泥层、流砂层、松土层等不良地质条件，会在受压地段造成沉陷、翻浆等严重后果。为此，仓库选址要求土壤承载力要高。

3. 水文条件

仓库选址需远离容易泛滥的河川流域与上溢的地下水区域。要认真考察近年的水文资料，地下水位不能过高，洪泛区、内涝区、故河道、干河滩等区域绝对禁止选择。

4. 地形条件

仓库应选择地势较高、地形平坦之处，且应具有适当的面积与外形。若选在完全平坦的地形上是最理想的；其次选择稍有坡度或起伏的地方。山区陡坡地区则应该完全避开，在外形上可选择长方形，不宜选择狭长或不规则形状。

（二）经营环境因素

1. 经营环境

仓库所在地区的优惠物流产业政策对物流企业的经济效益将产生重要影响，数量充足和素质较高的劳动力也是仓库选址考虑的因素之一。

2. 商品特性

经营不同类型商品的仓库最好能分别布局在不同地域，如生产型仓库的选址应与产业结构、产品结构、工业布局紧密结合进行考虑。

3. 物流费用

物流费用是仓库选址的重要考虑因素之一。大多数仓库选择接近物流服务需求地，如接近大型工业、商业区，以便缩短运距、降低运费等物流费用。

4. 服务水平

服务水平是仓库选址的考虑因素。在现代物流过程中，能否实现准时运送是衡量仓库服务水平高低的重要指标。因此，在仓库选址时，应保证客户在任何时候向仓库提出物流需求，都能获得快速满意的服务。

（三）基础设施状况

1. 交通条件

仓库必须具备方便的交通运输条件，最好靠近交通枢纽，如紧临港口、交通主干道枢纽、铁路编组或机场，并有两种以上运输方式相连接。

2. 公共设施状况

仓库所在地的城市道路、通信等公共设施齐备，有充足的供电、水、热、燃气的能力，且场区周围要有污水、固体废物处理通道。

（四）其他因素

1. 国土资源利用

仓库规划应贯彻节约用地、充分利用国土资源的原则。仓库一般占地面积较大，周围还需留有足够的发展空间，为此地价的高低对布局规划有重要影响。此外，仓库的布局要兼顾区域与城市规划用地的其他要素。

2. 环境保护要求

仓库选址需要考虑保护自然环境与人文环境等因素，尽可能降低对城市生活的干扰。对于大型转运枢纽，应适当设置在远离市中心区的地方，使得大城市交通环境状况能够得到改善，城市的生态建设得以维持和增进。

3. 安全的要求

由于仓库是火灾重点防护单位，不宜设在易散发火种的工业设施（如木材加工、冶金企业）附近，也不宜选择居民住宅区附近。

四、仓库的选址方法

（一）因素评分法

这是一种对具有多个目标的决策方案进行综合评判的定性与定量相结合的方法。它通过把多个目标化为一个综合的单目标，据此评价、比较和选择决策方案。假设有 n 个方案 a^i（$i=1,2,\cdots,n$），其中每个方案都有 k 个目标值，每个目标值的评价分记为 $u_j^i(j=1,2,\cdots,k)$，按目标的重要性，其权重分别为 w_j（$j=1,2,\cdots,k$），则：

$$u(a^i)=\sum_{j=1}^{k}w_ju_j^i,\ i=1,2,\cdots,n$$

用这个线性加权值作为新的评价准则（目标评价），使 $u(a^i)$ 最大的方案 a^* 就是多目标选址问题的最优决策，即

$$a^*=\max[u(a^i)],\ i=1,2,\cdots,n$$

其中，目标权重一般由专家给出。如果有 m 个专家，对 w_j 发表意见，其中第 i 人对 w_j 估值为 w_{ij}，$i=1,2,\cdots,m$，则可按下式计算 w_j：

$$w_j=\frac{1}{m}\sum_{i=1}^{m}w_{ij}$$

（二）线性规划法

找出物流网络中仓库的数量、规模和位置，目标是使得通过该网络运送所有产品的成本在以下约束条件下降至最低。

（1）不能超过每个工厂的供货能力。

（2）所有产品的需求必须得到满足。

（3）各个仓库的吞吐量不能超过其吞吐能力。

（4）必须达到最低吞吐量，仓库才可以开始运营。

（5）同一消费者需要的所有产品必须由同一仓库供给。

【例4-1】 某物流公司根据公司的发展规划，需要建设一个仓库。仓库可以在 A_1，A_2，A_3，A_4 这四个地点中选择。由于各地点的具体条件不同，建设费用以及建成后仓库的吞吐量也不同。W_i 表示在地点 A_i 建仓库后的吞吐量大小，a_i 表示在地点 A_i 建仓库的费用（$i=1，2，3，4$）。仓库建好后可以向 B_1，B_2，B_3，B_4，B_5 这五个地点配送物质；b_j 表示 B_j 的需求量（$j=1，2，3，4，5$）。c_{ij} 表示从 A_i 到 B_j 的单位运费。在满足各个配送点的条件下，如何选择仓库地点，使建设费用及运费的总和为最小，可建立以下数学模型解决。

设 x_{ij} 表示由 A_i 供应 B_j 的物质数量，并设 $R_i=\begin{cases}0 & \text{不在 } A_i \text{ 建}\\ 1 & \text{在 } A_i \text{ 建}\end{cases}$

该问题的数学模型为：$\min Z=\sum_{i=1}^{4}a_iR_i+\sum_{i=1}^{4}\sum_{j=1}^{5}c_{ij}x_{ij}$

$$
s.t\begin{cases}
x_{11}+x_{21}+x_{31}+x_{41}\geqslant b_1\\
x_{12}+x_{22}+x_{32}+x_{42}\geqslant b_2\\
x_{13}+x_{23}+x_{33}+x_{43}\geqslant b_3\\
x_{14}+x_{24}+x_{34}+x_{44}\geqslant b_4\\
x_{15}+x_{25}+x_{35}+x_{45}\geqslant b_5\\
x_{11}+x_{12}+x_{13}+x_{14}+x_{15}\leqslant W_1R_1\\
x_{21}+x_{22}+x_{23}+x_{24}+x_{25}\leqslant W_2R_2\\
x_{31}+x_{32}+x_{33}+x_{34}+x_{35}\leqslant W_3R_3\\
x_{41}+x_{42}+x_{43}+x_{44}+x_{45}\leqslant W_4R_4\\
x_{ij}\geqslant 0(i=1,2,3,4;j=1,2,3,4,5)\\
R_i=0\text{ 或 }1(i=1,2,3,4)
\end{cases}
$$

（三）重心法

1. 仓库的选址

仓库是物流过程中的一个站点，理论上说，它应该是货品集中和分发过程中费用发生最小的理想地点。我们用数学方法建立一个分析模型，找出仓库理想所在位置，这就是单一仓库的选址的重心法，该方法又称为静态连续选址模型方法。因为应用时只考虑运输费率和该点的货物运输量，所以这种方法很简单，也很实用。

2. 重心法计算的假设条件

重心法是在理想条件下求出的仓库位置，但模型中的假设条件在实际生活中会受到一定的限制。重心法计算中简化的假设条件包括以下几方面。

（1）模型常常假设需求量集中于某一点，而实际上需求来自分散于广阔区域内的多个消费点。

（2）模型没有区分在不同地点建设仓库所需的资本成本，以及与在不同地点经营有关的其他成本的差别，而只计算运输成本。

（3）运输成本在公式中是以线性比例随距离增加的，而运费是由不随运距变化的固定的部分和随运距变化的可变部分组成的。

（4）模型中仓库与其他网络节点之间的路线通常假定为直线，而应该选用的是实际运输所采用的路线。

（5）模型未考虑未来收入和成本的变化。

从以上假设可以看出模型存在诸多的限制条件，但这并不意味着模型没有使用价值。重要的是选址模型的结果对事实问题的敏感程度。如果简化假设条件，对模型设施选址的建议影响很小或根本没有影响，那么可以证明简单的模型比复杂的模型更有效。

重心法是一种布置单个设施的方法，基本原理为：设有一系列点分别代表生产地和需求地，各自有一定量的货物需要以一定的运输费率运向待定的仓库，或从仓库运出，则仓库应建在总运输成本最小的点。重心法的具体计算公式如下。

设有多个生产地 p_i 和需求地 m_i，各自均有一定量的货物需要以一定的运输速率运向待定的仓库或从仓库运出。利用重心法原理确定该待定仓库。

根据重心法原理总运输成本最小的那个点就是我们要找的待定仓库。

$$\min Tc = \sum V_i R_i d_i \tag{4-1}$$

式中 Tc——总运输成本；

V_i——i 点的运输量；

R_i——到 i 点的运输费率；

d_i——从位置待定的仓库到 i 点的距离

在地图上建立坐标图，设：产地和需求地的坐标为 (x_i, y_i) 位置待定的仓库的坐标 (x_o, y_o)

则：$d_i = k\sqrt{(x_i - x_o)^2 + (y_i - y_o)^2}$（$k$ 为度量因子） (4-2)

将（4-2）式代入（4-1）式并求得 Tc 对 x_o 的偏导，令其等于 0 解得：

$$X_o = \frac{\sum V_i R_i X_i / d_i}{\sum V_i R_i} \tag{4-3}$$

同理（4-2）式代入（4-1）式并求得 Tc 对 y_o 的偏导，令其等于 0 解得：

$$Y_o = \frac{\sum V_i R_i Y_i / d_i}{\sum V_i R_i} \tag{4-4}$$

上述式（4-3）与式（4-4）中尚且有未知数 d_i，因此不能一次求得 (x_o, y_o)，需要反复的收敛计算，具体过程如下。

（1）不考虑距离因素 d_i，用重心法公式估算初始选址点：

$$X_o = \frac{\sum V_i R_i X_i}{\sum V_i R_i} \tag{4-5}$$

$$Y_o = \frac{\sum V_i R_i Y_i}{\sum V_i R_i} \tag{4-6}$$

（2）根据式（4-2），用步骤（1）得到的 (x_o, y_o) 并计算 d_i。

（3）将 d_i 代入式（4-3），式（4-4），解出修正的（x_o,y_o）的值。

（4）根据修正的（x_o,y_o）的坐标值，再重新计算 d_i 。

（5）重复步骤（3）、（4）直至（x_o,y_o）的在连续计算中的数值变化很小或不再变化，这时我们计算出来的（x_o,y_o）为仓库的最优选址。

（四）德尔菲分析模型

德尔菲分析模型考虑的是单一设施的选址，其目标有供需之间的运输时间或距离极小化，成本的极小化，平均反应时间的极小化。但是，有些选址分析涉及多个设施和多个目标，其决策目标相对模糊，甚至带有感情色彩。

解决这类选址问题的一个方法是使用德尔菲分析模型，该模型在决策过程中考虑了各种影响因素。使用德尔菲分析模型涉及三个小组，即协调小组、预测小组和战略小组，每个小组在决策中发挥不同的作用。使用该模型的步骤如下。

（1）成立两个小组。内外部的人员组成顾问团，充当协调者，负责设计问卷和指导德尔菲调查。顾问团中选出一部分人成立两个小组。一个小组负责预测社会的发展趋势和影响组织的外部环境（预测小组）；另一小组确定组织的战略目标及其优先次序（战略小组）。战略小组的成员从组织中各部门的高层经理人员中挑选。

（2）识别存在的威胁和机遇。经过几轮问卷调查后，协调小组应该向预测小组询问社会的发展趋势、市场出现的机遇以及组织面临的威胁。这一阶段，要尽可能听取多数人的意见。

（3）确定组织的战略方向与战略目标。协调小组将预测小组的调查结果反馈给战略小组。战略小组利用这些信息来确定组织的战略方向与战略目标。

（4）提出备选方案。一旦战略小组确定了长期目标，就应集中精力提出各种备选方案（备选方是对工厂现有设施的扩充或压缩和对工厂的全部或局部位置进行变更）。

（5）优化备选方案。步骤4 中提出的备选方案应提交给战略小组中的有关人员，以获得他们对各方案的主观评价。

在考虑组织优势和劣势的基础上，该模型可识别出组织的发展趋势和机遇。此外，该模型还考虑了企业的战略目标，在现代公司中被作为一种典型的综合性群体决策方法广泛使用。

【本章小结】

本章对仓库的仓库结构与布局进行了重点介绍，特别是仓库货位的布置，最后介绍了仓储系统的布局与规划、仓储系统选址概述、仓储系统选址的目标及原则、仓库选址的影响因素、仓储系统的选址方法，其中选址方法选择了比较常用的四种：因素评分法、线性规划法、重心法单一仓库的选址和德尔菲分析模型。

【案例学习】

家乐福超市选址实例

1995 年，家乐福进入中国市场，短时间内便在北京、上海和深圳三地开了大卖场，各自独立发展出自己的供应商网络。根据家乐福自己的统计，从中国本地购买的商品占了商场里所有商品的 95 % 以上，仅 2000 年采购金额就达 15 亿美元。除了已有的上海、广东、浙江、福建及胶东半岛等各地的采购网络，家乐福还会于近期分别在中国的北京、天津、大连、青岛、武汉、宁波、厦门、广州及深圳开设区域化采购网络。截止到 2003 年 10 月，家乐福在中国已有 41 个大卖场开业。大卖场设计家乐福的顾客群：60% 的顾客是 34 岁以下，70% 是女性，54% 是已婚；家乐福的主要理念：低价、一次购足、免费停车、高周转、新鲜程度、品质现代化。

1. 标准：Carrefour 的法文意思就是“十字路口”，而家乐福的选址也不折不扣地体现这一个标准。

2. 位置要求描述：交通方便（私家车、公交车、地铁、轻轨）；人口密度相对集中；两条马路交叉口，其一为主干道；具备相当面积的停车场，如在北京至少有 600 个以上的停车位。

3. 建筑物要求：建筑占地面积达 15 000 平方米以上，最多不超过两层，总建筑面积为 2 万 ~4 万平方米，转租租户由家乐福负责管理，建筑物长宽比例为 10 : 7 或 10 : 6。

4. 商圈内的人口消费能力。

（1）商圈片区覆盖。

工具：利用人口地理系统（GIS）

方法一：以某个原点出发，测算 5 分钟的步行距离会到什么地方，然后是 10 分钟步行会到什么地方，最后是 15 分钟会到什么地方。

方法二：根据中国的本地特色，还需要测算以自行车出发的小片、中片和大片半径，最后是以车行速度来测算小片、中片和大片各覆盖了什么区域。

（2）计量参数：计算这片区域内各个居住小区的详尽的人口规模和特征的调查，计算不同区域内人口的数量和密度、年龄分布、文化水平、职业分布、人均可支配收入等等许多指标。家乐福的做法还会更细致一些，根据这些小区的远近程度和居民可支配收入，再划定重要销售区域和普通销售区域。

（3）区域内商业环境（包括城市交通和周边商圈的竞争情况）。

指导原则一：如果一个未来的店址周围有许多的公交车，或是道路宽敞，交通方便。那么销售辐射的半径就可以大为放大。

指导原则二：未来潜在销售区域会受到很多竞争对手的挤压，所以需要将未来所有的竞争对手计算进去。

（4）持续性商圈微调。

依据目标顾客的信息来微调自己的商品线。

停车场要求至少600个机动车停车位，非机动车2 000平方米以上，免费提供家乐福公司及顾客使用。

问题：

1. 家乐福卖场选址主要考虑了哪些因素？

2. 谈谈家乐福在选址及其运作方面的特点与启示。

问题与思考

1. 什么是仓库？

2. 仓库的类型有哪些？

3. 仓库有哪些功能？

4. 如何进行仓库的货位布置。

5. 简述仓库选址需要考虑哪些因素。

6. 简述重心法选址中假设的条件。

【实践技能训练】

选择本市某物流中心，根据所学的选址知识写出一份分析报告，具体分析该物流中心的自然环境因素、经营环境因素、基础设施状况、其他因素等。

第五章 仓储商品的保管和养护

■ 知识目标

1. 掌握影响库存物品变化的因素及保养措施。
2. 掌握影响库存商品质量变化的内外因素。
3. 了解库内温度与湿度变化的特点。
4. 掌握商品养护的基本要求。
5. 掌握防治害虫的方法。

■ 能力目标

1. 能够根据商品的性质控制库房的温度、湿度。
2. 能够根据货物的理化性质，分析其保管条件。

储存在仓库里的物品，表面上看静止不变，实际上每时每刻都在发生变化。在一段时间内，物品发生的轻微变化凭人的感官察觉不到，只有当其发展到一定程度后才会被发现。保管、保养是仓库的最基本任务，库存损耗指标是衡量一个仓库管理水平的重要指标。因此，对于仓储管理人员来说，只有认识和掌握各种库存物变化的规律，才能采取相应的管理和技术措施有效地抑制外界因素的影响，为库存物创造适宜的保管环境，最大限度地减缓和控制物品的变化速度和程度，维护库存物的使用价值和经济价值。

第一节 仓储商品的保管

一、商品的保管

保管商品是商品在储存和流通过程中的一项极为重要的工作，是保证商品在储存和流通期间质量安全的有力措施。它不仅是仓库管理工作的重要任务之一，而且关系到我国对外经济贸易的信誉。

所谓保管，是指对物品进行储存及对其数量、质量进行管理控制的活动。商品的保管养护是根据商品在储存期间的质量变化规律，针对商品的不同特性，创造一个适宜商品储存的环境，以控制外界因素的影响，达到防止或减弱商品的质量变化，降低商品的损耗，防止商品损失的目的。

商品在储存期间，由于受到外界因素的影响，商品的成分、结构性质都会发生这样或那样的变化，使其质量和数量受到一定的损失。针对商品的性质，研究和探索各类商品在不同的外界环境下质量变化的规律，采取恰当的方法和措施控制不利因素，保护商品质量，减少其损耗，创造优良的储存环境，是商品保管、养护工作的主要目标和任务。

二、仓储商品的质量变化

商品质量变化的形式有很多种，但归纳起来主要包括物理变化、化学变化、生理生化变化和生物学变化等。研究商品的质量变化，了解其变化的规律及影响变化的因素，对确保商品安全，防止、减少商品损失具有十分重要的作用。

（一）商品的物理变化

所谓物理变化，是指仅改变商品的外部形态（如气体、液体、固体“三态”之间发生的变化），不改变其本质，在变化过程中没有新物质生成。商品常发生的物理变化有挥发、溶化、熔化、渗漏、串味、沉淀、玷污、破碎与变形等。

1. 挥发

挥发是低沸点的液体商品或经液化的气体商品，在空气中经汽化而散发到空气中的现象。液体商品的挥发不仅会降低商品的有效成分，增加商品损耗，造成大气污染；一些燃点很低的物品还可能引起燃烧或爆炸，对人身和财产安全带来巨大损害；一些物品挥发的蒸汽有毒性或麻醉性，会对人体造成伤害。常见易挥发的商品有酒精、白酒、香精、花露水、香水、化学试剂中的各种溶剂、医药中的一些试剂、部分化肥农药、杀虫剂、油漆等。

挥发速度与气温的高低、空气流动速度的快慢、液体表面接触空气面积的大小成正比。防止商品挥发的主要措施是加强包装的密封性，控制库房温度。高温季节要采取降温措施，使商品储存在适宜的温度条件下。

2. 溶化

溶化是指固体商品在保管过程中，吸收空气或环境中的水分达到一定程度时，就会变为液体的现象。易溶性商品具有吸湿性和水溶性两种性能。常见易溶化的商品有食糖、食盐、明矾、硼酸、甘草硫浸膏、氯化钙、氯化镁、尿素、硝酸铁、硫酸铵、硝酸锌及硝酸锰等。

商品溶化后，虽然其本身的性质并没有发生变化，由于形态发生改变，给储存、运输及销售部门带来了很大的不便。商品溶化与空气温度、湿度及堆码高度有密切关系。对易溶化商品，应按其性能分区、分类存放在干燥、阴凉的库房里，不适合与含水分较大的商品存放在一起。在堆码时，要注意底层商品的防潮和隔潮，垫底要高一些，并采取吸潮和通风相结合的温度、湿度管理方法。

3. 熔化

熔化是指低熔点的商品受热后软化为液体的变化现象。商品的熔化除受气温的影响外，与商品本身的熔点、商品中的杂质种类和含量高低密切相关。熔点越低，越易熔化；杂质含量越高，越易熔化。常见易熔化的商品有百货中的香脂、发蜡、蜡烛；文化用品中的复写纸、蜡纸、打字纸、圆珠笔芯；化工商品中的松香、石蜡、粗萘、硝酸锌；医药商品中的油膏、胶囊、糖衣片等。

熔化的商品会造成流失、粘连包装、沾污其他商品等不良后果；有的商品因产生熔解热而体积膨胀，使包装爆破；有的因商品软化而使货垛倒塌。应根据商品熔点的高低，选择阴凉通风的库房储存，以预防商品的熔化。在保管过程中，对于易熔商品一般可采取密封和隔热措施，加强仓房的温度管理，防止日光照射，尽量减少温度对商品带来的影响。

4. 渗漏

渗漏主要是指液体商品，特别是易挥发的液体商品，由于包装容器不严密，包装质量不符合商品性能的要求，或在装卸、搬运时碰撞、震动破坏了包装，而发生跑、冒、滴、漏的现象。商品的渗漏，不仅与包装材料的性能、包装容器的结构及包装技术的优劣有关，还与仓储温度变化有关。如金属包装焊接不严，受潮锈蚀；有些包装耐腐蚀性差；有的液体商品因气温升高，体积膨胀而使包装内部压力增大胀破包装容器；有的液体商品在降温或严寒季节结冰，也会发生体积膨胀引起包装破裂而造成商品损失。因此，对液态商品应加强入库验收和在库商品检查及温度、湿度的控制和管理。

5. 串味

串味是指吸附性较强的商品吸附其他气体、异味，从而改变本来气味的变化现象。这些商品因为它的成分中含有胶体物质，以及具有疏松、多孔性的组织结构，因此具有吸附性，容易串味。常见易被串味的商品有大米、面粉、木耳、食糖、饼干、茶叶、卷烟等。常见的易引起其他商品串味的商品有汽油、煤油、桐油、腌鱼、腌肉、樟脑、肥皂、化妆品以及农药等。

商品串味，与其表面状况、与异味物质接触面积的大小、接触时间的长短以及环境中异味的浓度有关。对易被串味的商品应尽量采取密封包装，在储存、运输中不得与有强烈气味的商品同车船并运或同库储存，同时还要注意运输工具和仓储环境的清洁卫生，以此，预防商品的串味。

6. 沉淀

沉淀是指含有胶质和易挥发成分的商品，在低温或高温等因素影响下，部分物质因凝固而发生沉淀或膏体分离的现象。常见的易沉淀商品有墨汁、牙膏、化妆品等。某些饮料、酒在仓储中也会离析出纤细絮状的物质而出现混浊、沉淀的现象。

应根据不同商品的特点，防止阳光照射，使商品温度不要过低或过高，预防商品的沉淀。

7. 玷污

玷污是指商品的外表粘有其他物质，或染有其他污秽的现象。商品玷污主要是因生产、储运中卫生条件差及包装不严所致。对一些外观质量要求较高的商品，如绸缎呢绒、针织品、服装等要注意防玷污，精密仪器、仪表类也要特别注意。

8. 破碎与变形

破碎与变形是常见的物理变化，它是指商品在外力的作用下发生形态上的改变。商品的破碎主要发生于脆性较大或易变形商品的仓储中，如玻璃、陶瓷、搪瓷制品、铝制品等因包装不良，在搬运过程中受到碰、撞、挤、压和抛掷而破碎、掉瓷等。商品的变形则通常发生于塑性较大的商品中，如铝制品和皮革、塑料、橡胶等制品由于受到强烈的外力撞击或长期重压，易丧失回弹性能，从而发生形态改变。

对容易发生破碎和变形的商品，要注意妥善包装，轻拿轻放，在库堆跺高度不能超过一定的压力限度。

（二）商品的化学变化

商品的化学变化与物理变化有着本质的区别，它是构成商品的物质发生变化后，不仅改变了商品本身的外观形态，也改变了商品的本质，并有新物质生成，且不能恢复成原状的变化现象。发生化学变化的商品，严重时会完全丧失使用价值。商品中常见的化学变化有氧化、水解、分解、化合、裂解、老化、聚合、曝光、锈蚀等。

1. 氧化

氧化是指商品与空气中的氧或其他能放出氧的物质接触，发生与氧结合的化学变化。常见易氧化的商品有某些化工原料、纤维制品、橡胶制品、油脂类商品等。棉、麻、丝、毛等纤维制品长期受阳光照射会发生变色，也是织品中的纤维被氧化的结果。

商品氧化不仅会降低其质量，有的还会在氧化过程中产生热量，发生自燃，有的甚至会发生爆炸事故。所以此类商品要储存在干燥、通风、散热和温度比较低的库房，才能保证其质量安全。

2. 水解

水解是指某些商品在一定条件下遇水发生分解的现象。商品的品种不同，在酸或碱的催化作用下发生的水解情况也不相同。如肥皂在酸性溶液中能全部水解，而在碱性溶液中却很稳定。蛋白质在碱性溶液中容易水解，在酸性溶液中却比较稳定。所以羊毛等蛋白质纤维怕碱不怕酸。

易发生水解的商品在物流过程中，要注意包装材料的酸碱性，要清楚哪些商品可以或不能同库储存，以防止商品的人为损失。

3. 分解

分解是指某些性质不稳定的商品，在光、电、热、酸、碱及潮湿空气的作用下，由一种物质生成两种或两种以上物质的变化现象。商品发生分解反应后，不仅其数量会减少，质量降低，有的还会在反应过程中产生一定的热量和可燃气体，而引起爆炸或火灾事故。如化工产品中的过氧化钠如果储存在密封性好的桶里，并在低温下与空气隔绝，其性质非常稳定。但如果遇热，过氧化钠就会发生分解放出氧气。电石遇到潮气能分解成乙炔和氢氧化钙，并放出一定的热量。乙炔气体易于燃烧，在存储电石时要特别引起注意。这类易分解物品的储存要注意包装物的密封性，库房中要保持干燥、通风。

4. 化合

化合是指商品在储存期间，在外界条件的影响下，两种或两种以上的物质相互作用，而生成一种新物质的反应。化合反应通常不是单一存在于化学反应中，而是两种反应（分解、化合）依次先后发生。如果不了解这种情况，就会给保管和养护此类商品造成损失。

5. 裂解

裂解是指高分子有机物（如棉、麻、丝、毛、橡胶、塑料、合成纤维等），在日光、氧、高温条件的作用下，发生了分子链断裂、分子量降低，从而使其强度降低，机械性能变差，产生发软、发黏等现象。例如，天然橡胶在日光、氧和一定温度的作用下就会发软、发黏而变质。

因此，此类商品在保管、养护过程中要防止受热和日光的直接照射。

6. 老化

老化是指含有高分子有机物成分的商品（如橡胶、塑料、合成纤维等）在储存过程中，受到光、氧、热等因素的作用，出现发黏、龟裂、变脆、强度下降等性能逐渐变坏的现象。易老化是高分子材料存在的一个严重缺陷。老化的原因主要是高分子物在外界条件的作用下，分子链发生了降解和交联等变化。

容易老化的商品在保管、养护的过程中，要注意防止高温的影响，不能在阳光下曝晒。商品在堆码时不宜过高，以防止底层的商品受压变形。橡胶制品切忌同各种油脂和有机溶剂接触，以防止发生粘连现象。塑料制品要避免同各种有色织物接触，以防止串色。

7. 聚合

聚合是指某些商品组成中的化学键，在外界条件的影响下发生聚合反应，成为聚合体而变性的现象。例如，由于桐油中含有高度不饱和脂肪酸，在阳光、氧和温度的作用下，能发生聚合反应生成桐油块，浮在其表面，使桐油失去使用价值。

因此，储存和保管、养护此类商品时，要特别注意日光和储存温度的影响，以便防止发生聚合反应，造成商品质量的降低。

8. 曝光

曝光是指某些商品见光后，引起变质或变色的现象。例如，石碳酸（苯酚）为白色结晶体，见光即变成红色或淡红色。

这些商品在储存过程中，要特别注意防止光线照射，并要防止空气中的氧和温、湿度的影响，其包装要严密。

9. 锈蚀

锈蚀是指金属或金属合金同周围的介质接触时，相互间发生了某种反应，而逐渐遭到破坏的过程。由于金属本身不稳定，在其组成中存在着自由电子和其他杂质，受到水分和有害气体的作用就会被锈蚀。

（三）商品的生理生化变化及其他生物引起的变化

商品的生理生化变化是指有机体商品（有生命力的商品）在生长发育过程中，为了维持其生命活动，其自身发生的一系列特有的变化，如呼吸作用、发芽、胚胎发育和后熟等。生物引起的变化是指商品在外界有害生物作用下受到破坏的现象，如虫蛀、鼠咬、霉变等。

1. 呼吸作用

呼吸作用是指有机商品在生命活动过程中，不断地进行呼吸，分解体内有的机物质，产生热量，维持其本身的生命活动的现象。呼吸作用可分为有氧呼吸和无氧呼吸两种类型。

无论是有氧呼吸还是无氧呼吸，都要消耗营养物质，降低商品的质量。有氧呼吸中呼吸热的产生和积累，往往使商品腐败变质。同时，有机体分解出来的水分又有利于有害微生物的生长和繁殖，加速了商品的霉变。无氧呼吸则会产生酒精积累，引起有机体细胞中毒，造成生理病害，缩短了其储存时间。对于一些鲜活商品，无氧呼吸往往比有氧呼吸消耗更多的营养物质。

保持正常的呼吸作用，有机体商品本身具有一定的抗病性和耐储性。因此，应保证鲜活商品正常而最低的呼吸，利用它们的生命活性，减少商品损耗、延长储藏时间。

2. 发芽

发芽指有机体商品在适宜条件下，冲破“休眠”状态，发生的发芽、萌发现象。发芽会使有机体商品的营养物质转化为可溶性物质，供给有机体本身的需要，从而降低其质量。

由于养分的转移和消耗，发芽使菜果变得空瘪粗老，除少数可供食用的菜苔外，一般都丧失了食用价值。在发芽、萌发过程中，通常伴有发热、发霉等情况，不仅增加了商品的损耗，而且降低了质量。

因此，必须控制这类商品的水分，并加强温、湿度管理，防止发芽、萌发现象的发生。另外，也可以通过降低温度来延长菜果的休眠期，采用植物生长素或γ射线辐照等方法也可延长休眠期，从而抑制菜果的萌发。

3. 胚胎发育

胚胎发育主要指鲜蛋的胚胎发育。在鲜蛋的保管过程中，当温度和供氧条件适宜时，胚胎会发育成血丝蛋、血坏蛋。经过胚胎发育的禽蛋，其新鲜度和食用价值大大降低。

因此，为抑制鲜蛋的胚胎发育，应加强温、湿度管理，最好采取低温储藏。

4. 后熟作用

后熟是指瓜果、蔬菜等食品在脱离母株后继续其成熟过程的现象。瓜果、蔬菜等的后熟作用能改进色、香、味以及硬脆度等食用性能。但当后熟作用完成后，则容易发生腐烂变质，难以继续储藏，甚至失去食用价值。

因此，对于这类鲜活食品，应在其成熟之前采收，并采取控制储存条件的办法来调节其后熟过程，以达到延长储藏期、均衡上市的目的。

5. 霉腐

霉腐是商品在霉腐微生物的作用下发生霉变和腐败的现象。在气温高、湿度大的季节，如果仓库的温、湿度控制不好，储存的针棉织品、皮革制品、鞋帽、纸张以及中药材等许多商品就会生霉；肉、鱼、蛋类就会腐败发臭；水果、蔬菜就会腐烂；果酒变酸，酱油生白膜。

无论哪种商品，只要发生霉腐，就会受到不同程度的破坏，严重的霉腐可使商品完全丧失使用价值。有些食品还会因腐败、变质而产生使人畜中毒的有毒物质。储存易霉腐的商品时，必须严格控制温、湿度，并做好商品的防霉和除霉工作。

6. 虫蛀

商品在储存期间，常常会遭到仓库害虫的蛀蚀。仓库害虫在危害商品的过程中，不仅破坏商品的组织结构，使商品发生破碎和孔洞，而且排泄各种代谢废物污染商品，影响商品的质量和外观，降低其使用价值。因此，害虫对商品的危害性也是很大的。凡是含有有机成分的商品，都容易遭受害虫蛀蚀。

三、影响库存商品质量变化的内外因素

商品在储存过程中发生质量变化，是由一定的因素引起的。为了保养好商品的质量，就要掌握商品质量变化的规律，明确商品变化的内因和外因。内因决定了商品变化的可能性和程度，外因是促成这些变化的条件。

（一）影响商品质量变化的内因

商品在储存期间发生各种变化，起决定作用的是商品本身的内在因素，如化学性质、结构形态、物理性质、机械及工艺性质等。

1. 商品的化学性质

商品的化学性质是指商品的形态、结构以及其在光、热、氧、酸、碱、温度、湿度等作用下，发生改变的性质。与商品储存紧密相关的化学性质包括商品的化学稳定性、毒性、腐蚀性、燃烧性、爆炸性等。不同的化学成分及其不同的含量，既影响商品的基本性质，又影响商品抵抗外界自然因素侵蚀的能力。

2. 商品的物理性质

商品的物理性质主要是指商品的吸湿性、导热性、耐热性、透气性等。

（1）吸湿性。吸湿性是指物品吸收和放出水分的特性。物品吸湿性的大小、吸湿速度的快慢，直接影响该物品含水量的增减，对物品质量的影响极大，是许多物品在储存期间发生质量变化的重要原因之一。

（2）导热性。导热性是指物品传递热能的性质。物品的导热性与其成分和组织结构有密切关系。物品结构不同，其导热性也不一样。同时物品表面的色泽与其导热性也有一定的关系。

（3）耐热性。耐热性是指物品耐温度变化而不致被破坏或显著降低强度的性质。物品的耐热性除与其成分、结构和不均匀性有关外，也与其导热性、膨胀系数有着密切的关系。导热性大而膨胀系数小的物品耐热性良好，反之则差。

（4）透气性。物品能被水蒸气透过的性质称为透气性，物品能被水透过的性质叫透水性。这两种性质在本质上都是指水的透过性能，所不同的是前者指气体水分子的透过，后者指液体水的透过。物品透气、透水性的大小，主要取决于物品的组织结构和化学成分。

3. 商品的结构形态

物品的种类繁多，各种物品又有各种不同形态的结构，所以要求用不同的包装盛

装。如气态物品分子运动快、间距大、多用钢瓶盛装；液态物品分子运动比气态慢，间距比气态小，其形态随盛器而变；只有固态物品有一定外形。

虽然物品形态各异，概括起来可分为外观形态和内部结构两大类。物品的外观形态多种多样，所以在保管时应根据其体形结构合理安排仓容，科学地进行堆码，以保证物品质量的完好。物品的内部结构即构成物品原材料的成分结构，属于物品的分子及原子结构，是人的肉眼看不到的结构，必须借助各种仪器进行分析、观察。物品的微观结构对物品性质往往影响极大，有些分子的组成和分子量虽然完全相同，但由于结构不同，性质就有很大的差别。

4. 商品的机械及工艺性质

商品的机械性质是指强度、硬度、韧性、脆性、弹性等。商品的工艺性质是指其加工程度（毛坯、半毛坯、成品）和加工精度等。不同加工程度和加工精度的产品，在同等条件下，其变化的程度是不一样的。物品的这种性质与其质量关系极为密切，是体现适用性、坚固耐久性和外观的重要内容，它包括物品的弹性、可塑性、强力、韧性、脆性等。这些物品的机械性质对物品的外形及结构变化具有很大的影响。

（二）影响商品质量变化的外因

影响库存商品变化的外界因素很多，这里主要介绍自然因素。

1. 温度

适当的温度是商品发生物理变化、化学变化和生物变化的必要条件。温度过高、过低或急剧变化，都会对某些商品产生不良影响，促使其发生各种变化。如易燃品、自燃品，温度过高容易引起燃烧；含有水分的物质在低温下容易结冻失效；精密仪器、仪表在温度急剧变化的情况下会影响其准确性。

2. 湿度

大气湿度对库存商品的变化影响最大。大部分商品怕潮湿，但也有少数商品怕干燥。过分潮湿或干燥，会促使商品发生变化。如金属受潮后锈蚀，水泥受潮后结块硬化。木材、竹材及其制品，在过于干燥的环境中易开裂变形。

3. 日光

日光实际上是太阳辐射的电磁波，按其波长可分为紫外线、可见光和红外线。紫外线能量最强，对商品的影响最大，如它可促使高分子材料老化、油脂酸败、着色物质褪色等。可见光与红外线的能量较弱，它被物质吸收后变为热能，能加速商品发生物理、化学变化。

4. 大气

大气由空气、水蒸气、固体杂质组成。空气中的氧、二氧化碳、二氧化硫等对商品都会产生不良影响；大气中的水蒸气会使湿度增大；大气中的固体杂质，特别是烟尘对商品的危害也很大。

5. 生物及微生物

影响商品变化的生物主要是指仓库害虫、白蚁、老鼠、鸟类等，其中以虫蚀鼠咬危害最大。微生物主要是霉菌、木腐菌、酵母菌、细菌等。如霉菌会使很多有机物质发霉，木腐菌使木材、木制品腐朽。

第二节　仓储商品的保管措施

对库存物品进行保管、保养不仅是一个技术问题，更是一个综合管理问题。随着经济的快速发展，商品储存的时间在不断缩短，现代仓库管理的重点也从静态管理转变为动态管理。由于现代物流技术的不断提高，物品的养护技术也不断简单化，因而在这个阶段中，制定必要的管理制度和操作规程并严格执行，显得更为重要。

一、仓储商品保养的基本要求

对在库储存的商品管理，要建立、健全定期和不定期、定点和不定点、重点和一般相结合的检查制度。严格控制库内温度、湿度，并做好卫生清洁管理。“以防为主、防治结合”是保管、保养的核心，要特别重视物品损害的预防，及时发现和消除事故隐患，防止损害事故的发生。特别要预防爆炸、火灾、水浸、污染等恶性事故和造成大规模损害事故的发生。在发生、发现损害现象时，要及时采取有效措施防止损害扩大，减少损失。

仓库保管、保养的措施主要有：经常对物品进行检查测试，及时发现异常情况；合理地对物品通风；控制阳光照射；防止雨、雪水浸湿物品，及时排水除湿；除虫灭鼠，消除虫鼠害；妥善进行湿度控制、温度控制；防止货垛倒塌；防霉除霉，剔出变质物品；对特殊物品采取针对性的保管措施等。

做好商品养护的基本要求有以下几个方面的内容。

1. 严格验收入库物品

要防止物品在储存期间发生各种不应有的变化，首先在物品入库时要严格验收，弄清物品及其包装的质量状况。对吸湿性物品要检测其含水量是否超过安全水平，对其他有异常情况的物品要查清原因，针对具体情况采取救治措施，做到防微杜渐。

2. 适当安排储存场所

由于不同物品的性能不同，对保管条件的要求也不同，分区、分类，合理安排存储场所是物品养护工作的一个重要环节。如怕潮湿和易霉变、易生锈的物品，应存放在较干燥的库房里；怕热易溶化、发黏、挥发、变质或易发生燃烧、爆炸的物品，应存放在温度较低的阴凉场所；一些既怕热、又怕冻、且需要较大湿度的物品，应存放在冬暖夏凉的楼下库房或地窖里。此外，性能相互抵触或易串味的物品不能在同一库房混存。尤其对于化学危险物品，要严格按照有关部门的规定分区、分类安排储存地点。

3. 科学堆码苫垫

阳光、雨雪、地面潮气对物品的质量影响很大，要切实做好货垛遮苫和垛下苫垫隔潮工作，如利用石块、枕木、垫板、苇席、油毡或采用其他防潮措施。存放在货场的物品，货区四周要有排水沟，以防积水流入垛下；货垛周围要遮盖严密，以防雨淋日晒。

货垛的垛形与高度，应根据各种物品的性能和包装材料，结合季节、气候等情况妥善堆码。含水率较高的易霉物品，热天应码通风垛；容易渗漏的物品，应码间隔式的行列垛。此外，库内物品的堆码应留出适当的距离，俗称“五距”，也就是平顶楼库顶距为50厘米以上，人字形屋顶以不超过横梁为准；照明灯要安装防爆灯，灯头与物品的平行距离不少于50厘米；外墙墙距50厘米，内墙墙距30厘米；柱距：一般留10～20厘米；垛距通常留10米。对易燃物品还应适当留出防火距离。

4. 控制好仓库温度和湿度

应根据库存物品的保管、保养要求，适时采取密封、通风、吸潮和其他控制与温度和湿度的调节，力求把仓库温、湿度保持在适应物品储存的范围内。

5. 定期进行物品在库检查

由于仓库中保管的物品性质各异、品种繁多、规格型号复杂，进出库业务每天都在进行，而每一次物品进出库都要进行计量或清点，加之物品受周围环境因素的影响，使物品可能发生数量或质量上的损失。因此对库存物品和仓储工作进行定期或不定期的盘点和检查非常必要。

（1）检查

检查工作主要包括：检查物品保管条件是否满足要求；检查物品质量的变化动态；检查各种安全防护措施是否落实、消防设备是否正常。检查应特别注意物品的温度、水分、气味、包装物的外观、货垛状态是否有异常。

（2）盘点

盘点是检查账、卡、物是否相符，把握库存物数量和质量动态的手段。

6. 搞好仓库清洁卫生

储存环境不清洁易引起微生物、虫类寄生繁殖，危害物品。因此，应经常清扫仓库内外环境，彻底铲除仓库周围的杂草、垃圾等物，必要时使用药剂杀灭微生物和潜伏的害虫。对容易遭受虫蛀、鼠咬的物品，要根据物品性能和虫、鼠生活习性及危害途径，及时采取有效的防治措施。

二、仓库温度和湿度管理

（一）温度和湿度的基本知识

1. 温度

温度是表示物质冷热程度的物理量，具体指温标上的标度。目前工作中都采用1968年的国际实用温标，即国际实用摄氏度。

空气温度是指空气的冷热程度，简称气温。气温是影响商品质量变化的重要因素。温度能直接影响物质微粒的运动速度：一般商品在常温或常温以下都比较稳定；高温能够促进商品发生挥发、渗漏、熔化等物理变化及各种化学变化；而低温又容易引起某些商品产生冻结、沉淀等变化；温度忽高忽低会影响到商品质量的稳定性。此外，温度适宜时会给微生物和仓虫的生长繁殖创造有利条件，加速商品腐败、变质和虫蛀。因此，控制和调节仓储商品的温度是商品养护的重要工作内容之一。

2. 湿度

湿度是表示大气干湿程度的物理量，常用绝对湿度、饱和湿度、相对湿度和露点等方法来衡量。

（1）绝对湿度。绝对湿度是指单位容积的空气里实际所含的水蒸气量，一般用“克/立方米”来表示。温度对绝对湿度有着直接影响。在通常情况下，温度越高，水蒸气蒸发得越多，绝对湿度就越大；相反，绝对湿度就越小。

（2）饱和湿度。饱和湿度是表示在一定的温度下，单位容积空气中所能容纳的水蒸气的最大限度。如果越过这个限度，多余的水蒸气就会凝结变成水滴，此时的空气湿度称为饱和湿度。

空气的饱和湿度不是固定不变的，它随着温度的变化而变化。温度越高，单位容积空气中所容纳的水蒸气量就越多，饱和湿度也就越大。有常压下“饱和水气压表”可查。

（3）相对湿度。空气中实际含有的水蒸气的量（绝对湿度）距离饱和状态（饱和湿度）程度的百分比叫相对湿度。也就是在一定温度下，绝对湿度占饱和湿度的百分比，其公式为：

$$相对湿度=绝对湿度/饱和湿度\times100\%$$

相对湿度越大，表示空气越潮湿；相对湿度越小，表示空气越干燥。空气的绝对湿度、饱和湿度、相对湿度与温度之间有着一定的内在联系，温度如果发生了变化，则各种湿度也随之发生变化。

(4) 露点。含有一定量水蒸气(绝对湿度)的空气，当温度下降到一定程度时，所含水蒸气就会达到饱和状态(饱和湿度)并开始液化成水，这种现象叫做结露。水蒸气开始液化成水时的温度叫"露点温度"，简称"露点"。如果温度继续下降到露点以下，空气中超饱和的水蒸气就会在商品或其包装物表面凝结成水滴，此现象称为"水凇"，俗称商品"出汗"。

此外，风与空气中的温度和湿度有着密切关系，也是影响空气温、湿度变化的重要因素之一。

(二) 温度和湿度的变化规律

1. 大气温度和湿度的变化规律

(1) 大气温度的变化规律。温度的日变化规律通常为单峰型，即大气温度从上午 8 时开始迅速升高，到下午 2 ~ 3 时达最高，过后随着日照减弱而逐渐下降，到次日凌晨两点左右为最低。

(2) 大气湿度的变化规律。绝对湿度反映空气中水蒸气的实际含量，由于在不同的自然地理条件下，或在不同的季节中，绝对湿度的日变化规律不元全相同，因此在我国有一高一低(单峰型)和两高两低(双峰型)绝对湿度日变化形式。

所谓单峰型，是指绝对湿度在一日内出现一次最高值和一次最低值。这种类型出现在沿海地区及江湖一带，内陆地区的秋冬季节也常表现为这种类型。这种变化为每日日出前气温最低时，绝对湿度最低，日出后随着气温增高绝对湿度增大，至 14 ~ 15 时达到最高值，而后随日照减弱绝对湿度降低。

所谓双峰型，是指绝对湿度在一日内出现最高值和两次最低值。一般内陆地区春夏季节绝对湿度的日变化属于这种类型。这种变化为日出前绝对湿度最低，日出后随气温上升，绝对湿度迅速增加，至 8 ~ 9 时，出现第一次绝对湿度最高；随即大气垂直运动加快，热交换运动开始，地面热湿空气上升，空中干冷空气下降，干湿空气混合使绝对湿度开始下降，至 14 ~ 15 时左右热交换运动相对停止时，绝对湿度达到第二次最低；之后水蒸气又在不断蒸发，至 20 ~ 21 时绝对湿度达到第二次最高。

相对湿度也有日变化和年变化的一般规律。相对湿度的日变化基本上由气温变化决定，气温上升，由于饱和湿度增大，于是相对湿度减小；而气温下降，饱和湿度降低，相对湿度增大。

2. 库内温度和湿度变化的特点

除特殊仓库外，库内温度和湿度的变化主要受库外温度和湿度变化的影响，因而其变化规律是基本一致的，但变化的程度不同。

(1) 库内温度的变化。库内温度的变化与库外气温的变化大致相同。但由于仓库建筑物的防护作用，库内温度与库外温度又有差别，库内温度的日差比较小。另外，库外温度对库内的影响需要一定时间，所以库内温度的变化滞后于库外。库内温度的变化受多种因素的影响，如仓库建筑物的结构特点、结构材料、密封性以及库存物品的性质等。所以，不同仓库隔热、保温性能不同，库内温度变化的实际情况也就不同。

（2）库内湿度的变化。库内绝对湿度的变化直接受库外湿度的影响，在没有密封的情况下，库内外湿度不会有太大的差别。但是由于库内外气温不同，在绝对湿度相同的情况下，库内外的相对湿度会有差别。即当库内温度高于库外时，其相对湿度低于库外；而当库内温度低于库外时，其相对湿度高于库外。

除此之外，同一时点库内不同位置的温度和湿度也不相同。一般情况下，地面附近温度较低、湿度较大，屋顶附近温度较高、湿度较小；向阳面温度较高、相对湿度较小，背阴面温度较低、相对湿度较大；库房四角温度较高，但因通风受阻其相对湿度也就偏高，而库房门、窗附近受库外温度和湿度影响较大，所以与库外温度和湿度比较接近。

（三）温度和湿度对商品质量的影响

商品在贮存过程中，引起质量变化的外界因素很多，有温度、湿度、空气中的氧、日光、微生物、害虫等，其中最主要的是空气的温度和湿度。商品在储存期间发生的霉变、锈蚀、虫蛀、溶化、挥发、燃爆等损失都与温度和湿度有关。

各种商品一半都具有与大气温、湿度相适应的性能。当库内温度、湿度发生变化时，商品本身的理化性质也会发生不同程度的变化。例如：食糖受潮溶化、洗衣粉受潮结块。空气潮湿、闷热，就会引起微生物和霉菌的生长繁殖，如茶叶、烟会发生霉变；温度过高或过低，也会引起商品质量发生变化，如蜡制品遇热发粘或熔化，福尔马林受冻聚合沉淀等。

商品在贮存期间，需要适宜的温度、湿度，才能保证其质量的稳定，而仓库温度、湿度的变化，直接受到库外自然气候变化的影响。因此，我们不仅要熟悉各种商品的特性，还必须掌握自然气候的变化规律，以及对仓库温度、湿度的影响，以便适当地控制仓库的温度、湿度，改善商品的储存环境，确保商品质量的安全。所谓仓库温度和湿度管理就是按照自然气候和仓库温度和湿度变化的规律，根据商品的自然属性或特征，科学地运用密封、通风与吸湿等相结合的方法，合理地调节仓库的温度和湿度，以达到安全贮存商品的目的。

大多数商品都含有水分，水分在商品组成中占有重要地位。各种商品对温度和湿度的适应性是有一定限度的，如果长期超过或低于这个限度，商品的质量就会发生变化。因此，我们必须研究商品中的水分与空气温、湿度的相互关系，并应用这些关系，做好商品的养护工作，维护商品质量的安全。

（四）温度和湿度控制的常用方法

控制库房温度和湿度的方法有很多，如人工吸潮、排潮、加热、降温和密封库房等，特别是利用自然通风办法调节库内温度和湿度，对仓库保管更具有经常和普遍的应用价值。

1. 通风

通风是根据大气自然流动的规律，有计划、有目的地组织库内外空气的对流与交换，是调节库内温度和湿度、净化库内空气的有效措施。

（1）通风方式可分为自然通风和强迫通风两种方式。

①自然通风。自然通风是利用库内外空气的压力差，实现库内外空气交流置换的一种通风方式。这种通风方式不需要任何通风设备，因而也就不消耗任何能源，而且通风换气量比较大，是一种最简便、最经济的通风方式。

为了更有效地利用自然通风，库房建筑本身应为自然通风提供良好的条件。

②强迫通风。强迫通风又称机械通风或人工通风。它利用通风机械所产生的压力或吸引力，即正压或负压使库内外空气形成压力差，从而强迫库内空气发生循环、交换和排除，达到通风的目的。

（2）通风时机。仓库通风必须选择最适宜的时机，如果通风时机不当，不但不能达到通风的预期目的，有时甚至会出现相反的结果。例如，想通过通风降低库内湿度，但由于通风时机不对可能会造成库内湿度的增大。因此，必须根据通风的目的确定有利的通风时机。

①通风降温。对于库存物品怕热而对大气湿度要求不严的仓库，可利用库内外的温差，选择适宜的时机通风，只要库外的温度低于库内，就可以通风。对于怕热又怕潮的物品，在通风降温时，除了库外温度要低于库内温度，还必须同时考虑库内外湿度的情况。只有库外的绝对湿度低于库内时，才能通风。由于日出前库外气温最低，绝对湿度也最低，所以是通风降温的有利时机。

②通风降湿。多数情况下，仓库通风的目的是为了降低库内湿度。降湿的通风时机不易掌握，必须对库内外的绝对湿度、相对湿度和温度等进行综合分析。最后通风的结果应使库内的相对湿度降低。

（3）仓库通风应注意的几个问题。

①在一般情况下，尽可能利用自然通风，只有当自然通风不能满足要求时，才考虑强迫通风。一般仓库不需要强迫通风，但有些仓库，如化工危险品仓库必须考虑强迫通风。因库内的有害气体如不及时排除，就有发生燃烧或爆炸的危险，有的还会引起人身

中毒，酿成重大事故。

②在利用自然通风降湿的过程中，应注意避免因通风产生的副作用。如依靠风压通风时，一些灰尘杂物容易随着气流进入库内，对库存物资造成不良影响，所以当风力超过五级时不宜通风。

③强迫通风多采用排出式，即在排气口安装排风扇。但对于产生易燃、易爆气体的仓库和产生腐蚀性气体的仓库，则应采用吸入式通风方式。因为易燃、易爆气体经排风口向外排放时，如排风扇电机产生火花，就有引起燃烧、爆炸的危险；而腐蚀性气体经排风扇向外排放时，易腐蚀排风机械，降低其寿命。若采用吸入式通风方式，可使上述问题得到解决。

④应根据实际需要与可能选择通风机械，并考虑经济实用。通风机械分为轴流式和离心式两种。一般仓库可采用轴流式通风机，因为它通风量比较大、动力能源消耗少，其缺点是产生的空气压力差小，适合在阻力较小的情况下通风。离心式通风机产生的空气压力差大，但消耗能量多，适合在阻力大的情况下通风。

⑤通风必须与仓库密封相结合。当通风进行到一定的时间，达到通风目的时，应及时关闭门窗和通风孔，使仓库处于相对的密封状态，以保持通风的效果。所以开始通风时应掌握好时机，停止通风时也应掌握好时机。另外，当天气骤然变化，温度和湿度大幅度变化时，也应立即中断通风，将仓库门窗紧闭。

总之，库房通风方式的选择与运用，取决于库存商品的要求；取决于库房条件，如库房大小，门窗、通风洞的数量，以及地坪的结构等；同时还取决于地理环境和气象条件，如库房位于城市、乡村、高原、平地或江、河、湖和海畔等。因此必须根据不同地区，不同季节和不同库房条件等，从物品安全角度出发选择通风方式，以确保库存商品的质量完好。

2. 密封

密封是将储存物品使用密封材料，尽可能严密地封闭起来，使之与周围大气隔离，防止或减弱自然因素对物品的不良影响，创造适宜的保管条件。

密封的目的主要是为了防潮，但同时也能起到防锈蚀、防霉、防虫、防 热、防冻、防老化等综合效果。密封是相对的，不可能达到绝对严密的程度。密封可用不同的介质在不同的范围内进行。

（1）不同介质的密封。由于介质不同，密封可以分为大气密封、干燥空气密封、充氮密封和去氧密封等。

①大气密封。大气密封就是将封存的物品直接在大气中密封，其间隙中充满大气，密封后基本保持密封时的大气湿度。

②干燥空气密封。干燥空气密封是在密封空间内充入干燥空气或放置吸湿剂，使空气干燥，防止物品受潮。干燥空气的相对湿度应在40% ~50%。

③充氮密封。充氮密封是在密封空间内充入干燥的氮气，造成缺氧化的环境，减少氧化的危害。

④去氧密封。去氧密封是在密闭空间内放入还原剂，如亚硝酸钠，吸收空气中的氧，造成缺氧的气氛，为封存物品提供更有利的储存条件。

（2）不同范围的密封。按照密封的范围不同，可分为整库密封、小室密封、货垛密封、货架密封、包装箱及容器密封、单件密封等。

①整库密封。对储存批量大、保管周期长的仓库（如战备物资仓库，大批量进口物资仓库）可进行整库密封。整库密封主要是用密封材料密封仓库门窗和其他通风孔道。留作检查出入的库门，应加装两道门，有条件的可采用密闭门。

②小室密封。对于储存数量不大、保管周期长、要求特定保管条件的物品，可采用小室密封。即在库房内单独隔离出一个小的房间，将需要封存的物品存入小室内，然后将小室密封起来。

③货垛密封。对于数量较少、品种单一、形状规则、而长期储存的物品，可按货垛进行密封。货垛密封所用的密封材料除应具有良好的防潮、保温性能外，还应有足够的韧性和强度。

④货架密封。对于数量少、品种多、不经常收发、要求保管条件高的小件物品，可存入货架，然后将整个货架密封起来。

⑤货箱（容器）密封。对于数量很少，需要在特殊条件下保管，且具有硬包装或容器的物品（如精密仪器仪表、化工原料等），可按原包装或容器进行密封。可封严包装箱或容器的缝隙，也可将物品放入塑料袋，然后用热合或黏合的方法封口，然后放入包装箱内。

⑥单件密封。对于数量少、无包装或包装损坏、形状复杂、要求严格的精加工制品，可按单件密封。最简便且经济的方法是用塑料袋套封，也可用蜡纸、防潮纸或硬纸盒封装。

（3）密封储存时应注意以下问题。

①选择好密封时机。在一般情况下进行的密封，多为以大气为介质的密封。因此，密封时首先选择好密封时机。在进行以防潮为主要目的的密封时，最有利的时机是空气比较干燥的时节。在一日之内，也应选择绝对湿度最低的时刻。对整库密封来说，不但要选择好适宜的密封时间，而且要选择好有利的启封时间。过早地密封，将会失去宝贵的自然通风机会，过晚密封则可能使库内湿度上升。一般选择在库外绝对湿度大于库内

绝对湿度，而库内相对湿度较低的情况下进行密封。启封时间应选择在库外温、湿度下降、绝对湿度低于库内的时刻。

②做好密封前的检查。物品封存前，应进行一次全面地检查，看其是否有锈蚀、发霉、生虫、变质、发热、潮湿等异常情况，检查其包装是否良好，容器有无渗漏。如发现异常情况，应及时采取救治措施，待一切正常后方可密封。

③合理选用密封材料。由于密封方式不同，所需要的密封材料也不同。按其作用可分为两大类：一是主体材料，包括油毛毡、防潮纸、牛皮纸、塑料薄膜等；二是涂敷粘结材料，如沥青、胶黏剂等。在选用上述材料时，应注意其是否性能良好、料源充足、使用方便、价格低廉。

④密封必须同通风和吸湿相结合。密封储存不能孤立地进行，为了达到防潮的目的，必须与通风和吸湿结合运用。一般情况下，应尽可能利用通风防潮；当不适合通风时，才利用吸湿剂吸湿，然后密封。密封能保持通风和吸湿的效果，吸湿为密封创造了适宜的环境。

⑤做好密封后的观察。因为一切密封都是相对的，不可能达到绝对严密。密封后，外界因素对封存物品会产生一定的影响，仍有发生变异的可能。因此，必须经常观察密封空间的温、湿度变化情况及出现的某种异状，及时发现问题，并采取相应的措施进行处理。

3. 空气除湿

空气除湿是利用物理或化学的方法将空气中的水分除去，以降低空气湿度的一种有效方法。除湿的方法主要有：利用冷却方法使水汽在露点温度下凝结分离；利用压缩法提高水汽压，使之超过饱和点成为水滴而被分离除去；使用吸附剂吸收空气中的水分。

（1）冷却法除湿。这种方法是利用制冷原理将潮湿空气冷却到露点温度以下，使水蒸气凝结成水滴分离排出，从而使空气干燥的一种方法。这种方法也称为露点法。

（2）吸湿剂吸湿。这种除湿方法是最常用的方法之一，可分为静态吸湿和动态吸湿。

①静态吸湿。这种方法是将固体吸湿剂放置在被吸湿的空间内，使其与空气接触，吸收空气中的水分，达到吸湿的目的。常用的吸湿剂的特征分述如下：

氧化钙（CaO）：即生石灰，有很强的吸湿性，它吸收空气中的水分后发生化学变化，生成氢氧化钙。生石灰料源充足，价格便宜，使用方便。其缺点是在吸湿过程中放出热量，生成具有腐蚀的碱性物质，对库存物有不良影响。当库存物品中有毛丝织品和皮革制品等时，不能使用。

氯化钙（$CaCl_2$）：分为工业无水氯化钙和含有结晶水的氯化钙。前者为白色多孔无定型晶体，呈块粒状，吸湿能力很强，每公斤无水氯化钙能吸收1～1.2千克的水分；后者为白色半透明结晶体，吸湿性略差，每公斤吸湿0.7～0.8千克。氯化钙吸湿后即溶化为液体，但经加热处理后，仍可还原为固体并能继续使用。其缺点是对金属有较强的腐蚀性，吸湿后还原处理比较困难，价格较高。

硅胶（$mSiO_2 \cdot nH_2O$）：又称砂胶、硅酸凝胶，它分为原色硅胶和变色硅胶两种。原色硅胶为无色透明或乳白色粒状或不规则的固体，变色硅胶是原色硅胶经氯化钴和溴化铜等处理，呈蓝绿色、深蓝色、黑褐色或赭黄色。变色硅胶吸湿后视其颜色的变化，判断其是否达到饱和程度。硅胶每公斤可吸收水分0.4～0.5千克。吸湿后仍为固体，不溶化、不污染、也无腐蚀性，而且吸湿后处理起来比较容易，可反复使用。其缺点是价格高，不宜在大的空间中使用。

木炭（C）：具有多孔性毛细管结构，有很强的表面吸附性能，若精制成活性炭，还可以大大提高其吸湿性能。普通木炭的吸湿能力不如上述几种吸湿剂，但因其性能稳定，吸湿后不粉化、不液化、不放热、无污染、无腐蚀性。吸湿后经干燥可反复使用，而且价格比较便宜，所以仍有一定的实用价值。

静态吸湿的最大特点是简便易行，不需要任何设备，也不消耗能源，一般仓库都可采用，是目前应用最广泛的除湿方法。它的缺点是吸湿比较缓慢，吸湿效果不够明显。

②动态吸湿。这种方法是利用吸湿机械强迫空气通过吸湿剂进行吸湿。通常是将吸湿剂（$CaCl_2$）装入特制的箱体内，箱体有进风口和排风口。在排风机械的作用下，将空气吸入箱体内，通过吸湿剂吸收空气中的水分，从排风口排出比较干燥的空气。这样反复循环吸湿可将空气干燥到一定的程度。这种吸湿方法的效果比较好，但需要不断补充氯化钙，吸湿后的氯化钙需要及时得到脱水处理。比较理想的情况是设置两个吸湿箱体，每个箱体内都有脱水装置。一个箱体利用干燥的吸湿剂吸收空气中的水分，而另一个箱体内的饱和状态的吸湿剂进行脱水再生。两个箱体交互吸湿，达到吸湿的连续性。这种连续式的吸湿方法只需花费较少的运转费，就能进行大容积的库内吸湿，因为4～8小时即可使吸湿剂再生一次，因此需要的吸湿剂量较少。两个箱体可实现自动切换，不需要人工操作，但这种设备的结构比较复杂，成本比较高。

吸湿剂的用量是根据库房内空间总含水量和所使用的吸湿剂的单位重量的最大吸水量确定的。

4. 空气调节自动化

空气调节自动化，简称空调自动化。它是借助于自动化装置，使空气调节过程在不同程度上自动地进行。它包括空调系统中若干参数的自动测量、自动报警和自动调节等。自动调节装置是由敏感元件、调节器、执行及调节机构等，按照一定的连接方式组合而成。

敏感元件是具有一定物理特性的一系列元件的总称，它能测量各种热工参数，并变成特定的信号。调节器根据敏感元件送来的信号与空气调节要求的参数相比较，测出差值，然后按照设计好的运算规律算出结果，并将此结果用特定的信号发送出去。执行机构接受到传送来的信号后，改变调节机构的位移，改变进入系统的冷热能量，从而实现空气的自动调节。

为了保证保管质量，除了温度、湿度、通风控制外，仓库应根据物品的特性采取相应的保管措施。如对物品进行油漆，涂刷保护涂料，除锈、加固、封包、密封等，发现虫害及时杀虫，释放防霉药剂等针对性保护措施。必要时可将物品转入具有特殊保护条件的仓库。

第三节　仓库的防虫与防锈

一、商品的害虫与防治

（一）商品害虫的种类及易虫蛀商品

仓库害虫对于商品的储存具有很大危害性，它们不仅是某些商品损耗的直接原因，而且还可能污染商品，甚至传播病菌。

1. 仓虫的来源

仓虫大部分属于昆虫，也包括螨类的微小动物。由于仓虫种类很多，食性杂，传播途径广，所以在一般仓库中都可能有仓虫存在。仓虫的主要来源如下。

（1）商品入库前已有害虫潜伏在商品之中，随商品一起进入仓库。

（2）商品包装物中有害虫隐藏。

（3）运输工具的带入。

（4）仓库内本身隐藏有害虫。

（5）环境卫生不清洁，有害虫的孳生。

（6）被邻近仓间或邻近货垛储存的生虫商品的感染。

（7）农业害虫的侵入。

对商品危害较大的仓虫主要有甲虫类、蛾类、蟑螂类和螨类。仓虫与其他动物不同，一般都具有较强的适应性。他们在恶劣的环境下仍能生存，并且食性杂，繁殖力强，繁殖期长，对温度、光线、化学药剂等外界环境的刺激有一定的趋向性。正是由于仓虫的这些习性，对商品储存造成了极大危害。

2. 易虫蛀商品的种类

容易虫蛀的商品主要是一些由营养成分含量较高的动植物原料加工制成的商品，具体种类如下。

（1）纺织品，特别是毛丝织品。

（2）毛皮、皮制品，包括皮革及其制品、毛皮及其制品等。

（3）竹藤制品。

（4）纸张及纸制品，包括以纸张及其制品包装的很多商品。

（5）木材及其制品。

（二）防治害虫的方法

应贯彻“以防为主，防治结合”的方法防治储运中的害虫。在生产过程中，对某些易生虫的商品和原材料应对其采取杀虫措施，如竹、木、藤原料，可采取沸水烫煮、汽蒸、火烤等方法杀灭隐藏的害虫。对某些易遭虫蛀的商品，在其包装或货架内投人驱避药剂，如天然樟脑或合成樟脑等。此外，储运中还常采用化学、物理、生物等方法，杀灭害虫或使其不育，以维护储运商品的质量。

仓库害虫防治的方法主要有以下几种。

1. 杜绝仓库害虫的来源

要杜绝仓库害虫的来源和传播，必须做好以下几点。

（1）商品原材料、商品包装物的杀虫、防虫处理。

（2）入库商品的虫害检查和处理。

（3）仓库的环境卫生及备用工具的卫生消毒。

2. 药物防治

使用各种化学杀虫剂，通过喂毒触杀或熏蒸等作用杀灭害虫，是当前防治仓库害虫的主要措施。常用的防虫、杀虫药剂有以下几种。

（1）驱避剂。驱避剂的驱虫作用是利用易挥发并具有特殊气味和毒性的固体药物，使挥发出来的气体在商品周围保持一定的浓度，从而达到驱避害虫的目的。

（2）化学药剂杀虫。化学药剂杀虫法是利用化学药剂来防治害虫的方法。在实施时，应考虑害虫、药剂和环境三者之间的关系。例如，针对害虫的生活习性，选择其抵抗力最弱的虫期施药，药剂应低毒、高效和低残毒，且对环境无污染。在环境温度较高时施药，可获得满意的杀虫效果。化学杀虫按其作用于害虫的方式，主要有触杀杀虫和喂毒杀虫两种。触杀剂和喂毒剂很多，常用于仓库及环境消毒的有敌敌畏、敌百虫等。

（3）熏蒸剂。杀虫剂的蒸气通过害虫的气门及气管进入体内，而引起其中毒死亡的杀虫方法叫熏蒸法。具有熏蒸作用的杀虫剂称熏蒸剂。用熏蒸的方法杀虫成本低、效率高。

3. 物理杀虫法

物理杀虫法是利用各种物理因素，如热、光、射线等破坏储运商品上害虫的生理活动和机体结构，使其不能生存或繁殖的方法。其主要方法有：高、低温杀虫法；射线杀虫与射线不育法；远红外线与微波杀虫法和充氮降氧杀虫法等。

4. 生物法

生物防治法就是利用害虫的天敌（寄生物、捕食者、病原微生物）来防治害虫，以及利用昆虫的性引诱剂来诱集害虫或干扰成虫的交配繁殖等。

二、商品的锈蚀与防治

（一）锈蚀

金属商品与周围环境（主要是空气）发生化学反应或电化反应所引起的破坏现象，就是金属锈蚀。由于金属所处环境的差异，所引起的化学反应也不相同，主要有化学锈蚀和电化学锈蚀。

在干燥的环境中或无电解质存在的条件下，金属制品遇到空气中的氧发生氧化反应，叫化学锈蚀。化学锈蚀的结果是在其表面形成一层薄薄的氧化膜，它可使金属表面变暗。有些金属氧化膜对金属能起保护作用，如铝制品表面的氧化膜。化学锈蚀约占腐蚀总量的10%～20%。

在潮湿的环境中，金属制品表面通过吸附、结露作用，可使水蒸气在其表面形成水膜。水膜溶解金属表面的水溶性沾附物或沉淀物（多为盐类）和空气中的二氧化碳、二氧化硫等可溶性气体，最终成为一种具有导电性的电解液。金属制品接触这种电解液后，电位较低的金属成分成为负极（阳极），电位较高的杂质或其他金属成分成为正极（阴极），从而引起电化学反应。反应中金属以离子形式不断进入电解液而被溶解，这种锈蚀称为电化学锈蚀。电化学锈蚀的结果是使金属制品的表面出现凹陷、斑点等现象，然后使破坏掉的金属转变成金属氧化物或氢氧化物而附于金属表面，最后或快或慢地往里深入，最终成片往下脱落。锈蚀严重的，使商品内部结构松弛，机械强度降低，甚至完全失去使用价值，所以电化学锈蚀是金属商品的主要破坏形式。电化学锈蚀取决于金属电位的高低，电位愈低的金属愈容易锈蚀。另外，环境因素中最主要的破坏因素是湿度、温度和氧，同时还与金属表面附着的灰尘、污物和空气中的二氧化碳、二氧化硫等气体有关。

（二）防锈蚀的方法

金属商品的电化学锈蚀是造成商品损失的重要因素之一，所以做好金属商品的防锈蚀工作非常重要，也是仓储过程中商品养护的一项重要任务。金属商品的电化学锈蚀除内在因素如金属及其制品本身的组成成分、电位高低、表面状况外，还取决于金属表面电解液膜的存在。因此，在防止金属商品电化学锈蚀中，相当多的方法是围绕防止金属表面生成水膜而进行的。在仓储过程中使用的主要防锈蚀方法是，改善仓储条件、涂油防锈、气相防锈等。

1. 涂油防锈

涂油防锈是商品流通中常用的一种简便、有效的防锈方法。它是在金属表面涂覆一层油脂薄膜，在一定程度上使大气中的氧、水分以及其他有害气体与金属隔离，从而达到防止或减缓其生锈的方法。此法属于短期防锈法，随着时间的推移，防锈油会逐渐消耗，或由于防锈油的变质，而使金属商品重新生锈。根据防锈油形成膜的性质，可分为软膏防锈油、硬膜防锈油、油膜防锈油三类。除防锈油外，凡士林、黄蜡油、机油等也可用作防锈油脂。

2. 气相防锈

气相防锈是利用挥发性气相防锈剂在金属制品周围挥发出缓蚀气体，来阻隔空气中的氧、水分等有害因素的锈蚀作用，以达到防锈目的的一种方法。这是一种较新的防锈方法，具有使用方便、封存期较长、使用范围广泛的特点。它适用于结构复杂，不易为其他防锈涂层所保护的金属制品的防锈。常用的气相防锈剂有亚硝酸二环已胺、肉桂酸二环已胺、肉桂酸、福尔马林等。

（三）金属商品的除锈

金属商品的养护，应贯彻以防为主的方针，不主张商品生锈后再做除锈处理，因为金属商品一旦生锈就会受到一定损失。特别是精度较高的商品，其除锈比防锈花费更多的人力和物力。商品一旦发生了锈蚀，为了防止锈蚀的继续发展，必须进行防锈处理。对生锈的金属制品必须在防锈处理前进行除锈。

1. 锈蚀程度的鉴别

金属商品严重生锈时，可根据各种金属的锈蚀特征鉴别，但轻微生锈与表面污染在外观上往往没有明显的差别，必要时可用其他方法（如化学定性、酸溶解、金相等）加以鉴别。关于锈蚀程度，除从表面上锈的厚度与金属锈蚀深度上看外，主要是看锈蚀面积。一般用金属总表面与锈蚀面积的比来表示锈蚀程度。例如，钢铁锈蚀程度分为五个级别（见表5-1）。

表5-1 钢铁锈蚀程度表

级别	生锈面积比值（%）
A级	0
B级	1~10
C级	11~25
D级	26~50
E级	51~100

2. 物理除锈法

按作用原理，除锈方法可分为物理除锈法和化学除锈法。物理除锈法又分为人工除锈法和机械除锈法。

（1）人工除锈法。它是指用钢刷、铁锤、铲（刮刀）、纱布、砂纸等除去铁锈的方法。此法简便，但不适于小型商品及大量产品的除锈。

①钢刷法——用钢刷刷除金属制品表面的黑皮与红锈。该法比较费力，但方法简便，适用于结构简单、个体较大、数量不多的钢铁制品。

②铁锤刮刀并用法——这种方法适用于结构致密、较厚的黑皮与红锈，或表面附着非锈异物的钢铁制品。刮除后再用钢刷刷锈效果较好。

③砂纸或砂布打磨除锈法。对于表面精度要求不高或非加工面可用砂纸、砂布打磨。使用砂纸或砂布的标号可根据要求选择。

（2）机械除锈法。

①喷射法。它是将砂粒等强力喷射在金属表面，借其冲击与摩擦的作用将锈除掉的方法。

按喷射材料的不同可分为喷砂法（用海砂、河砂、石粒为喷射材料）、钢粒喷射法（以小钢弹或碎钢粒为喷射材料）、软粒子喷射法（以植物种子或塑料颗粒为喷射材料）。

按喷射方式的不同可分为动力喷射法（将干燥的喷射材料用高压空气喷射）、湿式喷射法（将细砂粒与水混拌成泥浆状用高压空气喷射）以及真空喷射法等。

喷射法适用于大型制品或金属材料的除锈。需要喷射机械，用湿式喷射法时还需在水中加人水溶性缓蚀剂。其优点是除锈效率高、成本低。

②砂轮与布轮除锈法。砂轮只能对非加工面使用；对于表面镀层或表面光洁要求较高的钢铁或有色金属制品都可以采用布轮除锈法。此法只适用于表面平整的商品。

此外，国外利用氧化皮与金属材料热胀系数的不同，采取加热后骤冷使氧化皮脱离金属表面的方法对大型钢板等进行除锈。

3. 化学除锈法。化学除锈法包括酸洗、碱除锈（碱液电解、碱还原、碱液煮沸等法）以及电解酸洗等。应用最为广泛的化学除锈法是酸洗法。酸洗法是将金属制品浸渍在各种酸溶液中，把金属锈蚀产物化学溶去的方法。酸洗法与物理机械法比较，主要优点是不引起金属材料变形，处理的表面不粗糙，操作简便，效率高，金属制品各个角落的锈都可以除去，此法适用于大量小型制品的除锈，而且不需用专用设备，成本较低。

4. 电化学除锈法

所谓电化学除锈法，是指被除锈的金属制品在电解液中被接在外接电源上，通过电化学作用除去锈蚀产物的方法。电化学除锈主要用于较大的钢铁制品。电化学除锈法包括阳极法和阴极法。阳极法是以金属制品为阳极度，通电后借金属溶解在阳极度上产生的氧气的机械力分离锈层。使用此法在除锈过程中很难避免金属被腐蚀，所以一般不用。此法主要应用于金属制品的电抛光。阴极法是以金属制品为阴极，通电后在阴极度上产生氢气还原氧化铁，并以氢气的机械作用剥离锈层。此法对金属制品具有保护作用，所以是常用的电化学除锈法。

【本章小结】

商品在物流过程中的质量变化可分为物理变化、化学变化、生化变化及其他生物活动引起的变化等。库房温度、湿度对商品质量的影响非常大，控制库房温度、湿度对保证商品储存过程中的质量十分重要。应采取各种措施控制库房内温度、湿度的变化，以适应商品对温度、湿度的要求。控制与调节仓库温度与湿度的方法包括密封、通风以及吸潮等方法。商品的防霉腐、防虫蛀、防锈蚀是仓库的重要工作，要采取切实可行的办法防止商品霉腐变质、虫蛀和锈蚀，以保护商品的安全。

【案例学习】

超市生鲜食品的冷藏养护

生鲜食品的冷藏养护是指鲜蛋、蔬菜、水果、速冻食品（如水饺、汤圆等）储存在冷藏仓库中（又称冷风库），库温一般控制在 -1℃ ~5℃。生鲜食品入库前应做好仓间消毒。仓间消毒采用紫外线、抗霉剂、消毒剂三种。仓间的卫生标准的每平方厘米内，微生物孢子数不超过 100 个。对于冷库内使用的工具、设备及操作人员穿带的工作服、工作帽等，可用紫外线辐射杀菌消毒，也可用 10% ~20% 的漂白粉溶液或 2% 的热碱水或双氧水消毒。

仓库内发现有异味，可采用臭氧消毒或用 2% 甲醛水溶液，5% ~10% 醋酸与 5% ~20%

的漂白粉溶液消除异味。

水果在储存期间，应严格控制仓库的温度。仓温过高水果易腐烂，过低极易造成“冻害”。

储存期间，一般水果的适宜温度为0℃。要根据各类果品的临界温度（即适宜温度）设定存储的温度，不低于它们的冰点，有利于抑制微生物的繁殖，防止腐烂；有利于降低果品的呼吸强度，抑制霉的活性，减少营养物质的消耗和提高商品的抗病性和耐腐性；有利于推迟商品的水分蒸发，延长其储存期。反之将不能保持商品原有的品质。

此外，需引起超市经营者注意的是，随着大棚蔬菜的广泛种植及水果非冷藏技术的发展，果蔬供应的季节性已不明显了，因此，水果、蔬菜的冷藏养护时间可大大缩短。

1. 鲜蛋的冷藏养护

鲜蛋进库要合理堆垛，否则就会缩短保质时间、降低鲜蛋的品质。蛋箱、蛋篓之间要保持空隙，码垛不宜过大、过高，一般不超过2～3kg，高度要低于风道口0.3m，并留缝通风；墙距不小于0.3m，垛距不小于0.2m，保持温度均衡。鲜蛋不能同水分高、湿度大、有异味的商品同仓间堆放。特别是一二类鲜蛋要专仓间专储。满仓后即封仓。每个堆垛要挂货卡，严格控制温度、湿度是鲜蛋储存中质量好坏的关键，最佳仓间温度为－1℃～1.5℃；相对湿度为85%～88%。仓库温度过高，会缩短鲜蛋储存期和降低鲜蛋的品质；温度过低，会使鲜蛋冻裂。相对湿度过高会导致鲜蛋霉变；过低会增加干耗。为有效控制、湿度，必须做到以下几点。

（1）每次进仓库鲜蛋数量不宜过大，一般不超过仓容量的5%。

（2）仓库温差不得超过2℃。

（3）冷风机冲霜每周两次，时间不宜过长。

（4）仓间温度在－15℃时即可关闭制冷机。

（5）应定时换入新鲜空气，换入每昼夜相当于2～4个仓间容积的新鲜空气。

（6）定期抽查和翻箱，一般每十天抽查2%～3%。

（7）压缩机房应每隔两小时对仓间温度检查一次。

2. 果蔬的冷藏养护

（1）降温。果蔬进仓后要采取逐步降温的方法，因为果蔬采摘后还存在一定的热量，这时如果未经冷却直接进入仓间，商品易产生病害，达不到保质的目的。

（2）温度调节。果蔬进仓后，将继续发展成熟。其外界原因有如下三种。

①温度：温度高，会加快商品成熟及衰老，如果存放在适宜温度里，能减慢其成熟，使物质消耗降到最低水平，延长保质时间。

②氧气：空气中的含氧量是21%，适当降低含氧量，会抑制商品的成熟或衰老。

③二氧化碳：适当提高仓间CO_2量，也可抑制商品成熟和衰老，延长保质时间。

(3) 湿度调节。果蔬中含有大量的水分，但在储存过程中，水分将逐渐蒸发。大部分果蔬的干耗超过5%时，就会出现枯萎等现象，鲜度明显下降。另一方面，如储存环境的空气湿度过低，也会加速鲜果的枯萎，降低其价值。因此，调节果蔬储存仓库的湿度很重要。一般90%的仓间湿度比较合适，湿度过高，果蔬易腐烂。

(4) 堆垛。不论箱装或筐装的果蔬，最好用“骑缝式”的方法堆垛，垛与垛、垛与墙，垛与顶之间应有一定距离，便于冷风流通。

问题：

1. 从超市生鲜食品的冷藏养护我们得到什么启示？
2. 讨论合理的维护保管对超市的影响。

问题与思考

1. 商品保管的含义。
2. 库存商品的质量变化有哪些？
3. 怎样控制和调节仓库的温度、湿度？
4. 简述虫害的综合防治措施。
5. 商品锈蚀的机理与防锈方法是什么？

【实践技能训练】

组织学生对本市的物流中心或大卖场做调查。去了解物流中心的主要商品的保管设施、设备有什么？对商品维护、保养的方法是否合理？分析这些设备及方法的优缺点，并提出合理化建议。

以班级为单位组织教学，教学地点可选择物流中心或大型超市。学员临时组成团队（分4~5组，每组8~10人）。

实训课教学以学生主动学习为特征，教师只是引导者。

(3) [illegible]

(4) [illegible]

思考：

1. [illegible]

2. [illegible]

问题与思考

1. 商品保管的含义？

2. [illegible]

3. [illegible]

4. [illegible]

5. [illegible]

【实践技能训练】

[illegible]

(4~5组，每组8~10人)

[illegible]

第六章　仓储绩效分析与成本控制

■ 知识目标

1. 了解仓储绩效评价的意义。
2. 掌握仓储绩效的评价标准及原则。
3. 掌握仓储管理绩效指标的构成。
4. 掌握仓储绩效考核指标的分析方法。
5. 了解仓储成本控制的意义。
6. 掌握仓储成本的计算范围。

■ 能力目标

1. 掌握仓储成本的构成并能进行实例分析。
2. 能够掌握仓储成本的计算方法。

第一节　仓储绩效评价概述

一、仓储绩效评价

（一）基本概念

仓储绩效评价是指在一定的经营期间内，仓储企业利用指标对经营效益和经营业绩以及服务水平进行考核，以加强仓储管理工作，提高管理的业务和技术水平。

（二）仓储绩效评价的意义

1. 仓储绩效评价的对内意义

仓储绩效评价对内加强管理，降低仓储成本，具体表现为以下几点。

（1）有利于仓储现代化管理水平的提高。

（2）有利于落实仓储管理的经济责任制。

（3）有利于推进仓库设施、装备的现代化改造。

（4）有利于提高仓储的经济效益。

2. 仓储绩效评价的对外意义

仓储绩效评价对外可以进行市场开发，接收客户评价，具体表现为以下几点。

（1）有利于说服客户，扩大市场占有率。

（2）有利于稳定客户关系。

二、仓储绩效评价的标准及原则

为了保证仓库绩效考核真正发挥作用，指标体系的制定、实施及管理非常重要。

（一）仓储绩效的评价标准

仓储绩效评价的标准是对评价对象进行分析评价的标尺，是评价工作的前提。根据不同的用途，评价标准分为以下四类：计划（预算）标准、历史标准、客观标准、客户标准。

1. 计划（预算）标准

计划（预算）标准是仓储绩效评价的基本标准，是指以事先制订的计划、预算和预期目标为评价标准，将仓储绩效实际达到的水平与其进行对比。该标准反映了仓储绩效计划的完成情况，并在一定程度上代表了现代企业的经营管理水平。

2. 历史标准

历史标准是以历史同期水平或历史最高水平为衡量标准，将仓储绩效实际达到的水平与其自身历史水平进行纵向比较。

3. 客观标准

客观标准是以国际或国内同行业绩效状况作为评价标准。采用这一标准，评价结果较为真实且具有横向可比性，便于了解企业本身在行业中所处的位置，有助于企业制定仓储发展战略。

4. 客户标准

客户标准是以客户的满意程度作为评价仓储企业运作服务水平的关键因素，客户标准是企业改进和提高仓储水平的重要依据。

（二）绩效评价指标制定原则

仓储绩效评价指标制定应遵循五个原则，即科学性原则、可行性原则、协调性原则、可比性原则、稳定性原则。

1. 科学性原则

科学性原则要求所设计的指标体系能够客观、如实地反映仓库管理的所有环节和活动要素。

2. 可行性原则

可行性原则要求所设计的指标便于工作人员拿捏和运用，数据容易获得，便于统计计算，便于分析比较。

3. 协调性原则

协调性原则要求各项指标之间相互联系、互相制约，但是不能相互矛盾和重复。

4. 可比性原则

分析指标时，重要的是对指标进行比较，如实际完成与计划相比、现在与过去相比、与同行相比等，所以可比性原则要求指标在期间、内容等方面要一致，使指标具有可比性。

5. 稳定性原则

指标一旦确定之后，应在一定时期内保持相对稳定，不要频繁修改。在执行一段时间后，经过总结再进行改进和完善。

三、仓储管理绩效指标的构成

现代仓储企业管理绩效指标体系可分为五大部分，即商品的储存指标、商品仓储质量指标、商品储存效率指标、商品仓储利润指标和商品储存安全性指标。这五大类指标相互联系，从不同侧面、用不同的方法，全面、系统地反映了现代仓储企业经济技术、管理水平的全貌。

（一）商品的储存指标

1. 单位面积储存量

单位面积储存量是指仓库的使用面积每平方米每日储存商品的数量，这是一个综合评价仓库利用程度和经营管理水平的重要指标。其计算公式为：

$$每平方米储存量=\frac{日平均储存量(t)}{仓库使用面积(m^2)}$$

仓库的使用面积为仓库的建筑面积减去外墙、内柱、间隔墙及固定设施等所占的面积。

2. 期间商品吞吐量

商品吞吐量也叫商品周转量，它是指期间内进出库商品的总量，一般以吨或者箱表示，期间商品吞吐量指标常以年吞吐量计算。期间商品吞吐量是反映仓库工作的数量指标，是仓储工作考核中的主要指标，也是计算其他指标的基础和依据。其计算公式为：

$$期间商品吞吐量=期间商品总进库量+期间商品总出库量+期间商品直拨量$$

3. 商品的储存总量

商品的储存总量是指在一定时期内（通常为月度或年度），入库商品的总量，计量单位是 t（吨）。它是考核和评价仓库经营管理成果的最基本指标之一。其计算公式为：

$$商品储存总量=实重商品吨数+\frac{轻泡商品体积}{2}$$

其中：实重商品是指重量达1 000千克，而体积不足2立方米的商品。计算商品储存总量时，实重商品吨数按其实际重量计算。轻泡商品指的是体积达2立方米，而重量不足1 000千克的商品。计算商品储存总量时，轻泡商品吨数按其体积数的一半计入商品储存总量，即每2立方米计算为1 000千克。

【例6-1】某公司某月入库储存的甲商品1 200千克，体积90立方米；入库储存的乙商品50 000千克，体积40立方米，试计算该公司该月商品的储存总量。

解：$商品储存总量=\frac{90}{2}+50=95$（吨）

因为甲商品平均每1 000千克的体积（7.5立方米）大于2立方米，属于轻泡商品，所以用其体积数的一半计入商品储存总量。而乙商品平均每1 000千克的体积（1.25立方米）小于2立方米，属于实重商品，所以按乙商品实际的重量50吨计入商品储存总量。

计算结果表明，该仓库该月的商品储存总量为95吨。

（二）商品仓储质量指标

商品仓储质量指标主要用来考核仓库经营管理工作的质量，评价仓库管理人员工作好坏的重要指标。其主要内容包括仓库利用率、平均保管损失、商品的损耗率、平均收发时间、收发货差错率等指标。

1. 平均保管损失

平均保管损失是指一定时期内，平均每吨储存商品的保管损失金额。它是衡量和考核仓库保管人员工作质量的重要标志。其计量单位为元/吨。

$$平均保管损失=\frac{保管损失金额(元)}{平均储存量(吨)}$$

其中，保管损失的计算范围包括因保管、养护不当而造成商品的霉变残损、丢失短缺、超定额损耗及不按规定验收、错收错付而发生的损失等。有保管期的商品，经仓库预先催办调拨，但存货单位未能及时调拨出库而导致的损失，不能算作仓库的保管损失。商品保管损失是仓库的一项直接损失，应尽量避免和减少。

通过核算保管损失，可以进一步追查保管损失的原因，找出管理中的漏洞，加强保管人员的岗位责任制。该指标在计算时应注意，分子、分母的计算时期必须统一，内容也应一致。

2. 商品的损耗率

商品的损耗率又称库存商品的自然损耗率，它是指在一定的保管条件下，某商品在储存期中自然损耗量与入库商品数量的比率，其结果以百分数或千分数表示。

$$\text{商品损耗率}=\frac{\text{商品损耗量(t 或 kg)}}{\text{商品在库总量(t 或 kg)}}\times 100\%$$

或

$$\text{商品损耗率}=\frac{\text{商品损耗额(元)}}{\text{商品在库总额(元)}}\times 100\%$$

商品损耗率指标主要用于那些易干燥、风化、挥发、失重或破碎商品保管工作的考核。为了核定商品在保管过程中的损耗是否合理，一般对不同的商品规定相应的损耗率标准，也称为标准损耗率。若仓库的实际商品损耗率低于标准损耗率，则为合理损耗；反之，为不合理损耗。商品损耗率是一个逆指标，指标越小，说明商品保管工作做得越好。企业应力争使商品的损耗率降到最低点。商品损耗率不仅是考核仓库保管工作质量的指标，也是划清仓库与存货单位商品损失责任界限的重要指标。

3. 平均收发时间

平均收发时间是指仓库保管员收发每一笔商品（即出入库单据上的每一种商品），平均所用的时间。它是反映仓库工作人员劳动效率的重要指标。其计量单位为：小时/笔。

$$\text{平均收发时间}=\frac{\text{收发货的总时间(小时)}}{\text{收发货的总笔数(笔)}}$$

其中，收货时间指从单、货到齐开始计算，商品经验收入库后，把入库单据送交保管会计登账为止。发货时间指自仓库接到发货单（调拨通知单）开始，经备货、包装、填制装运清单等，直到办妥出库手续为止，在库待运时间不列为发货时间。

制定和考核平均收发时间指标是为了缩短仓库的收发货时间，提高服务质量，加速在库商品与资金的周转，提高经济效益。

4. 收发货差错率

收发货差错率是收发货发生差错的累计笔数占总笔数的比率，常用千分率来表示。

$$\text{收发货差错率}=\frac{\text{报告期收发货差错累计笔数}}{\text{报告期收发货总笔数}}\times 100\%$$

该指标是仓库管理中的工作质量考核指标，能反映仓库保管人员收发货的准确性，可以作为竞争上岗、考核奖金的依据。

（三）商品储存效率指标

1. 仓库面积利用率

仓库面积利用率是衡量仓库利用程度的重要指标，是反映仓库管理水平的主要经济指标之一，它为分析仓库的实际利用效率高低、挖潜多储提供了依据。

$$仓库面积利用率=\frac{报告期商品实际堆放面积}{报告期仓库总面积}\times 100\%$$

其中，报告期商品实际堆放面积是指报告期仓库中商品储存堆放所实际占据的有效面积之和。报告期仓库的总面积是指从仓库围墙线算起，整个围墙所占有的面积。

2. 仓库容积利用率

$$仓库容积利用率=\frac{报告期平均每日实际使用的容积}{报告期仓库的有效容积}\times 100\%$$

$$报告期平均每日使用的容积=\frac{报告期储存商品体积之和}{报告期日历天数}$$

报告期储存商品体积之和等于报告期仓库中每天储存的商品的体积之和。

（四）商品仓储的利润指标

仓储企业追求的目标是利润，它直接关系到企业能否生存发展，同时利润又是考核、评价其经营管理最终成果的重要指标。

评价仓储利润的指标主要有：利润总额、每吨保管商品利润、资金利润率、收入利润率、人均实现利润等。

1. 利润总额

利润总额是指仓储企业在一定时期内已实现的全部利润。它等于仓库实现的营业收入扣除储存成本、税金，加上营业外收支净额后的差额。所以，利润总额又称为实现利润。

利润总额 = 仓库营业利润 + 投资净损益 + 营业外收入 − 营业外支出

仓库营业利润 = 仓库主营业务利润 + 其他业务利润 − 管理费用 − 财务费用

仓库营业利润是指仓储企业利用各种资源在企业内获得的利润，包括仓库储存保管利润、仓库保管材料销售利润、出租包装物等取得的利润。而投资净损益则是仓库用各种资源在企业外投资取得的收益或损失。营业外收入是指与仓储企业生产经营无直接联系的收入，如逾期包装物的押金没收收入、罚款收入、其他收入等。营业外支出是指与仓储生产经营无直接关系的一些支出，如企业搬迁费、编外人员的生活费、停工损失、呆账损失、生活困难补助等。

2. 每吨保管商品利润

每吨保管商品利润是指在报告期内，储存保管每吨商品，平均所获得的利润。其计量单位为元/吨。

$$每吨保管商品利润=\frac{报告期利润总额}{报告期商品储存总量}$$

其中，报告期商品储存总量一般是指报告期间出库的商品总量而非入库的商品总量。

3. 资金利润率

资金利润率是指仓储企业在一定时期实现的利润总额，占全部资金的比率。它常用来反映仓储企业的资金利用效果。

$$资金利润率 = \frac{利润总额}{固定资金平均占用额 + 流动资金平均占用额} \times 100\%$$

资金利润率与全部资金平均占用额成反比关系，与利润总额成正比关系。因而，企业要提高资金利润率的途径有两条：一是在资金占用额一定的条件下，仓储企业要努力增加利润总额；二是在利润总额一定的前提下，要妥善管理，挖掘潜力，节约材料，尽可能减少资金的占用额。

4. 收入利润率

收入利润率是指仓储企业在一定时期内实现的利润总额占营业收入的比率。

$$收入利润率 = \frac{利润总额}{仓储营业收入} \times 100\%$$

该指标可以分析仓储企业营业收入与利润之间的关系，它受储存商品的费率、储存商品结构、储存单位成本等因素的影响。

5. 人均实现利润

人均实现利润是指报告年度仓储企业平均每人实现的利润，它是利润总额与仓库中全员人数之比。其计量单位为元/人。

$$人均实现利润 = \frac{报告期利润总额}{报告年度全员平均人数}$$

其中，“报告年度全员平均人数”应采用时点数计算序时平均数的方法来计算，“全年利润总额”采用时期累计数的方法计算。

该指标是考核现代仓储企业生产率的重要指标。

（五）商品储存的安全性指标

商品储存的安全性指标，用来反映仓库作业的安全程度，它主要可以用发生的各种事故的大小和次数来表示。事故主要有人身伤亡事故、仓库失火、爆炸、被盗和机械损坏事故几类。这类指标一般不需要计算，只是根据损失大小来划分不同等级，以便于考核。

以上五大类指标构成了仓储管理的比较完整的指标体系，从不同方面反映了仓储部门的经营管理、工作质量及经济效益的水平。

四、仓储绩效考核指标的分析方法

要全面、准确地认识仓储企业的现状和规律，把握其发展趋势，必须对各个指标进行系统而周密的分析，以便发现问题，并透过现象认识内在的规律，从而采取相应的措施使仓储企业的各项工作水平得到提高，以提高企业的经济效益。

（一）对比分析法

对比分析法是将两个或两个以上有内在联系的、可比的指标（或数量）进行对比分析，从而认识仓储企业的现状及其规律性。对比分析法是绩效考核指标分析法中使用最普遍、最简单和最有效的方法。

根据分析问题的需要有四种对比方法，其中包括：计划完成情况的对比分析、纵向动态对比分析、横向类比分析和结构对比分析。

应用对比分析法进行对比分析时，需要注意以下三点：(1) 要注意所对比的指标或现象之间的可比性；(2) 要结合使用各种对比分析方法；(3) 还需要正确选择对比的基数。

（二）因素分析法

因素分析法是用来分析影响指标变化的各个因素以及它们对指标各自的影响程度。因素分析法的基本做法是，假定影响指标变化的诸因素之中，在分析某一因素变动对总指标变动的影响时，假定只有这一个因素在变动，而其余因素都不变，然后逐个替代某一项因素单独变化，从而得到每项因素对该指标的影响程度。

（三）价值分析法

所谓价值分析就是通过综合分析系统的功能与成本的相互关系，寻求系统整体最优化途径的一项技术经济分析方法。

第二节　仓储成本的控制

一、仓储成本的概念

仓储成本是指由仓储作业带来的成本，以及建造、购置仓库设施、设备带来的成本。其中，一部分成本用于仓储的设备、设施投资和维护以及商品本身的自然损耗，另一部分成本则用于仓储作业消耗的物化劳动和活劳动，还有一部分成本是商品存量增加所消耗的资金成本和风险成本。商品存储过程中的劳动消耗，是商品生产在流通领域中的继续，是实现商品价值的重要组成部分。

二、仓储成本的构成

由于不同仓储商品的服务范围和运作模式不同，其内容和组成部分也各不相同。同时控制仓储成本的方法也多种多样，主要分为以下几大部分。

（一）仓储设施、设备成本

仓储设施、设备成本是发生在仓储过程中，为保护商品的合理储存，正常出入库而发生的与储存商品运作有关的费用。仓储运作成本包括房屋、设备折旧，库房租金，水、电、气等费用，设备修理费用，人工费用等一切发生在库房中的费用。仓储运作成本可以分为固定成本和变动成本两部分。

1. 固定成本

仓库固定成本是在一定的仓储存量范围内，不随出入库变化的成本。其主要包括以下几方面的内容。

（1）库房折旧。

（2）设备折旧。

（3）库房租金。

（4）库房固定人员的工资。

2. 变动成本

仓库变动成本是仓库运作过程中与进出库存量有关的成本。其主要包括以下几方面的内容。

（1）水、电、气费用。

（2）设备维修费用。

（3）工人加班费用。

（4）货品损坏成本。

（二）订货成本

订货成本是指企业为了实现一次订货而进行的各种活动的费用，包括处理订货的差旅费、办公费等支出。订货成本中有一部分与订货次数无关，如常设机构的基本开支等，称为订货的固定成本；另一部分与订货的次数有关，如差旅费、通信费等，称为订货的变动成本。

（三）资金占用成本

资金占用成本是为购买商品和保证存货而使用的资金成本。资金成本可以用公司投资的机会成本或投资期望值衡量，也可以用资金实际来源的发生成本来计算。为了简化和方便，一般资金成本用银行贷款利息来计算。

（四）缺货成本

缺货成本不是仓库发生的成本支出项目，而是作为一项评价库存大小，帮助库存决策的成本比较方法。缺货成本是指由于库存供应中断而造成的损失，包括原材料供应中断造成的停工损失、产成品库存缺货造成的延迟发货损失和丧失销售机会的损失（还应包括商誉损失）。如果生产企业紧急采购代用材料解决库存材料的中断之急，那么缺货成本表现为紧急额外购入成本（紧急采购成本与正常采购成本之差）。当一种产品缺货时，客户就会购买该企业的竞争对手的产品，这就会对企业产生直接利润损失。如果失去客户，还可能给企业造成间接或长期成本。另外，原材料、半成品或零配件的缺货意味着机器空闲，甚至停产。

缺货成本主要包括以下两个方面的内容。

1. 安全库存的存货成本

为防止因市场变化或供应不及时而发生存货短缺现象，企业会考虑保持一定数量的安全库存或缓冲库存，以防止需求方面的不确定性。但是，困难在于确定什么时候需要保持多少安全库存，安全库存太多意味着多余的库存，而安全库存不足则意味着缺货或失销。

增加安全库存会减少商品短缺的可能性，同时也会增加仓储成本。仓储安全库存的决策，就是寻求一个缺货成本和安全库存成本两者的综合成本最小值。

2. 缺货成本

缺货成本是由于外部和内部中断供应所产生的。当企业的客户得不到全部订货时，叫做外部缺货；当企业内部某个部门得不到全部订货时，叫做内部缺货。

如果发生外部缺货，将导致以下情况的发生。

（1）延期交货。延期交货有以下两种形式：缺货商品可以在下一个订货时周期得到补充，或者利用快递延期交货。如果客户愿意等到下一个订货周期，那么企业实际上没有什么损失。但如果经常缺货，客户可能就会转向其他供应商。

商品延期交货会产生特殊订单处理费用和运输费用。延期交货的特殊订单处理费用要比普通处理费用高。由于延期交货经常是小规模装运，运输费用相对较高，而且，延期交货的商品可能需要从一个地区的一个工厂的仓库供货，进行长距离运输。另外，可能需要利用速度快、收费较高的运输方式运送延期交货的商品。因此，延期交货成本可根据额外订单处理费用的额外运费来计算。

（2）失销。由于缺货，可能造成一些用户转向其他供应商，也就是说，许多公司都有生产替代产品的竞争者，当一个供应商没有客户所需的商品时，客户就会从其他供应商那里订货。这种缺货导致的失销对于企业来说，直接损失就是这种商品的利润损失。因此，可以通过计算这批商品的利润来确定直接损失。

除了利润的损失，失销还包括当初负责相关销售业务的销售人员所付出的努力的损失，这就是机会损失。需要指出的是，很难确定在一些情况下失销的总损失。比如，许多客户习惯用电话订货，在这种情况下，客户只是询问是否有货，而未指明要订多少货。如果这种产品没货，那么，客户就不会说明需要多少，企业也就不会知道损失的总量。此外，很难估计一次缺货对未来销售的影响。

（3）失去客户。由于缺货而失去客户，也就是说，客户永远转向另一个供应商。如果失去了客户，企业也就失去了未来一系列收入，这种缺货造成的损失很难估计，需要用管理科学以及市场营销的研究方法来分析和计算。除了利润损失，缺货还会造成商誉损失。

（五）存货风险成本

存货风险成本是发生在货品持有期间的，由于市场变化、价格变化、货品质量的变化所造成的，企业无法控制的商品贬值、损坏、丢失、变质等成本。

三、仓储成本控制的意义

成本控制是任何一个企业管理者的重要工作目标，仓储企业也不例外。仓储作为物流系统的一个环节，起着连接生产与消费的作用。仓储不能只以自身的经济效益为主要目的，而要以最低总成本快速实现物流的最终目标作为自身的目标。因此对仓储成本进行控制具有重要意义。

（1）仓储成本控制是企业增加盈利的“第三利润源”，直接服务于企业的最终经营目标。

增加利润是企业的目标之一，也是社会经济发展的原动力。无论在什么情况下，降低成本都可以增加利润。在收入不变的情况下，降低成本可使利润增加；在收入增加的情况下，降低成本可使利润更快地增长；在收入下降的情况下，降低成本可抑制利润的下降。

（2）仓储成本控制是加强企业竞争力、求得生存和扩展的主要保障。

企业在市场竞争中，降低各种运作成本，提高产品的质量，创新产品设计和增加利润是保持竞争能力的有效手段。降低仓储成本可以提高企业价格竞争能力和安全边际率，使企业在经济萎缩时继续生存下去，在经济增长时得到较高的利润。

（3）仓储成本控制是企业持续发展的基础。

只有把仓储成本控制在同类企业的先进水平上，才有迅速发展的基础。仓储成本降低了，可以削减售价以扩大销售；销售扩大了，经营基础稳定了，才有力量提高产品质量，创新产品设计，寻求新的发展。同时，仓储成本一旦失控，就会造成大量的资金沉淀，严重影响企业正常的生产经营活动。

四、仓储成本控制的原则

（一）政策性原则

1. 处理好质量和成本的关系

不能因为片面追求降低储存成本，而忽视储存货物的保管条件和保管质量。

2. 处理好国家利益、企业利益和消费者利益的关系

降低仓储成本从根本上说对国家、企业和消费者三者都有利。但是如果在仓储成本的控制过程中，采用不适当的手段损害国家和消费者的利益，就是错误的，应予以避免。

（二）全面性原则

仓储成本涉及企业管理的方方面面，因此，控制仓储成本要进行全员、全过程和全方位的控制。

（三）经济性原则

1. 推行仓储成本控制

同销售、生产、财务活动一样，任何仓储管理工作都讲求经济效益，为了建立某项严格的仓储成本控制制度，需要发生一定的人力或物力支出，但这种支出要控制在一定范围之内，不应超过建立这项控制所能节约的成本。

2. 控制项目的选择

只在仓储活动的重要领域和环节上对关键的因素加以控制，而不是对所有成本项目都进行同样周密的控制。

3. 仓储成本控制的要求

要求仓储成本控制具有实用、方便、易于操作的特点，能起到降低成本、纠正偏差的作用。

4. 仓储成本应遵循的原则

仓储成本要遵循重要性原则，将注意力集中在重要事项，对一些无关大局的成本项目可以忽略。

五、降低仓储成本的途径

降低仓储成本首先要对仓储费用的组成要素进行分析，有针对性地找出费用最大的因素加以控制，以达到对症下药的目的。例如，在先进国家的仓储费用中，人工费用占到50%以上，而我国目前仓储费用中的资产费用占据了相当大的部分。控制仓储费用首先采取的措施是从快速见效的部分入手。

（一）降低存货发生成本

1. 排除无用的库存

定期核查仓库中的货品，将长期不用、过期、过时的货品及时上报清理。无用的库存既占用空间，又浪费库房的运作费用，要建立制度对无用库存货品做及时处理。

2. 减少库存量

仓储费用的发生与库存数量成正比，在满足存货保证的前提下，将存货数量减到最

低，无疑是减少仓储成本的最直接办法。库存数量的减少既要靠存货控制部门合理的计划、与客户和供应商的良好沟通，也要依靠仓储部门的良好管理。仓储部快速的信息传递、账物的准确，都能为减低库存提供良好的帮助。

3. 重新配置库存时，有效、灵活地运用库存量

（二）降低产品的包装成本

1. 使用价格低的包装材料

2. 使包装作业机械化

3. 使包装简单化

4. 采用大尺寸的包装

（三）降低装卸成本

1. 使用集装箱和托盘，通过机械化实现省力化

2. 减少装卸次数

这些合理的对策，可以单独实施，也可以同时实施。实施时，要充分掌握费用的权衡关系，必须在降低总的物流费用中研究其合理化。

第三节　仓储成本的计算

仓储成本是伴随着物流仓储活动而发生的各种费用。仓储成本是企业物流成本中的重要组成部分，其高低直接影响着企业的利润水平。因此，合理控制仓储成本，加强仓储成本管理是企业物流管理的一项重要内容。

一、仓储成本的计算目的

（一）仓储成本的构成

仓储成本是指物流活动中消耗的物化劳动和活劳动的货币表现，一般将仓储活动分为以下三个部分。

（1）伴随货物的物理性活动而发生的费用，以及从事这些活动所必需的设备、设施成本。

（2）伴随物流信息的传送与处理活动而发生的费用，以及从事这些活动所必需的设备、设施成本。

（3）对上述活动进行综合管理的成本。

（二）仓储成本的作用

仓储成本是客观存在的。但是，由于仓储成本的计算内容和范围没有一个统一的标

准，加之不同企业的运作模式也各不相同，不同的企业有不同的计算方法。但从企业经营的总体需求来讲，仓储成本的计算和信息的收集主要为了满足以下五个方面的需要。

（1）为各个层次的经营管理者提供物流管理所需的成本资料。

（2）为编制物流预算以及预算控制所需的成本资料。

（3）为制订物流计划提供所需的成本资料。

（4）为监控仓储管理水平而收集的各种成本信息。

（5）提供价格计算所需的成本资料。

为达到以上目的，仓储成本除了按物流活动领域、支付形态等分类外，还应根据管理的需要进行分类，而且要通过不同期间成本的比较、实际发生费用与预算标准的比较，并结合仓储周转数量和仓储服务水平，对仓储成本进行分析比较。

二、仓储成本的计算范围

在计算仓储成本之前，需要明确仓储成本的计算范围。计算范围取决于成本计算的目的，如果要对所有的仓储物流活动进行管理，就需要计算出所有的仓储成本。同样是仓储成本，由于所包括的范围不同，计算结果也不一样。如果只考虑库房本身的费用，不考虑仓储物流等其他领域的费用，也不能全面反映仓储成本的全貌。每个企业在统计仓储费用时的口径不一样，往往缺乏可比性。因此，在分析仓储成本时，首先应该明确成本计算所包括的范围。

（一）保管费

为存储货物所开支的货物养护、保管等费用，它包括用于货物保管的货架、货柜的费用开支，仓库场地的房地产税等。

（二）仓库管理人员的工资和福利

仓库管理人员的工资一般包括固定工资、奖金和各种生活补贴。福利可按标准提取，一般包括住房公积金、医疗保险以及退休养老支出等。

（三）折旧费或租赁费

仓储企业有的是以自己的仓库以及设备对外承接仓储业务，有的是向社会租赁仓库及设备对外承接业务。自营仓库的固定资产每年需要提取折旧费，对外租赁的仓库每年需要支付租赁费。仓储费或租赁费是仓储企业的一项重要的固定成本，对仓库固定资产按折旧期分年提取，主要包括：库房、堆场等基础设施的折旧和机械设备的折旧等。

（四）修理费

修理费是指主要用于设备、设施和运输工具的定期大修理费用，每年可以按设备、设施和运输工具投资额的一定比率提取。

（五）装卸搬运费

装卸搬运费是指货物入库、堆码和出库等环节发生的装卸、搬运费用，包括搬运设备的运行费用和搬运工人的成本。

（六）管理费用

管理费用指仓储企业或部门为管理仓储活动或开展仓储业务而发生的各种间接费用，主要包括仓库设备的保险费、办公费、人员培训费、差旅费、招待费、营销费、水电费等。

（七）仓储损失

仓储损失是指保管过程中货物损坏而需要仓储企业赔付的费用。造成货物损失的原因一般包括仓库本身的保管条件，管理人员的人为因素，货物本身的物理、化学性能，搬运过程中的机械损坏等。实际中，应根据具体情况，按照企业的制度标准分清责任，合理计入成本。

三、仓储存货成本的计算方法

（一）购进存货成本的计算

库存商品购进是指流通企业为了出售或加工后出售，取得商品或商品所有权的交易行为。

存货的形成主要有外购和自制两个途径。从理论上讲，企业无论是从何种途径取得存货，凡与存货形成的有关支出均应计入存货成本。流通企业由于行业的特殊性，在购进商品时，按照进价和按规定应计入商品成本的税金作为实际成本，采购过程中发生的运输费、装卸费、保险费、包装费、仓储费等费用，运输途中发生的合理损耗、入库前的挑选整理费等，直接计入当期损益。

流通企业加工的商品，以商品的进货原价、加工费用和按规定应计入成本的税金作为实际成本。

（二）仓储成本的不同计算方法

为了合理计算仓储成本，有效监控仓储过程中发生的费用来源，可以按仓储支付形式、仓储活动项目或适用对象等不同方法计算仓储成本。

1. 按仓储支付形式计算仓储成本

把仓储成本分为仓储搬运费、仓储保管费、材料消耗费、人工费、仓储管理费、仓储占用资金利息等支付形态分类，就可以计算出仓储成本的总额。这样可以了解花费最多的项目，从而确定仓储成本管理的重点。

这种计算方法是从月度损益表中“管理费用、财务费用、营业费用”等各个项目中，取出一定数值乘以一定的比率（物流部门比率，分别按人数平均、台数平均、面积平均、时间平均等计算出来）算出仓储部门的费用。再将仓储成本总额与上一年度的数值做比较，弄清楚增减的原因并制定整改方案。

2. 按仓储活动项目计算仓储成本

按仓储活动项目计算仓储成本是将仓库中的各个运作环节发生的成本分别统计，例如，入库费用、出库费用、分拣费用、检查费用、盘点费用等。在仓库众多的情况下，采用按活动项目计算仓储成本容易进行相互之间的比较，从而达到有效管理的目的。

3. 按适用对象计算仓储成本

可以按照仓库商品所适用的对象，按产品、地区的不同分别计算仓储成本。按照不同地点的仓储发生成本，计算出各单位仓储成本与销售金额或毛收入所占比例，及时发现仓储过程中存在的问题，并加以解决。

（三）销售存货的成本计算

仓储管理中，销售存货的成本计算是比较复杂的。对于种类众多、销售时间敏感的商品，必须选用正确的存货计算方法。所谓的商品销售是指企业以现金或转账结算的方式，向其他企业销售商品，同时商品的所有权转移的一种交易活动。

1. 确认销售商品收入的条件

流通企业销售商品时，从财务角度出发，如同时符合以下三个条件，即确认为收入实现。

（1）企业已将商品所有权上的主要风险和报酬转移给买方。风险主要指商品的贬值、损坏、报废等造成的损失；报酬是指商品中包含的未来经济利益，包括升值等给企业带来的经济利益。判断一项商品所有权上的主要风险和报酬是否已转移给买方，需要视不同情况而定。在大多数情况下，所有权上的风险和报酬的转移伴随着所有权凭证的转移，或实物的交付而转移。但在有些情况下，企业已将所有权凭证或实物交付给买方，但商品所有权的主要风险和报酬并未转移。

（2）与交易相关的经济利益能够流入企业。与交易相关的经济利益即为企业销售商品的价款，销售商品的价款是否能够收回，是确认收入的一个重要条件。如收回的可能性大，则可作为收入确认；如收回的可能性不大，则不能确认为收入。

（3）相关的收入和成本能够被可靠地计量。根据收入与费用配比原则，与同一项销售有关的收入和成本，应在同一会计期间予以确认。因此，如果不能可靠地计量成本，相关的收入也无法确认。

2. 存货销货成本的计算

物流企业在将商品销售出去以后，既要及时反映商品的销售收入，也要计算已售存货的成本，以便据以计算商品的销售成果。正确计算存货发出的成本，不仅影响当期的经济损益，也影响期末存货价值的真实性。

实行数量进价金额核算的物流企业，商品发出的计价方法主要有以下几种。

（1）个别认定法。个别认定法也称个别计价法、分批认定法和具体辨认法，它是指以某批货物购入时的实际单位成本作为该批货物发出时的实际成本的存货计价方法。这种方法适用于大件货物、贵重货物。它使存货的成本流动与实物流动完全一致，因而能准确地反映销货的成本和期末存货的成本。其优点是能正确计算存货的实际成本和耗用存货的实际成本；其缺点是需要分别记录各批的单价和数量。工作量大，进货批次较多时不宜采用该方法。

（2）加权平均法。加权平均法是指期末用期初结存和本期入库存货的实际成本之和，据以计算加权平均成本，作为期末存货成本和销货成本的存货计价方法。

$$\text{加权平均单价}=\frac{\text{期初结存金额}+\text{本期进货金额合计}}{\text{期初结存数量}+\text{本期进货数量合计}}$$

$$\text{期末存货成本}=\text{加权平均单价}\times\text{期末存货数量}$$

$$\text{本期销货成本}=\text{期初存货成本}+\text{本期进货成本}-\text{期末存货成本}$$

（3）移动加权平均法。移动加权平均法是指按库存存货总成本与总数量计算平均单位成本，作为发出存货时的单位成本的存货计价方法。

采用移动加权平均法时，在日常登记存货的计价和明细账，以便随时了解存货占用资金的动态。但使用此法日常核算工作量较为繁琐。

$$\text{移动加权平均单价}=\frac{\text{新购进金额}+\text{原结存金额}}{\text{新购进数量}+\text{原结存数量}}$$

（4）先进先出法。先进先出法是指假设先购进的存货先耗用或先销售，期末存货就是最近入库的存货。因此，先耗用或先销售的按先入库的单位成本计价，后耗用或后销售的存货按后入库的单位成本计价。

这种方法的特点是，期末存货的账面价值反映最近入库存货的实际成本。

（5）后进先出法。后进先出法是指假定后入库的存货先耗用或先销售，因此，耗用或销售的存货按最近入库的单位成本计价，期末按最早入库的单位成本计价。

后进先出法在实地盘存制和永续盘存制下均可使用。但是采用不同的方法在不同的盘存制下，计算的期末存货成本和本期销售成本不同。

【本章小结】

本章重点阐述了仓储绩效评价的意义、提高仓储绩效的途径、仓储绩效考核指标的分析、仓储绩效评估的方法、仓储成本概论，重点讲解了仓储成本的控制。仓储成本是发生在货物储存期间的各种费用支出。合理控制仓储成本，加强仓储成本管理是企业物流管理的一项重要内容。为了达到合理计算仓储成本，有效监控仓储过程中发生的费用来源，可以按仓库支付形式、仓储运作项目、使用对象等不同方法计算仓储成本。仓储成本的控制应遵循政策性原则和经济性原则。

建立和健全一整套行之有效的考核指标体系，对于加强现代仓储管理，提高经济效益有着十分重要的意义。仓储管理指标体系可分为商品仓储质量指标、商品储存效益指标、商品仓储利润指标和商品储存安全性指标。

【案例学习】

在A物流公司总部会议室里，王总经理正在听取本年度公司绩效考评执行情况的汇报。其中有两项决策让他左右为难，一是年度考评结果排在最后的几个部门却是平时干活最多的人，这些部门是否按照原有的考评方案降职或降薪？二是下一阶段考评方案如何调整才能更加有效？

A物流公司成立仅四年，为了更好地激励和评价各级员工，在引入市场化用人机制的同时，建立了一套新的绩效管理制度。它不但明确了考评的程序和方法，还细化了“德、能、勤、绩”等指标，并分别做了定性的描述。考评时只需对照被考评人的实际行为，即可得出考评的最终结果。但考评中却出现了以下问题，工作比较出色和积极的员工，考评成绩却被排在后面，而一些工作业绩平平或者很少出错的员工却被排在前面，特别是一些管理人员对考评结果大排队的方式不理解，存在抵触心理。

为了弄清这套新制度存在的问题，王总经理深入调查，亲自了解到了以下情况。

仓储部王经理说：“我认为本考评方案需要尽快调整，考评指标虽然十几个，却不能真实反映我们工作的实际，我部总共有20个人，却负责公司10座大型仓库的保管、维护工作。为了确保它们安全无故障地运行，物流维护员需要按计划分散到各个仓库上进行保管、检查和维护。在工作中，不能有一点违规和失误，任何一次失误，都会带来不可估量的生命和财产损失。”

财务部韩经理说：“财务部门的工作基本上都是按照会计准则和业务规范来完成的，凭证、单据、统计、核算、记账、报表等工作要求万无一失，但这些工作无法与‘创新能力’这一指标及其评定标准对应，如果我们的工作没有某项指标规定的内容，在考评时，是按照最高还是最低成绩打分？此外，在考评中沿用了传统的民主评议方式，我对部门内部人员参加考评没有意见，但让部门外的其他人员打分是否恰当？财务工作经常得罪人，让被得罪过的人考评我们，能保证公平、公正吗？”

听了大家的各种意见反馈，王总经理陷入了深深的思考之中。

1. 请根据本案例，回答以下问题：

（1）该公司在绩效管理中主要存在哪些亟待改进的问题？

（2）请针对该公司绩效管理中存在的诸多问题，提出具体对策。

2. 讨论结果：

（1）绩效考核的是关键指标，做的事情多和少跟绩效考核没有太大关联。针对被考核人，需要确定他是否在关键绩效考核指标上完成了工作，以及完成的是否出色。

（2）可能是绩效考核 KPI 指标的设置有问题，没有找出关键驱动因素。

（3）绩效考核不是考核所有的工作内容，在绩效考核制度外还需建立一些辅助制度帮助管理。

（4）工作内容比较复杂的，一般可以采取出错率和将失误比较多的环节设置 KPI 的方式来处理，抓住关键驱动因素。

（5）不能找一个对被考核人不了解的人去做考评，一般采取直线领导进行绩效考核，如主管、经理等直线上级。

问题与思考

1. 仓储管理指标体系包括哪些？如何计算？
2. 仓储成本由哪些内容构成？
3. 仓储绩效考核指标的分析方法有哪些？
4. 如何降低仓储成本？
5. 影响仓储成本的因素有哪些？

【实践技能训练】

调查本市的仓储企业，了解其有何绩效考核方法，并对其方法进行调查，记录该仓储企业的绩效考评对该企业有何积极作用。寻找企业在绩效管理中主要存在着哪些亟待改进的问题。

问题与思考

【实践技能训练】

第七章　仓储商务管理

■ 知识目标

1. 了解仓储商务管理的概念、作用、目的及特点。
2. 掌握仓储的合同业务和当事人的责任划分。
3. 掌握仓单的签发、功能及仓单业务。

■ 能力目标

1. 能够订立仓储合同并熟知仓储合同的条款。
2. 在合同履行过程中能对仓储物进行妥善保管，在发生纠纷时能做出应对的措施。

第一节　仓储商务管理概述

仓储商务是指仓储经营者利用仓储保管能力向社会提供仓储保管服务，并以获得经济收益为目的所进行的交换行为。它是仓储行业基于仓储经营而对外进行的经济交换活动，是一种商业性行为。它一般发生在公共仓储和营业仓储之中，而企业自营仓储不发生仓储商务。

一、仓储商务管理的概念

仓储商务管理是指仓储经营者对仓储商务所进行的计划、组织、指挥和控制的活动，属于独立经营的仓储企业内部管理之一。

二、仓储商务管理的内容

作为仓储企业管理的组成部分，仓储商务管理包括对仓储商务工作的人、财、物的组织和管理，涉及企业资源的合理利用，制度建设、激励机制以及仓储商务队伍的教育培养等方面，具体内容包括以下几项内容。

（1）组建仓储商务机构，选配仓储商务人员，制定仓储商务工作制度和管理制度。

（2）有效组织市场调研，广泛收集和分析市场信息，捕捉有利的商业机会，科学地制定竞争策略。

（3）根据当前市场的需要和发展，科学规划和设计营销策略。

（4）充分利用先进的技术和有效的手段降低成本。

（5）准确地进行成本核算，细致地进行成本分析，以达到促进企业整体成本管理的效果，进一步降低成本。

（6）以优质的服务满足客户的需要，实现企业经济和社会效益的提高。

（7）加强交易磋商管理和合同管理，严格依合同办事，讲信誉，守信用。

（8）建立风险防范机制，妥善处理商务纠纷和冲突，防范和降低商务风险。

（9）加强仓储商务人员管理，以人为本，充分调动全体商务人员的积极性，发挥其聪明才智；重视仓储商务人员的培养，确保其跟上时代发展的要求，保持企业发展后劲。

三、仓储商务管理的目的

仓储商务管理是为了有效利用仓储资源，最大限度地获得经济收益和提高经济效益，具体表现在以下几个方面。

（一）满足社会需要

仓储企业的商务管理就是为了通过仓储服务，向社会提供尽可能多的仓储产品，满足社会对仓储产品的需要。仓储商务管理的任务就是积极开发市场，适应市场需求的变化，提高服务水平，降低产品价格，提高产品竞争力。通过开发市场、挖掘商机、促进交易，使产品被更广泛的市场和客户接受。

（二）充分利用企业资源

仓储商务管理的目的就是为了获得尽可能多的经济收益。在有效的仓储管理之下，仓储企业在获得大量的商业机会的同时，也承担起按时提供仓储服务的义务，这就需要仓储企业充分利用自身的人力、物力和财力资源，完成储存任务，使仓储企业的一切资源都得到最充分的利用。

（三）降低成本

成本的高低是决定企业竞争力的关键因素。仓储商务管理不仅要尽可能地提高交易回报，更重要的是在市场竞争激烈的形式下，采取先进的经济管理理论、现代化技术、有效的经营手段，控制和减少成本，并以此提高企业竞争力。

（四）降低风险

一般来讲，企业的经营风险绝大部分来自于商务风险，高水平的商务管理应尽可能避免商务风险与责任事故的发生，规避经营风险。所以建立有效的风险防范机制，妥善地处理协议纠纷，构建仓储商务质量管理体系是仓储商务管理的重要任务。

（五）塑造企业形象

商务的每一项工作都会对企业形象产生直接的影响，例如，商务人员在对外交往过程中的一言一行常常代表着企业的形象，关系到客户对企业的信赖程度。因此，仓储商务管理要以以人为本、用人唯贤、权责分明为原则建立一支精明能干、业务熟练的商务队伍，逐步树立起仓储企业可信赖、高水平的企业形象。

（六）提高效益

一方面，通过有效的成本管理、最少的经营风险使成本降低，进而实现仓储企业效益的提高；另一方面，良好的企业形象将促进仓储企业社会效益的提高。

四、仓储商务管理的特点

（一）经济性

虽然企业管理的最终目标是要追求企业利润最大化，各方面的管理也是围绕这一总目标展开，但与企业经营管理、人力资源管理等相比，商务管理更加直接地涉及企业的经营目标和经营收益，更为重视管理的经济性和效益性。

（二）外向性

仓储商务活动是企业对外的一种经济交换活动，仓储商务管理是围绕着仓储企业与外部发生的经济活动的管理。

（三）整体性

仓储商务活动直接涉及到企业整体的经营和效益，因此在仓储企业，高层管理者会将仓储商务管理作为自己的核心工作。仓储商务管理的好与坏，直接影响到其他各部门的工作。因此，仓储商务管理具有全局性和整体性的特点。

第二节　仓储合同概述

一、仓储合同的定义与种类

（一）定义

《合同法》第三百八十一条指出，仓储合同是仓储保管人储存存货人交付的仓储物，存货人支付仓储费的合同。从《合同法》的界定可以看出，仓储合同是规定由仓储保管人提供场所，存放存货人的货品，仓储人员只收取仓储费和劳务费的合同。其中，存货人交付储存物，支付合同规定的储存费是仓储合同成立的必要条件。

仓储保管是商品流通中的一个重要环节。在生产和消费之间，由于存在着集中生产、分散消费和季节生产、常年消费的矛盾，通过物资的储存保管来调节流通是十分必要的。目前，我国商品的储存保管部门主要是国家商业、外贸、物资三大部门设立的仓储公司、仓库及货栈，也有其他专业部门及部分集体和个体经营的从事商品储存保管业务的仓库和货栈。无论是哪种形式的商品储存保管部门，在他们与存货方发生商品储存保管关系时，都应当按照国务院批准的《合同法》及商业部、经贸部、国家物资局发布的《仓储保管合同实施细则》的规定，签订仓储保管合同，明确双方的权利和义务。

（二）种类

仓储合同的种类按物流工作的不同可分为以下几种。

1. 商品储存合同

商品储存合同是保管方根据存货方的要求为其储存保管商品，为明确存货方向保管方支付商品储存的有关费用而订立的一种合同。

仓储保管合同是最基本的一种储存合同，除此之外，仓储企业还可以根据存货方的要求和本身的条件接受其他劳务性质的业务，收取一定的劳务费用，双方订立相应的劳务合同。这些劳务合同，可以在商品储存合同以外单独订立，也可以在双方协商一致的基础上单列条款，与商品储存合同合并订立。

2. 商品检验合同

仓库在接受商品入库时，对商品的验收一般只是清点数量，检查外观，从商品包装外观查对品名、规格、产地等项目，查看是否有雨淋、水湿、残损等异常情况。如果存货单位要求仓库检验商品的内在质量，应当另行签定商品检验合同。

3. 商品包装合同

当存货方要求保管方进行商品包装或进行商品重新组配时，双方应当订立商品包装合同。

4. 商品养护合同

为保证商品储存过程中的质量，在储存过程中需要采用翻倒、晾晒、防霉、杀虫等养护措施时，双方应当订立商品养护合同。商品养护合同一般单列条款，与商品储存合同合并订立。

5. 代办运输合同

当存货方要求储运企业代办提取、运送、装卸、拴标签等工作时，应当签订运输合同。

6. 代办保险合同

受存货方委托，仓储企业代向保险部门办理保险手续时，双方应签定代办保险合同。

二、仓储合同的特征与相关概念

1. 仓储合同的特征

（1）保管人必须是具有仓库营业资质的人，即专门从事仓储保管业务的人。这是仓储合同主体的重要特征。

（2）仓储合同的对象仅为动产，不动产不可能成为仓储合同的对象。

（3）仓储合同为诺成合同，仓储合同自成立时起生效。

（4）仓储合同为不要式合同，可以是书面形式，也可以是口头形式。

（5）仓储合同为双务、有偿合同，保管人承担储存、保管的义务，存货人承担支付仓储费的义务。

（6）仓单是仓储合同的重要特征。

2. 仓储合同的相关概念

（1）仓储合同的当事人。仓储合同的当事人就是参与合同签订的存货人和保管人，在合同签订时双方必须都在场且合同上必须有当事人的签名盖章。

（2）仓储合同的标的物。仓储合同的标的物必须是动产。在仓储合同中，存货人应当将仓储物交付给仓储保管人，由仓储保管人按照合同的约定进行储存和保管。因此，依合同的性质而言，存货人交付的仓储对象必须是动产，而不动产不能成为仓储合同的标的物。

三、仓储合同的订立

（一）仓储合同订立的原则

1. 平等原则

在订立仓储合同的过程中，合同当事人双方要自觉、有意识地遵循平等原则，不能以大欺小、以强凌弱，杜绝命令式合同，反对一切凭借职位、业务、行政等方面的优势而与他人签订不平等仓储协议的行为。

2. 公平及等价有偿原则

仓储合同的双方当事人依价值规律来进行利益选择，禁止无偿划拨、调拨仓储物，也禁止强迫仓储保管人或存货人接受不平等利益交换。

3. 自愿与协商一致原则

存货人与仓储保管人完全依照自己的知识、判断去追求自己最大的利益。协商一致是在自愿基础上寻求意思表示一致，寻求利益的结合点，仓储合同的订立只有在自愿和协商一致的基础上，才能最充分地体现出双方的利益，从而保证双方依约定履行合同。

4. 订立合同的双方都必须是法人

法人是指具有一定的组织机构，独立的财产或独立核算，能够以自己的名义进行民事活动，享有权利和承担义务，依法成立的企业、国家机构、事业单位、社会团体等。按照这个条件，从事营销业务的专业公司可以和从事储存或储运业务的仓储公司签订储存保管合同。这些企业所属的职能部门或下属单位不能以个人的名义对外签订合同，但是可以有各自的主管企业授权，以企业的名义对外签订合同。

5. 订立合同的形式

按照《合同法》的规定，除了当时可以结清的储存方式以外，合同都应当是书面形式。当事人协商同意的有关文书、电报、图表也是合同的组成部分。

（二）仓储合同订立的程序

一般来说，订立仓储合同主要有两个阶段，即准备阶段和实质阶段，实质阶段又包括要约和承诺两个阶段。

1. 准备阶段

在许多场合，当事人并非直接提出要约，而是经过一定的准备，进行一些先期性活动，才考虑订立合同。其中包括接触、预约和预约邀请，其意义在于使双方当事人相互了解，为双方进入实质的缔约阶段创造条件，扫除障碍。

2. 实质阶段

根据《合同法》规定，只要存货人与仓储保管人之间依法就仓储合同的有关内容经过要约和承诺的方式达成意思表示一致，仓储合同既告成功，正因为要约与承诺直接关系到当事人的利益，决定合同是否成立，所以将其称为合同订立的实质阶段。

签订合同一般要经过以下三个步骤。

第一步：提出“要约”。即由存货或保管的一方提出签约的建议，包括订约的要求和合同的主要内容。

第二步：“承诺”。对另一方的“要约”，表示完全同意，在此基础上签定协议、合同即具有法律效力；如果对“要约”的内容、条件有不同的意见，必须经过充分协商，取得一致意见。

第三步：“签约”。由双方的法人代表签字、单位盖章。如果法定代表授权本单位的经办人员代理签订合同时，代理人应事先取得本企业的委托证明。如果法人之间代理签订合同，代理单位必须事先取得委托单位的委托证明，并根据授权范围以委托单位的名义签订，才对委托单位直接产生权利和义务。

（三）仓储保管合同订立的不同情况

1. 按照国家物资储存计划必须储存的物资

存货方和保管方必须按国家下达的计划签订仓储保管合同，以保障国家物资储存计划的执行。如果双方不能达成一致意见，由双方下达计划的上级主管机关处理。

2. 大宗货物的储存

由存货方提出委托储存保管的要求，保管方根据自己的仓储容量等条件，经双方协商签订仓储保管合同。

3. 零星货物的储存

存货方和保管方根据有关规定签订仓储保管合同。

四、仓储合同的条款

（一）仓储活动的组成

1. 入库

入库是指货物进入仓库时所进行的清点检验和接收工作。它是仓储保管合同业务的第一道环节，是履行储存保管合同的基础。仓库储存业务，要根据合同规定的数量、质量、品种、规格等进行安排。对大宗物资和危险物品的新品种入库，存货方应当将其数量和特性提前告知保管方，以便做好接收准备。货物入库的基本要求是：必须有业务部门的正式入库凭证或合同副本；凡是入库货物都要进行认真检查，一般商品要验收品种、规格、数量、质量、包装等，技术性强、感官不易识别和分等论价的货物，要由有关业务部门专门验收货物质量，入库时仓库只验数量和包装；验收中发现问题要会同交付入库的有关人员详细记录，分清责任，并通知存货方及时处理。货物经检验无误后入库。

2. 出库

货物出库须按照先进先出或易坏先出（易坏只限合同中申明的或货物外部显露出来的）原则发货，否则由此造成的损失由保管方负责。

货物出库有存货方自提、用户自提或保管方送货上门三种方式，都须当面办理交接手续。保管方没有按合同规定的时间、数量交货，应承担违约责任；存货方已通知货物出库或合同期已到，由于存货方（含用户）的原因不能如期出库，应承担违约责任；由于存货方调拨凭证上的差错所造成的实际损失，由存货方负责。

3. 运输方式

运输方式为保管方代办运输的，由保管方负责向运输部门申报运输计划、办理托运和发运手续。

（二）仓储合同条款的内容

根据《仓储保管合同实施细则》的要求，签订仓储保管合同，一般应具备以下几项主要条款。

1. 货物的品名和品种

仓储保管合同中储存保管的货物是特定物或特定化的种类物，是保管方接受存货方的委托代为保管的，其所有权属于存货方，在合同有效期届满时，保管方必须将原货物完好无损地归还存货方，因此合同中对货物的品名和品种，应作出明确的说明。同时仓储保管合同的标的物限定为动产。

2. 货物的数量、质量、包装

货物的包装由存货方负责。其标准，有国家或专业标准的，按国家和专业标准执行；没有国家或专业标准的，在保证运输和储存安全的前提下，由合同当事人议定。

3. 货物验收的内容、标准、方法、时间

保管方的正当验收项目为：货物的品名、规格、数量、外包装状况，以及无须开箱拆捆直观可见可辨的质量情况。包装内的货物品名、规格、数量，以外包装或货物上的标记为准；外包装或货物上无标记的，以供货方提供的验收资料为准。散装货物按国家有关规定或合同规定验收。货物验收期限，是指自货物和验收资料全部送达保管方之日起，至验收报告送出之日止的时间。验收期限国内货物到货不超过 10 天，国外货物到货不超过 30 天，法律或合同另有规定的除外。

4. 货物保管条件和保管要求

仓储保管合同中的货物种类繁多，不少货物由于本身的性质需要特殊的保管条件或保管方法，所以在合同中必须明确规定保管条件和保管要求。

5. 货物进出库手续、时间、地点、运输方式（略）

6. 货物损耗标准和损耗的处理

损耗标准是指货物在储存、运输过程中，由于自然因素（如干燥、风化、散失、挥发、黏结等）和货物本身的性质和度量衡的误差等原因，不可避免地要发生一定数量的减少、破损或计量误差。由有关主管部门对此做出的规定或者由合同当事人商定货物自然减量标准和合理磅差（一般以百分比或千分比表示），统称为损耗标准。

损耗的处理是指对实际发生的损耗，如何划分经济责任，以及对实物如何进行处理。例如，在货物验收过程中，在途损耗不超过货物自然减量标准和损耗在规定磅差范围内的，仓库可按实际验收数验收入库；超过规定的，应核实后做出验收记录，并按照规定处理。

7. 计费项目与标准、结算方式、银行、账号、时间

货物储存和运输过程中的计费项目，应按仓储保管部门制定的标准执行，也可由当事人双方协商确定。存货方一般应按月支付保管费用。

8. 违约责任

《仓储保管合同实施细则》规定：保管人不能全部或部分按合同议定的品名、时间、

数量接货的，存货方不能全部或部分按合同议定的品名、时间、数量入库（含超议定储存量储存）的，保管方没有按合同规定时间、数量交货的，存货方已通知货物出库或合同期已到但由于存货方（含用户）的原因不能如期出库的，均应承担违约责任。当事人必须向对方支付违约金，合同另有规定的除外。违约金的数额为违约所涉及的那一部分货物3个月的保管费（或租金）或三倍的劳务费，合同另有规定的除外。因违约使对方遭受经济损失的，如违约金不足以抵偿实际损失，还应以赔偿金的形式补偿其差额部分。

其他违约行为给对方造成经济损失的，一律赔偿实际损失。

赔偿货物的损失，一律按进货价或国家批准调整后的价格计算；有残值的，应扣除残值部分或残值归赔偿方；不负责赔偿实物。

9. 合同的有效期限

即货物的保管期限，存货方过期不取走货物，应承担违约责任。但有的存储保管合同也可以不规定期限，双方约定只要存货方按日或按月支付保管费用，即可继续存放。

10. 变更和解除合同期限

保管方或存货方如需要对合同进行变更或解除，必须事先通知对方，以便做好相应的准备工作。因此，仓储保管合同中应当明确规定能够提出变更或解除合同的期限。

11. 争议的解决方式（略）

五、仓储合同的生效和无效

《合同法》第四十四条规定："依法成立的合同，自成立时生效，法律、行政法规规定应当办理批准、登记等手续生效的，依照其规定办理后生效"。合同生效，是指已经成立的合同在当事人之间产生了一定的法律约束力。合同生效须具备两大要件：一是合同成立；二是合同生效。

（一）合同成立

1. 合同成立是合同生效的前提。

合同的成立必须具备以下条件：

（1）订约主体必须存在两方以上的当事人；

（2）当事人对合同必要条款达成合意；

（3）合同的成立应当经过要约和承诺阶段。

2. 依法成立是合同生效的必备要件

合同生效必须具备以下条件：

(1) 合同当事人在缔结合同时必须具有相应的缔结合同的行为能力；

(2) 合同当事人订立合同时的意思表示必须真实；

(3) 合同不违反法律、行政法规的强制性规定，不损害社会公共利益；

(4) 合同标的的确定应有履行的可能且标的物合法；

(5) 合同必须具备法律所要求的形式。

(二) 合同生效

1. 合同生效的时间

依法成立的合同，自成立时生效，法律、行政法规规定应当办理批准、登记等手续生效的，依照其规定办理后生效。

实践中有些公证人员在办理合同公证时，往往还在证词中写道：“该合同自权属登记日起生效。”这是不正确的，是无法律依据的。此类合同的生效应当是“依法成立时生效”。

《最高人民法院关于适用合同法若干问题的解释》中规定：“法律、行政法规规定应当办理登记手续，但未规定登记后生效的，当事人未办理登记手续不影响合同的效力，合同标的物所有权等其他物权不能转移。”因此，仓储合同自成立时起生效。

当事人对合同的效力可以约定附生效条件或附生效期限，那么，自条件成就或期限届满时，合同生效。

2. 无效合同

无效合同是指不具备法律规定的有效条件，而不具有法律效力的合同。《民法通则》和《合同法》规定，有下列情形之一的为无效合同：

(1) 订立合同的民事主体不合格，即订立合同的当事人不具有相应的民事权利能力或民事行为能力；

(2) 一方以欺诈、胁迫的手段订立合同，损害国家利益；

(3) 恶意串通，损害国家、集体或第三人利益；

(4) 以合法形式掩盖非法目的；

(5) 损害社会公共利益；

(6) 违反法律、行政法规的强制性规定。

六、仓储合同格式

仓储合同是不要式合同，当事人可以协议采用任何合同格式。

合同书是仓储合同的最常用格式，由合同名称、合同编号、合同条款、当事人签署四部分构成。合同书具有形式完整、内容全面、程序完备的特征，便于合同订立、履行、留存及合同争议的处理。

确认书是合同格式的主要部分，一般有两种形式，一种仅列明合同的主要事项，合同的其他条款在其他文件中表达，另一种是将完整合同事项列在确认书上了，相当于合同书的形式。由于确认书仅有发出确认书的一方签署，所以它与完整合同书不同。在采取口头、传真、电子电文等形式商定合同时，为了明确合同条款和表达合同订立，常常采用一方向另一方签发确认书的方式确定合同。

计划表是长期仓储合同的补充合同或执行合同。在订立长期仓储合同关系中，对具体仓储的安排较多采用计划表的形式，由存货人定期制定仓储计划交仓储保管人执行。

格式合同是由一方事先拟订，并在工商管理部门备案的单方确定合同。对于仓储周转量极大、每单位仓储物量较小，即次数多、批量少的公共仓储，如车站仓储等，仓储保管人可以采用格式合同。在订立合同时，只有仓储保管人填写仓储物、存期、费用等变动事项后直接签发和存货人签认，不进行条款协商。

七、仓储合同的变更解除

在合同生效后，当事人应按照约定全面履行自己的义务，任何一方不能擅自变更、解除和终止合同，这是《合同法》所确定的合同履行原则。仓库经营具有极大的变动性和复杂性，会随着主客观情况的变化而变化，为了避免当事人双方的利益受到更大的损害，变更、解除或终止已生效的合同会是更有利的选择。

（一）仓储合同的变更

仓储合同的变更是指对已经合法成立的仓储合同内容在原来合同的基础上进行修改或者补充。如对仓储物数量的增加或减少；对履行期限的推迟或提前；对其他权利义务条款的修改、补充、限制等。仓储合同的变更一般不涉及已经履行的部分，其效力仅及于未履行的部分。因此，仓储合同的变更并不改变原合同关系，而是在原合同关系的基础上对有关内容进行修订，其目的是便于合同的履行，从而更好地满足合同当事人对经济利益的要求。

仓储合同当事人一方因为利益需要，向另一方提出变更合同的需求，并要求另一方在限期内答复，另一方在期限内同意变更，或者在期限内未做答复，则合同发生变更，双方按照变更后的条件履行。如果另一方在期限内明确拒绝变更，则合同不能变更。

仓储合同变更后，被变更的内容即失去效力，存货人与仓储保管人应按变更后的合同来履行义务，变更对于已按原合同履行的部分无追索力，效力仅及于未履行的部分。所以任何一方当事人不得因仓储合同的变更而要求另一方返还再此之前履行的部分。仓储合同变更后，因变更而给对方造成损失的，责任方应当承担损害赔偿责任。

（二）仓储合同的解除

仓储合同的解除是指仓储合同订立后，在合同未履行或尚未全部履行时，一方当事人提前终止合同，从而使原合同设定的双方当事人的权利义务归于消灭。它是仓储合同终止的一种情形。

仓储合同的解除主要有两种方式。一是存货人与仓储保管人协议解除合同。存货人与仓储保管人协议解除合同是指双方当事人通过协商或者通过行使约定的解除权而导致的仓储合同的解除。解除合同协议可以在合同生效后、履行完毕之前双方协商达成解除合同的协议，也可以在订立合同时订立解除合同的条款，当约定的解除合同的条件出现时，一方通知另一方解除合同。二是法定解除。仓储合同的法定解除是指仓储合同有效成立后，在尚未履行或尚未完全履行之前，当事人一方行使法律规定的解除权而使合同效力归于消灭。仓储合同一方当事人所享有的这种解除权是由法律明确规定的，只要法律规定的解除条件成立，依法享有解除权的一方就可以行使解除权。

仓储合同解除后，尚未履行的部分，终止履行；已经履行的部分，根据履行情况和合同性质，当事人可以要求采取补救措施，如仓储保管人可要求存货人偿付额外支出的仓储费、保管费、运杂费等；而存货人则可要求仓储保管人恢复原状，返还原物。此外，仓储合同解除后，存货人或仓储保管人应当承担由于合同解除而给对方造成的损失。

第三节　仓储合同当事人的权利和义务

仓储合同一经签订，即发生法律效力。存货人和保管人享有合同规定的权利的同时也都有严格履行合同约定的义务。

一、存货人的权利与义务

（一）存货人的权利

根据《合同法》的规定，仓储合同中存货人享有以下权利。

1. 提货权

存货人拥有凭仓单提取仓储物的权利。如果在合同中约定了仓储时间的，存货人有权提前提取仓储物。如果在合同中没有约定仓储时间，存货人仍有随时提取仓储物的权利。

2. 转让权

物品在储存期间，存货人有权将提取物品的权利转让给他人，但是必须办理仓单的背书手续。

3. 检查权

物品在储存期间，仓储保管人负责保管存货人交付的仓储物，此时保管人对物品享有占有权，但仓储物的所有权仍然属于存货人，存货人为了防止货物在储存期间变质或发生货损货差，有权随时检查仓储物或提取样品，但在检查时不得妨碍保管人的正常工作。

4. 索偿权

因保管人的原因造成仓储物损坏、灭失的，存货人有权向其索赔。

（二）存货人的义务

存货人在享有《合同法》规定的权利时，必须承担以下义务。

1. 如实告知货物情况的义务

存货人要求仓储保管人储存易燃、易爆、有毒、有放射性等危险物品或者易腐烂等特殊物品时，应当说明物品的性质和预防货物发生变质、危险的方法，同时提供有关的技术资料，并采取相应的防范措施。如果因存货人未将危险物品情况如实的告知保管人，而遭受货物损失的，存货人应承担责任。

2. 按约定交付货物的义务

存货人应当按照合同约定的品种、数量、质量、包装等将货物交付给仓储保管人保管入库，并在验收期间向仓储保管人提供验收资料，存货人不能按此约定交付储存物的，应承担违约责任。

3. 支付仓储费和其他必要费用的义务

仓储费是仓储保管人提供仓储服务应得的报酬。一般情况下，仓储费应在存货人交付仓储物前支付，而非提取货物时支付。所以存货人应依据仓储合同或仓单规定的仓储费，将其按时交纳给仓储保管人。其他必要费用是指为了保护存货人的利益或避免损失发生而支付的费用。如果仓储合同中规定的仓储费包括必要费用时，存货人可不必再另外支付。

4. 按约定及时提取货物的义务

仓储合同期限到时，存货人应当凭仓单及时提取储存货物，提取货物后应缴回仓单。储存期限满后，若存货人不提取货物的，保管人可以提存该货物。

二、保管人的权利与义务

（一）保管人的权利

根据《合同法》的规定，仓储合同中存货人享有以下权利。

1. 有权要求存货方按合同规定及时交付标的物

合同签署后保管人有权要求存货人按照合同约定的品种、数量、质量、包装等将货物交付给仓储保管人保管入库，存货人不能按此约定交付储存物的，应承担违约责任。

2. 有权要求存货方对货物进行必要的包装

3. 有权要求存货人告知货物情况并提供相关验收资料

根据法律规定，存货人违反规定或约定，不提交特殊物品的验收资料的，仓储保管人可以拒收仓储物，也可以采取相应措施以避免损失的发生，由此产生的费用由存货人承担。

4. 有权要求存货人对变质或损坏的货物进行处理

5. 有权要求存货人按期提取货物

我国《合同法》第三百九十三条规定："储存期间届满，存货人或仓单持有人不提取仓储物的，仓储保管人可以催告其在合同期限内提取，逾期不提取的，仓储保管人可以提存仓储物。"所以因存货人延迟提取仓储物，仓储保管人员有权收取因延迟提取所产生的费用。

（二）保管人的义务

保管人在享有《合同法》规定的权利时，必须承担以下义务。

1. 给付仓单的义务

仓单是仓储保管人在收到仓储物时，向存货人签发的表示已经收到一定数量的仓储物，并以此来代表相应的财产所有权利的法律文书。存货人或仓单持有人将以仓单内容向保管人主张权利，保管人也将以仓单所记载的内容向存货人或仓单持有人履行义务。

2. 妥善保管仓储物的义务

保管人应当严格按照合同规定提供合理的保管条件妥善的保管仓储物。如果仓储物属易燃易爆、有毒、有放射性等危险物品，仓储保管人必须具备相应的仓储条件，如果条件不具备，不得接收危险物品作为仓储物。

3. 验收货物和危险通知义务

保管人在接受存货人交存的货物时，应当按照合同规定对货物进行验收，例如：货物的品名、规格、数量、外包装状态等。如果在验收时发现不良情况、仓储物变质、发生不可抗力损害或其他涉及仓储物所有权的情况，仓储保管人应及时通知存货人或仓单持有人。

三、仓储合同的违约责任和免责

（一）仓储合同的违约责任

1. 仓储合同违约责任的概念

仓储合同违约责任是指仓储合同的当事人，因自己的过错不履行合同或履行合同不符合约定条件时所承担的法律责任。依法制裁违约行为，可以保护受害当事人的合法权益，预防和避免违约行为的发生，保障正常经济秩序的发展，维护交易的安全。发生违约时，依据法律的规定或合同的约定，违约方应当承担民事责任。

2. 仓储合同违约责任的承担方式

根据我国《合同法》的相关规定，仓储合同违约责任的承担方式有以下几种。

（1）支付违约金 。违约金是指仓储合同当事人一方发生违约时，依据法律的规定或合同的约定按照价款或酬金总额的比例，向对方支付一定数额的货币。违约金一般分为两类：法定违约金和约定违约金。法定违约金是由国家法律或法规直接规定的违约金。约定违约金是仓储合同当事人在签定合同时协商确定的违约金，由于约定违约金完全是当事人协商确定，所以在确定违约金额时，不能过低也不能过高，过高会加重违约方的经济负担，过低则起不到督促当事人履行合同的作用。

（2）损害赔偿。损害赔偿是指合同一方当事人违约时，在支付违约金或采取其他补救措施后，如果对方还有其他损失，违约方应承担赔偿损害的责任。

（3）继续履行。在仓储合同中，当一方当事人不履行合同时，对方有权要求违约方按照合同约定履行义务或向法院请求强制违约方按照合同约定履行义务，而不得以支付违约金和赔偿金的办法来代替履行。

（二）仓储合同的免责

仓储合同的免责也称为仓储合同违约责任的免除，是指一方当事人不履行合同或法律规定的义务，致使对方遭受损失，由于不可归责于违约方的事由，法律规定违约方可以不承担民事责任的情况。

合同违约责任的免除有以下几种情况。

1. 因不可抗力免责

不可抗力是当事人不能预见、不能避免并且不能克服的客观情况，例如火山爆发、洪水、地震、台风、冰雹、台风、战争、罢工等自然灾害或社会现象。由于这些原因不是当事人主观过错造成的。所以，在不可抗拒力发生后，有关当事人可依法免除违约责任。不过不可抗力免责的范围是在不可抗力的直接影响下，如果当事人并没有采取有效措施进行防范、补救从而使造成的损失进一步扩大，其损失扩大的部分是不能免责的。

2. 因自然因素或货物本身性质免责

在货物存储期间，由于自然因素，如干燥、分化、挥发、锈蚀等原因或因为货物本身性质如易碎、易腐等原因，导致损失或损耗，一般由存货人负责，仓储保管人不承担责任。

3. 因存货人的过失而免责

在仓储合同履行期间，存货人未尽到如实告知货物情况的义务从而使货物受到损失的，可以减少或免除保管人的责任。

第四节　仓单概述

一、仓单的概念和性质

（一）仓单的概念

仓单是指保管人应存货人的请求而签发的一种有价证券。它表示一定数量的货物已由存货人交付保管人，是仓单持有人依仓单享有对有关仓储物品的所有权的法律凭证。仓单是仓储合同存在的证明，也是仓储合同的组成部分。有价证券是表示或证明一定财产权利的证书。

（二）仓单的性质

1. 仓单是提货的凭证

在提取仓储物时，必须出示仓单并在将货物提出后将仓单交还仓储保管人注销。没有仓单不能直接提取仓储物。

2. 仓单是储存物所有权的法律文书

保管人收到存货人的物品时，经过检验后向存货人开具的仓单说明此时仓储物的所有权是属于存货人的，存货人只是将仓储物的储存保管责任转交给仓储保管人。

3. 仓单是有价证券

仓单经过存货人背书及仓储保管人的签署后可以转交给任何人，任何持有仓单的人都可以向仓储保管人要求给付仓储物。因此从性质上而言，仓单是一种有价证券，它代表着和仓储物等价值的财产权利。

二、仓单的形式和内容

（一）仓单的形式

仓单由仓储保管人提供。仓单为一式两联，第一联为仓单，在签发后交给存货人；

第二联为存根，由仓储保管人保存，以便核对仓单。

（二）仓单的内容

根据我国《合同法》的相关规定，仓储保管人制作仓单应分为两个部分：首先，由仓储保管人记载有关事项；然后由仓储保管人在已经载明权利义务的仓单上签字或盖章。其内容具体包括：存货人的名称和住所，仓储物的品种、数量、质量、包装、件数和标记，仓储物的耗损标准，储存场所，储存期间，仓储费用，保险事项记载，填发人、填发地和填发日期。

一份有效的仓单可以包含以上所有内容和其仓储保管人认为必要的内容，也可以是一些默认的内容。只要仓单内容能充分表达出仓储物的所有权、保管人的责任、仓单持有人提取仓储物的权利，此仓单就应该有效。反之，缺乏保管人、存货人、仓储物、保管人签字盖章等事项的显然是无效的。

三、仓单业务

（一）仓单的签收

当存货人将仓储物交给仓储保管人时，仓储保管人应对仓储物进行验收，确认仓储物的状态，在全部仓储物入库后，填制签发仓单。仓储保管人在填制仓单时，必须将所有接受的仓储物的实际情况如实记录在仓单上，特别是对仓储物的不良状态更是要准确描述，以便到期时能按仓单的记载交还仓储物。仓单经仓储保管人签署后才能生效。《合同法》规定，仓储保管人只签发一式两份的仓单，一份为正式仓单，交给存货人；另一份为存根，由仓储保管人保管。仓单副本可根据业务需要复制相应份数，但须注明为“副本”。

（二）仓单的分割

存货人将一批仓储物交给仓储保管人时，因为转让的需要，要求仓储保管人签发分为几份的仓单，或者仓单持有人要求保管人将原先的一份分拆成多份仓单，以便向不同人转让，这种类型的业务被称为仓单的分割。分割后的各份仓单所载的仓储物总和数应与仓储物实际总数相同。如果仓储保管人对已经签发的仓单进行了分割，必须将原仓单收回。

（三）仓单转让

仓单持有人需要转让仓储物时，可以采用背书转让的方式进行。仓单转让生效的条件为：背书完整，且经过保管人签字盖章。背书转让的出让人为背书人，受让人为被背书人。背书的格式为：

兹将本仓单转让给×××（被背书人的完整名称）

×××（背书人的完整名称）

背书经办人签名、日期

仓单可以进行多次背书转让，第一次背书的存货人为第一背书人。在第二次转让时，第一次被背书人就成为第二背书人，因而背书过程是衔接的完整过程，任何参与该仓单转让的人都在仓单的背书过程中记载。值得注意的是，如果仓单中明确记载了不得背书的，则仓单持有人即使做了背书，也不能发生转让提取仓储物权利的效力。

（四）凭单提货

在仓储期满或经仓储保管人同意的提货时间，仓单持有人向仓储保管人提交仓单并出示身份证明，经保管人核对无误后，仓储保管人给予办理提货手续。具体过程如下图 7-1所示。

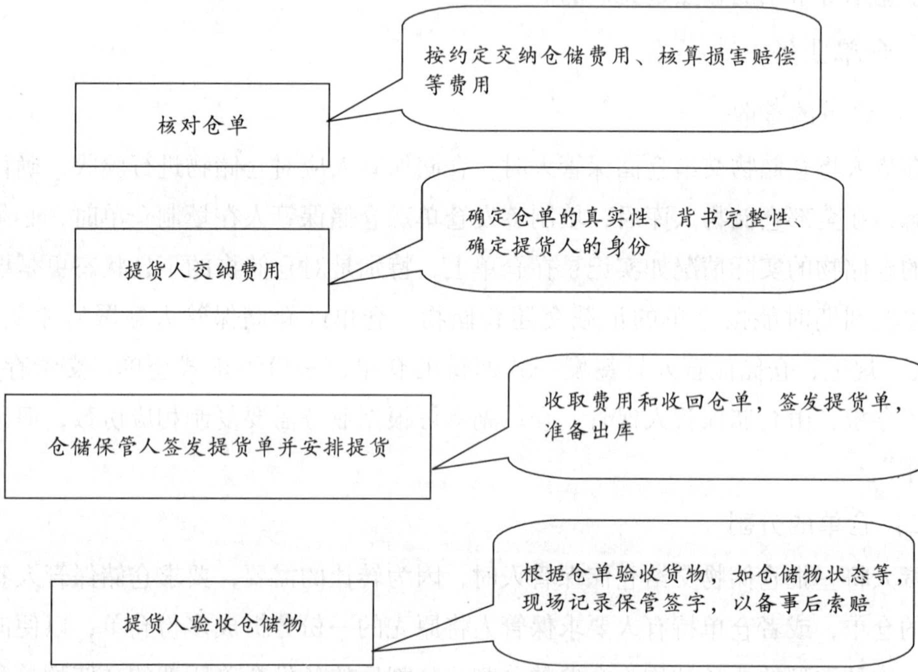

图 7-1　凭单提货的过程

（五）仓单灭失的提货

原则上提货人不能提交仓单，仓储保管人不能交付货物，无论对方是合同订立人还是其他人。因为仓储保管人签发出仓单就意味着承认只能对仓单承担交货的责任，不能向仓单持有人交付存储物就需要给予赔偿。在实际业务操作过程中会出现因仓单因故损毁和灭失，无单提货的情况。仓单灭失的提货方法一般有两种。

1. 通过人民法院的公示催告使仓单失效

当60天公示期满无人争议，法院可以判决仓单无效，申请人可以向仓储保管人要求提取仓储物。

2. 提供担保提货

提货人向仓储保管人提供仓储物的担保后提货，由仓储保管人掌握担保财产，将来另有人出示仓单而不能交货赔偿时，仓储保管人使用担保财产进行赔偿。该担保在可能存在的仓单的失效后，方可解除担保。

【本章小结】

仓储商务管理是指仓储经营者对仓储商务所进行的计划、组织、指挥和控制等活动，属于独立经营的仓储企业的内部管理之一。仓储商务管理包括对仓储商务工作的人、财、物的组织和管理，涉及企业资源的合理利用，制度建设、激励机制以及仓储商务队伍的教育培养等各方面。仓单业务包括仓单的签收、仓单的分割、仓单转让、凭单提货以及仓单灭失的提货。

【案例学习】

货物仓储与运输合同书

甲方：济南××实业有限公司

乙方：中国××物流有限公司华北区域分公司

根据《中华人民共和国合同法》和《仓储保管合同实施细则》及相关法律、法规的规定，经甲乙双方友好协商，就乙方为甲方提供物流服务相关事宜制定本合同，共同遵守以下各项条款。

一、提供服务的范围

1. 乙方承诺为甲方提供仓储和华东区域内市内提货、货物公路运输、门到门配送业务；承诺为甲方提供安全、准时、准确的物流服务。

2. 甲方到达上海的货物全部由乙方提供运输服务，包括华东区域内上海、南京、无锡、苏州、杭州、宁波六个城市之间的短途运输服务以及上海到福州、厦门、泉州、合肥、青岛、北京、武汉、郑州、沈阳等全国各地的长途门到门的运输服务。

二、合同期限

合同期限为6个月，自2007年1月1日至2007年6月30日止。

三、仓库租用面积和期限

1. 乙方向甲方提供仓储面积3 000平方米（使用面积由备货区域及通道面积组成）。当实际使用面积超出包租面积时，按照全部面积收费，甲方予以书面确认；当实际使用面积小于包租面积时，维持最低仓储面积按3 000平方米计算。

实际交费从甲方货物进入乙方场地开始计算。

2. 租用方法：甲方租用乙方库房，甲方委托乙方管理。

四、仓库地点

1. 库位：济南市天桥区盖家沟××号1号仓库内。

2. 库况：乙方为甲方提供的仓库处于完好状态。

五、要求和安全责任

1. 乙方负责甲方的收发货管理工作，确保甲方货物按时进仓出仓。

2. 乙方按照甲方的书面指令进行货物发运工作，确保货物发送安全无误。

3. 乙方在租用期间严禁存放易燃、易爆、有毒、腐蚀及未经消防安全部门批准同意存放的危险物品。

4. 甲乙双方必须贯彻国家的济南市的安全工作法律、法规和规章制度。乙方安排人员代表甲方履行收发货、保管、安全、防火等工作，如有遗失或损坏，除不可抗力外，乙方须按照市场参考价赔偿甲方。

5. 甲乙双方必须指定专人负责相关工作，保持工作联系，协调有关问题，共同预防事故。乙方负责人和甲方主管工作人员应加强系统管理，以保证货物的安全和收发的准确及安全性。

六、双方权利和义务

（一）甲方权利和义务

1. 甲方提前一天（17点之前）发书面传真指令，包括货物型号、立方、数量等货物信息，便于乙方安排车辆和人员。

2. 若因乙方安排的车辆、人员或因其他主观原因，致使乙方的服务不能达到甲方的要求，未能安全、准时到达，甲方有权按照合同的约定减免运费。

3. 接甲方指令发货，乙方托运货物未交接于甲方之前，甲方有权变更到货地，由此产生的费用由甲方承担。

（二）乙方的权利和义务

1. 乙方应按照甲方要求将托运货物按时完好地运输至甲方指定地址，交接于甲方收货人，未经甲方允许，乙方不得擅自对货物进行处置。

2. 乙方有义务按照甲方的要求，将跟踪货物的在途信息并反馈于甲方。

3. 当货物在运输途中发生异常事故，乙方有义务及时通知甲方，按照甲方要求处理现场，并尽最大努力减少损失。

4. 乙方有权按照合同第七条二款的规定收取费用，但若因乙方违约或过错需赔偿甲方的，应从当月费用中扣除。

七、其他事宜

（一）保险

1. 乙方有义务为甲方在仓货物办理仓储保险，保险费由乙方承担。

2. 甲方根据需要委托乙方代为办理公路运输保险，费率为运输货物的千分之三，费用由甲方承担；如甲方未委托乙方办理公路运输保险，则甲方货物在运输途中由于乙方的过错造成损失时，乙方按货物的实际损失进行赔偿。

3. 甲方自行办理保险事宜，或者委托乙方办理保险事宜，在出险后，甲方应配合乙方提供各类书面单据直至处理完结后报于甲方。

（二）费用结算

1. 结算时间：每月 5 日前，乙方提供上月总费用清单明细，双方应在 3 个工作日内对账，对账完毕后由乙方为甲方开具发票，甲方收到发票 7 个工作日内向乙方付清上月所产生费用。

2. 结算方式：付款方式为汇款或者转账。

3. 甲方违约责任：甲方应按本合同第七条二款的规定按时支付服务费用，甲方逾期结款的，每日按应付费用的 0.5% 支付费用补偿乙方。

（三）合同解除

1. 合同一方迟延履行债务或者其他严重违约行为致使不能实现合同目的，则合同另一方有权解除合同。

2. 由于不可抗力或者发生合同订立时双方未能预见的意外事件，致使不能实现合同目的，合同任何一方可以解除合同。

3. 合同一方延迟履行债务，经催告后在一月后仍未履行，合同另一方有权解除合同。

4. 合同双方如因自身原因致使无法履行本合同，应提前一个月以书面形式通知对方，则对此不承担违约责任。

（四）索赔范围和期限

1. 合同中规定了违约金的，遵照相关条款的规定进行赔偿，没有规定违约金的，按照实际损失要求赔偿，但合同中规定可以免则的除外。

2. 索赔期限：索赔期限（索赔无发票，费用可以从月结中扣除，与费用结算有所不同）和费用结算的期限一致。

（五）保密义务

1. 合同双方在合同履行过程中涉及双方商业秘密的，有义务为对方保守秘密；该保密义务在合同终止后并不解除。

2. 乙方有义务将物品序列号保密管理及报送甲方负责人。

八、解决纠纷方式

本合同发生一切争议，应通过协商解决，协商不成的，任何一方可将争议提交甲方所在地法院裁决。

九、本合同一式两份，双方各持一份，拥有同等效力，本合同有双方法定代表人或授权代表签字或加盖公章后生效。

十、本合同未尽事宜，由双方协商补充；对本合同的任何修改或补充均应采用书面形式，双方签字盖章后生效，并作为本合同附件且与本合同有同等的法律效力。

十一、甲方同意支付40 000元为保证金，正式运作后在仓储费用中扣除，如合同期限满，双方未发生业务合作，乙方返还甲方保证金。

甲方：济南××实业有限公司　　乙方：中国××储运有限公司华北区域分公司

甲方签字：　　乙方签字：

甲方盖章：　　乙方盖章：

日期：2011－1－1　　日期：2011－1－1

思考题：分析上述案例涉及哪些有关本章仓储合同的知识点？

问题与思考

1. 什么是仓储商务管理？
2. 仓储商务的目的？
3. 什么是仓储合同？仓储合同有哪些特征？
4. 仓储合同如何变更与解除？
5. 存货人和保管人有哪些权利和义务？
6. 什么是仓单？
7. 仓单的内容是什么？
8. 假如让你签订一份仓储合同，你觉得应该注意些什么？

【实践技能训练】

自己试着拟订一份仓储合同，拟订出来后再和同学分析一下，看你的合同与仓储合同范例有什么不同，并分析合同上的一些要求和规定在什么情况下会起作用；哪些规定对保管人有利，哪些规定对存货人有利？

第八章　仓储安全管理

■ 知识目标

1. 了解治安保卫管理的组织和内容。
2. 掌握燃烧三要素。
3. 了解仓库火灾的种类。
4. 了解仓库货物作业的安全特性。
5. 掌握仓库安全作业的内容。
6. 了解安全质量管理的方法。

■ 能力目标

1. 能够制定仓库安全防范措施。
2. 能够制定库区安全生产管理制度。

仓库是物资储存基地，仓库的安全管理十分重要。仓储物资大多是易燃的可燃物质，危险性较大，如果管理不善，就可能发生燃烧或爆炸事故，给国家和人民的生命财产造成损失。因此，加强仓库安全管理，提高安全技术水平，及时发现和消除仓库中的不安全因素，杜绝各类事故的发生，具有十分重要的意义。

第一节　库场治安保卫管理

库场的治安保卫工作是库场为了防范和制止恶性侵权行为与意外事故对仓库及仓储财产的侵害和破坏，维护仓储环境的稳定，保证仓储生产经营的顺利开展所进行的管理工作。

一、治安保卫管理组织

仓库安全系统是一个多因素、多环节、多专业的综合系统，包括人、物、环境等诸多因素，渗透于仓库的每一项工作之中，贯穿于仓储物资的接收、储存、养护、包装、装卸搬运、发放等环节，涉及诸多的技术和管理问题，仓库安全管理十分复杂。因而，仓库的安全工作应该位于一切管理工作的首位，并始终贯穿于整个仓储的全过程。

仓库的法定代表人或主要负责人为仓库的治安保卫责任人和治安保卫管理工作的领导，同时还要由仓库最高层领导中的一员分管负责，由其领导建立起仓库治安保卫的完整组织。治安保卫的管理机构由仓库的整个管理机构组成，高层领导负责整个仓库的治安保卫管理工作；各部门、机构的领导是本部门的治安责任人，负责本部门的治安保卫管理工作，对本部门的治安保卫工作负责；治安保卫的职能机构协助领导进行治安保卫管理工作，指导各部门的治安保卫管理，领导治安保卫执行机构。仓库治安保卫执行机构采取专职保卫机构和兼职安全员相结合的组织方式。

专职保卫机构既是仓库治安保卫的执行机构，也是仓库治安保卫管理的职能机构。专职保卫机构根据仓库规模的大小、人员的多少、任务的繁重程度、仓库所在地的社会环境确定机构设置、人员配备，一般设置保卫科、保卫队、门卫队等。专职保卫机构协助仓库主管领导进行工作，制定仓库治安保卫规章制度、工作计划，督促各部门领导的治安保卫工作，组织全员的治安保卫学习教育和宣传，协调对外的治安保卫工作，保持与当地公安部门的联系，协助公安部门在仓库区内的治安管理活动，管理治安保卫的器具，管理专职保卫员工。

治安保卫的兼职制度是实行治安保卫群众管理制度的体现，即选择部分责任心强、对治安保卫敏感、具有足够的精力和体力的员工兼任安全员。兼职安全员主要承担所在部门和组织的治安保卫工作，协助部门领导的管理工作，督促部门执行仓库治安保卫管理的制度，组织治安保卫教育学习与检查预防工作。

仓储治安保卫的管理机构如图 8-1 所示。

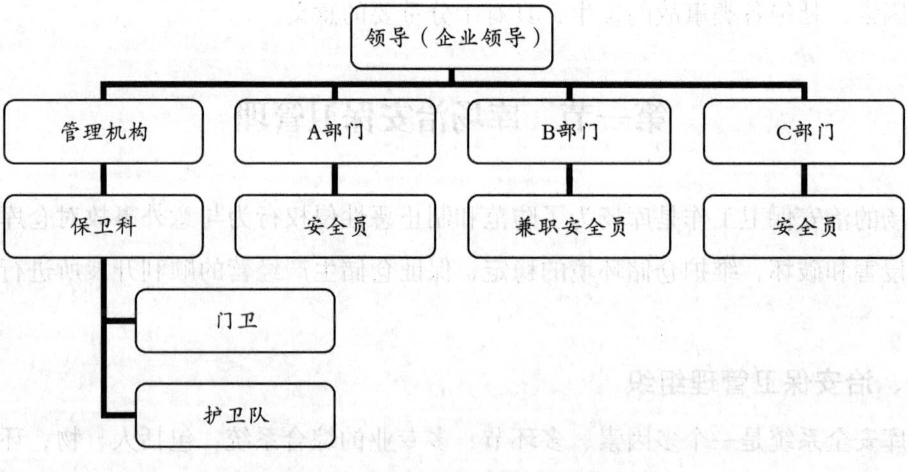

图 8-1　仓储治安保卫的管理机构

二、治安保卫管理制度

治安保卫工作是长期性的工作，需要采取制度性的管理措施，以便明确工作要求、行为规范、岗位责任。通过制度建立管理系统，及时顺畅地交流信息，随时弥补保卫漏洞，确保管理效果。

仓库需要依据国家法律、法规，结合仓库治安保卫的实际需要，以保证仓储生产高效率进行、实现安全仓储、防止治安事故的发生为目的，科学地制定治安保卫规章制度。仓库所订立的规章制度不得违反法律规定，不能侵害人身权利或者其他合法权益，避免或者最大限度地减少妨碍社会秩序事件的发生，有利于促进安全生产。

为了使得治安保卫规章制度得以有效执行，规章制度需要有相对的稳定性，使每一位员工知晓，以便按照制度执行、照章办事。但是随着形势的发展、技术的革新、环境的变化，规章制度也要适应新的需要进行相应修改，使之更符合新形势下仓库治安保卫工作的需要。

仓库治安保卫的规章制度既有独立的规章制度，如《安全防火责任制度》、《安全设施设备保管使用制度》、《门卫值班制度》、《车辆、人员进出仓库管理制度》、《保卫人员值班巡查制度》等，也有合并在其他制度之中规定的治安保卫事项，如仓库管理员职责、办公室管理制度、车间管理制度、设备管理制度等。

三、治安保卫工作的内容

仓库的治安保卫工作是仓库为了防范和制止恶性侵权行为与意外事故对仓库及仓储财产的侵害和破坏，维护仓储环境的稳定，保证仓储生产经营的顺利开展所进行的管理工作。治安保卫工作的具体内容就是执行国家治安保卫规章制度、防盗、防抢、防骗、防破坏、防火、防止财产侵害、维持仓库内交通秩序、防止交通意外事故等仓库治安灾难事故，协调与外部的治安保卫关系，维持仓库内的安定局面和员工人身安全。

治安保卫管理是仓库管理的重要组成部分，不仅涉及财产安全、人身安全，执行国家的治安保卫管理法规和政策，同时也是仓库履行仓储合同义务的组成部分，降低和防止经营风险的手段。只有治安保卫工作开展良好，才能确保企业的生产经营顺利进行，它也是仓库实现经营效益的保证。在生产效率和提高经营效益与安全保卫发生冲突时，要以治安保卫优先。仓库治安保卫管理的原则为：坚持预防为主、确保重点、严格管理、保障安全和谁主管谁负责。

第二节　库场消防

仓库消防管理的方针是“预防为主、防消结合”。重视预防火灾的管理，以不存在火灾隐患为管理目标。

仓库的消防管理工作包括仓库建设时的消防规划、消防管理组织、岗位消防责任、消防工作计划、消防设备配置和管理、消防检查和监督、消防日常管理、消防应急、消防演习等。

一、仓库火灾知识

（一）火灾的危害

仓库火灾是仓库的灾难性事故，不仅造成仓储货物的损害，还损毁仓库设施，燃烧和燃烧产生的有毒气体直接危及人身安全。仓库的物资存放密集，再加上机械、电气设备的大量使用，从而具有发生火灾的系统性缺陷。仓库的消防工作，是仓库安全管理的重中之重，也是长期的、细致的、不能疏忽的工作。

（二）燃烧三要素

火是燃烧的一种方式，一种剧烈的氧化反应。燃烧具有放热、发光和生成新物质三个特征。火的发生必须具备三要素，即可燃物、助燃物及着火源。

可燃物是指在常温条件下能燃烧的物质，包括一般植物性燃料、油脂、煤炭、蜡、硫磺、大多数的有机合成物等。

助燃物是指支持燃烧的物质，包括空气中的氧气、释放氧离子的氧化剂等。

着火源则是物质燃烧的热能源，主要有明火与明火星、电火、化学火和爆炸性火源、自燃、雷电与静电、聚光、撞击和摩擦、人为纵火破坏等。

1. 明火与明火星

明火与明火星包括生产、生活活动使用的炉火，灯火，气焊气割的乙炔火，火柴，打火机火焰，未熄灭的烟头、火柴梗的火星，车辆、内燃机械的排烟管火星，飘落的未熄灭的烟花爆竹等。

2. 电火

由于电线短路、用电超负荷、漏电引起的电路电火花，电器设备的电火花、电器设备升温等引起燃烧。

3. 化学火源和爆炸性火源

一些化学反应会释放大量热能，甚至直接发生火焰燃烧，从而引起火灾，如活泼轻金属遇水的反应和燃烧、硫化亚铁氧化燃烧、高锰酸钾与甘油混合燃烧等。具有爆炸危险的货物在遇到冲击、撞击或热源时，会发生爆炸引起火灾。一定浓度的易燃气体、易燃物的粉尘遇到火源也会发生爆炸。

4. 自燃

自燃是指物质自身温度的升高，达到自燃点时，无需外界火源，就发生燃烧的现象。容易发生自燃的物质有粮食谷物、煤炭、棉花、化纤、干草、鱼粉、部分化肥、油污的面纱等。

5. 雷电与静电

雷电是带有不同电荷的云团接近时瞬间放电而形成的电弧，电弧的高能量能引起可燃物燃烧。静电则是因为摩擦、感应使物体表面电子大量集结，向外以电弧的方式传导的现象，同样也能使易燃物燃烧。液体容器、传输液体的管道、工作中的电器、运转的输送带、高压电气、强无线电波等都会产生静电。

6. 聚光

太阳光的直接照射会使物体表面温度升高，如果将太阳光聚合，形成强烈的光束就会使易燃物升温而燃烧。玻璃的折射、镜面的发射光都可能出现聚光现象。

7. 撞击和摩擦

金属或者其他坚硬的非金属，在撞击时会产生火花，引起附近易燃物的燃烧。物体长时间摩擦也会升温导致燃烧。

8. 人为纵火破坏

人为恶意将火源引入仓库所造成的火灾。人为故意引火构成纵火罪，纵火人要受到刑事处罚。

（三）仓库火灾的种类

对火灾进行分类是为了有效防止火灾的发生和有针对性地灭火，具体的种类如下。

1. 普通火

普通火指普通可燃固体燃烧所引发的火灾，如木料、棉花、化纤、煤炭等。普通火虽然燃烧扩散较慢，但燃烧较深入，货堆内部都在燃烧。灭火后重燃的可能性极高。普通火较适合用水扑灭。

2. 油类火

油类火指各种油类、油脂发生燃烧所引起的火灾。油类属于易燃品，易燃烧，且还具有流动性，着火的油流动，会迅速扩大着火范围。油类轻于水，会漂浮在水面，随水流动，因此不能用水灭火，只能用泡沫、干粉等灭火。矿油类应储藏在专用的油库中，普通仓库中不得存放矿油类物品，但普通仓库中可存放独立包装的食用油。

3. 电气火

电气火指电器、供电系统漏电所引起的火灾，以及具有供电设备的仓库发生的火灾。其特征是在火场中还有供电存在，有触电的危险；另外由于供电系统的传导，还会有电路的其他地方产生电火源，因而发生火灾后，要迅速切断供电，采用其他安全方式照明。

4. 爆炸性火灾

爆炸性火灾指具有爆炸性的货物发生的火灾，或者火场内存在爆炸性物品，如易发生化学爆炸的危险品，会发生物理爆炸的密闭容器等。爆炸不仅会加剧火势扩大燃烧范围，更危险的是会直接对人的生命造成伤害。发生这类火灾首要的工作是保证人身安全，迅速撤离人员至安全地带。

仓库根据需要可以组织专职消防机构和消防队伍，承担仓库消防工作的管理支持、检查和督促、应急消防、员工消防培训、消防值班、公共场所的消防管理、仓库消防设备管理和维护工作。同时组织兼职消防队伍，承办各工作部门的消防工作，检查所在部门的消防工作，及时发现消防隐患。

二、防火与灭火方法

可燃物、助燃物、着火源（温度）共同作用才能发生燃烧，缺少一个要素都不能形成火灾。防火工作就是使三者分离，不互相发生作用。灭火的方法是围绕着这个原理进行的，即将其中一种或两种要素分离进行灭火。

（一）防火方法

1. 控制可燃物

通过减少或不使用可燃物或将可燃物质进行难燃处理来防止火灾。如仓库建筑采用不燃材料建设，使用难燃电气材料等；易燃货物使用难燃包装，用难燃材料苫盖可燃物等。此外通风可使可燃气体及时排出，洒水可减少可燃物扬尘。

2. 隔绝助燃物

对于易燃品，采取封闭、抽真空、充填惰性气体、不燃液体浸泡等方式储存，或表面涂刷不燃漆、不燃涂料的方式，使易燃物不与空气直接接触，以防止燃烧。

3. 消除着火源

通过使着火源不在仓库内出现来实现防火的目的。由于仓库不可避免地会储藏可燃物，而隔绝空气的操作需要较高的成本，所以仓库防火的核心就是防止着火源。消除着火源也是灭火的基本方法。

（二）灭火方法

灭火是可燃物已发生燃烧时，为终止燃烧所采取的措施。

1. 冷却法

冷却法将燃烧物的温度降低到燃点以下，使之不能汽化，从而阻止燃烧。常用的冷却法有用大量冷水、干冰等降温。

2. 窒息法

窒息法能使火附近的氧气含量减少，使燃烧不能继续。窒息法有封闭窒息法，如将燃烧间密闭；充注不燃气体窒息法，如充注二氧化碳、水蒸气等；不燃物掩盖窒息法，如用黄沙、惰性泡沫、湿棉被等覆盖着火物。

3. 隔绝法

隔绝法是指将可燃物减少、隔离的方法。当发生燃烧时，将未着火的货物搬离，从而避免火势扩大。隔绝法是灭火的基本原则，一方面减少货物受损，另一方面能控制火势。当发生火灾时，首要的工作就是将火场附近的可燃物搬离或者用难燃材料隔离。

4. 化学抑制法

化学抑制法是通过多种化学物质在燃烧物上的化学反应，产生降温、绝氧等效果消除燃烧。

5. 综合灭火法

火灾的危害性极大，而且当火势凶猛时，基本无法控制。发生火灾时要及时采取各种能够采用的灭火方式共同进行，提高灭火的能力。如封闭库房和库外喷水降温同时进行，货场搬离附近货物的隔绝法和释放灭火剂同时进行；在共同使用多种灭火方式时，要注意避免所采用的手段互相干扰，降低灭火效果。如采用泡沫灭火时，不能用水冲，除非有大量的水源可代替不足的泡沫；酸性灭火剂不能与碱性灭火剂共同使用。另外还得防止造成人员伤害，如释放惰性气体时，必须先把现场人员撤离。

三、常用的灭火器（剂）及使用的方法

（一）灭火器

灭火器是一些轻便的容器，内装灭火剂。发生火灾时，使用灭火器内的灭火剂扑灭火源。灭火器布置在仓库的各个出入口附近位置，是应急灭火的最重要的灭火器材。

灭火器根据容器内盛装的灭火剂命名，分为清水灭火器、泡沫灭火器、二氧化碳灭火器、干粉灭火器、1211 灭火器等。不同的灭火器有针对性地使用，才能起到安全灭火的目的。

（二）灭火剂

1. 水

水是最常用的灭火剂，能起到降温冷却、隔绝空气、冲击火焰的灭火作用。除了电

气火灾、油和轻于水且不溶于水的液体及碱金属外，其他火灾都可以用水扑灭。

2. 泡沫

泡沫又分为化学泡沫和空气泡沫。由于泡沫较轻，可覆盖在可燃物表面，起着阻隔空气的作用，从而使燃烧终止。泡沫主要用于油类火灾，也可以用于普通火灾的灭火。

3. 二氧化碳

二氧化碳又称为干冰灭火器。利用液态的二氧化碳在汽化时大量吸热，造成降温冷却，以及二氧化碳本身的窒息作用灭火。二氧化碳最适用于电器设备、气体，以及办公地点、封闭仓室的灭火。二氧化碳及时汽化，不留痕迹，不会损坏未燃烧的物品。但二氧化碳对人体同样具有窒息作用，在使用时要注意人员的防冻和防窒息。

4. 干粉

干粉是指如碳酸氢钠粉等干燥、易流动、不燃、不结块的粉末，主要起着覆盖窒息的作用，还能减少燃烧液体的流动。干粉在使用后也容易清洁，不污染燃烧物。

5. 卤代烷 1211

“1211”即二氟一氯一溴甲烷，是一种无色透明的不燃绝缘液体，通过氮气高压存储在高压钢瓶内。灭火时对着火物释放，通过降温、隔绝空气、形成不燃覆盖层灭火。其灭火效率极高，比二氧化碳高 3 ~ 4 倍，适合于油类火灾、电气火灾的扑灭。由于 1211 在高温中会产生有毒气体，已被逐步限制使用，在小型灭火器中还有一定的使用，将逐步被新的化合物替代，如 1301 等。

6. 沙土

对于小面积火灾，使用沙土覆盖灭火是一种有效的手段。由于沙土本身不燃，且较为沉重，所以其具有较好的覆盖能力，适合于氧化剂、酸碱性物质、遇水燃烧物质的灭火，同时沙土能吸附液体，阻止液体流动，也是扑灭液体火灾的重要材料。

（三）常见灭火器的使用

1. 干粉灭火器

在距离燃烧处上风向三米处，放下灭火器，一手紧握喷枪，另一手拔开气瓶把手上的保险销，根据气瓶结构的不同提起提环、压下把手或者拧开手轮，随即提起灭火器。当干粉喷出后，对准火焰的根部扫射，逐步前移。扫射移动速度不应太快，不能对着火焰中心喷射，以免火焰扩散。

2. 泡沫灭火器

现在主要使用的是机械泡沫灭火器，采取储压喷射的方式。在距离燃烧物三米外，拔出手把上的保险销，一手持泡沫喷嘴，另一手握紧开启把手，打开密封或刺穿储气瓶密封片，空气泡沫即可从喷嘴喷出。传统使用的酸碱泡沫灭火器，则是在到达灭火位置时，双手将灭火器颠倒摇动，使泡沫从喷口喷出。喷射的泡沫是不能直接喷射在燃烧的液体表面的，应经一定缓冲后（容器内壁等），流动堆积在燃烧液体表面。

3. 二氧化碳灭火器

二氧化碳灭火器的操作方法与干粉灭火器相同（均为储压式气瓶）。灭火时的喷口（喇叭口）应顺风在火焰侧面从上朝下喷射，保持一定的角度。使用干冰（液化二氧化碳）灭火器时，手只能持喇叭筒上的把手，不能直接持软管和喇叭筒，以免冻伤。

四、禁止用水灭火的情况

水能灭火，但也不是万能的，不是什么物质的火灾都能用水扑灭。用水灭火也有一定范围，以下四种物质的火灾不能用水扑救。

（1）比水轻的易燃液体火灾，如汽油、煤油等的火灾，不能用水扑灭。因为水比油的比重大，油浮于水面之上仍能继续燃烧。

（2）容易被损坏的物质，如图书，档案和精密仪器等不能用水扑救。

（3）对于高压电器火灾是不能用水扑救的，因为水具有一定的导电性。

（4）与水起化学反应，分解出可燃气体或产生大量热能的物质，如钾、钠、钙、镁等轻金属和电石等物质的火灾，禁止使用水扑救。

五、仓库防火

（一）严格把关、严禁将火种带入仓库

库区内严禁吸烟、严禁用明火炉取暖。存货仓库内严禁明火作业。库房内不准设置和使用移动式照明灯具。库房内不得使用电炉、电烙铁等电热器具和电视机、电冰箱等家用电器。库房不得作为办公场所和休息室。

（二）严格管理库区明火

库房外使用明火作业，必须按章进行，在消除可能发生火灾的条件下，经主管批准，在专人监督下进行，明火作业后彻底消除明火残迹。库区内的取暖、烧水炉应设置在安全地点，并有专人看管。库区及周围50米范围内，严禁燃放烟花爆竹。

（三）电气设备防火

库区内的供电系统和电器应经常检查，发现老化、损害、绝缘不良时，及时更换。每个库房应该在库房外单独安装开关箱，保管人员离库时，必须拉开电闸断电。使用低温照明的不能改为高温灯具、防爆灯具不得改用普通灯具。

（四）作业机械防火

进入库区的内燃机械必须安装防火罩，电动车要装设防火星溅出装置。蒸汽机车要关闭灰箱和送风器。车辆装卸货物后，不准在库区、库房、货场内停放，更不得在库内

修理。作业设备会产生火花的部位要设置防护罩。

（五）入库作业防火

装卸搬运作业时，作业人员不得违章采用滚动、滑动、翻滚、撬动的方式作业，不使用容易产生火花的工具，避免跌落、撞击货物。对容易产生静电的作业，要采取消除静电的措施。货物入库前，要专人负责检查，确定无火种隐患后，如无升温发热、燃烧痕迹、焦味等，方准入库。对已升温的货物，采取降温措施后才能入库。

（六）选择安全货位

货物要分类、分垛储存。对于会发生化学反应的货物应间隔较远，消防特性不同的货物不得同仓储存。根据货物的消防特性选择合适的货位，如低温位置、通风位置、光照位置、方便检查位置、干燥位置、少作业位置等。

（七）保留足够安全间距

货垛大小合适，间距符合要求。堆场堆垛应当分类、分堆、分组和分垛，按照防火规范中防火距离的要求保留间距。库房内按类分垛，每垛占地面积不宜大于100平方米垛间距不少于1米，垛与墙间距不少于0.5米，垛与梁、柱的间距不小于0.3米，货垛与水暖取暖管道、散热器间距不小于0.3米，库内主要通道的宽度不小于2米。在照明灯具下方不得堆放物品，其垂线下方与存货品间距不得小于0.5米，电器设备周围间距保留1.5米，架空线路下方严禁堆放货物，不得占用消防通道、疏散楼梯存放货物和其他物品，不得围堵消防器材。

（八）货物防火保管

对已入库货物的防火保管是仓库保管的重要工作，仓库管理人员应经常检查仓库内的防火情况，按防火规程实施防火作业。经常检查易自燃货物的温度，做好仓库通风，对货场存放较久的货物应经常掀开部分苫盖通风除湿。气温高时对易燃液体、易燃气体洒水降温。烈日中苫盖好货物，阻止阳光直射进入仓库或反射进入仓库照射货物。经常查看电气设备工作状态，及时发现不良情况。仓库保管中发现不安全情况及时报告，迅速采取有效措施，消除隐患。

（九）及时处理易燃杂物

对于仓库作业中使用过的油污棉纱、油手套、油污垫料等沾油纤维、可燃包装、残料等，应当存放在库外的安全地点，如封闭铁桶、铁箱内，并定期处理。

仓库作业完毕，应当对仓库、通道、作业线路、货垛边进行清理清扫，对库区、库房进行检查，确定安全后，方可离人。

（十）危险品库的防火

危险品库对消防工作有更高的要求，严禁一切火源入库，汽车、拖拉机不得进入，仓库内使用防爆作业设备和防爆电气，特别危险的危险仓不接入电，工作人员穿戴防静电服装作业，且不得在库内停留。

第三节　仓储生产安全

一、现代仓储安全管理的意义

仓储安全管理是其他工作的前提和基础。仓库是商品重要的集散地，也是储藏和保管商品的场所，其价值和使用价值均很高，一旦发生火灾或爆炸等严重事故，不仅仓库和设施可能被损坏，而且仓库中的商品也将被损坏。因此，仓库的安全工作应该位于一切管理工作的首位，并始终贯穿于仓储的全过程。

二、仓库货物作业的安全特性

（一）仓库作业对象的多样性

除少数专业仓库从事单一的货物作业外，绝大多数仓库仓储的货物都是种类众多、规格繁多，仓库需面对多种多样的货物作业。为了降低物流成本，货物的包装都在向着大型化、成组化、托盘化、集装化方向发展。但由于我国的包装标准化普及程度较低，各种货物的包装尺度、质量差别很大。

（二）作业场地的多变性

仓库作业除了部分配送中心、危险品仓库在确定的收发货区进行装卸外，大多数仓库是直接在库房门口或仓内、货场货位进行装卸作业，搬运作业延伸至整个仓库的每一个位置，仓库作业的环境极不确定。

（三）机械作业与人力作业并重

我国现代仓库的发展主要是普及机械化作业，但仓库作业的多样和多变使得人力作业不可缺少，仓库的机械作业主要采用通用机械设备，并需要一定的人力协助。通用机械作业的稳定性较差，而人力作业容易直接造成人身伤害。

（四）突发性和不均衡性

仓库作业量视货物出入库而定。货物到库，仓库组织卸车搬运、堆垛作业，客户提货则进行拆垛、搬运装车作业。由于货物出入库的不均衡性，仓库作业也就具有阶段性和突发性的特性，闲忙不均。

（五）任务紧迫性

为了缩短送提货运输时间，迅速将货物归类储藏，仓库作业不能间断。每次作业都要完成阶段性作业。

（六）货物不规范

随着仓储开展提供增值服务热潮，越来越多的货物以未包装、内包装、散件、混件的形式入库，极易发生货物损害。

三、仓库安全作业的内容

仓库作业安全涉及货物的安全、作业人员人身的安全、作业设备和仓库设施的安全。这些安全事项都是仓库的责任范围，所造成的损失100%由仓库承担。因而，仓储作业安全管理就是经济效益管理的组成部分。仓库需要特别重视作业安全管理，特别要重视作业安全预防管理，避免发生作业安全事故。正确认识生产效率与安全作业的关系，生产效率的提高要建立在安全作业的基础上。作业安全管理从作业设备和场所、作业人员两方面管理。

（一）安全操作管理制度化

安全操作管理应成为仓库日常管理的重要项目。通过制度化的管理保证管理的效果，制定科学合理的各种作业安全制度、操作规程和安全责任制度。并通过严格的监督，确保管理制度得以有效和充分的执行。

（二）加强劳动安全保护

劳动安全保护包括直接和间接施行于员工人身的保护措施。仓库要遵守《中华人民共和国劳动法》的劳动时间和休息规定，每日8小时、每周不超过44小时的工时制，依法安排加班，保证员工有足够的休息时间，包括合适的工间休息；提供合适和足够的劳动防护用品，如高强度工作鞋、安全帽、手套、工作服等，并督促作业人员使用和穿戴。

采用具有较高安全系数的作业设备、作业机械，作业工具应符合作业要求。作业场地必须具有通风、照明、防滑、保暖等适合作业的条件。不进行冒险作业和不安全环境的作业，在大风、雨雪影响作业时暂缓作业，避免人员带伤（病）作业。

（三）重视作业人员资质管理、业务培训和安全教育

新参加仓库工作和转岗的员工，应进行仓库安全教育，对所从事的作业进行安全作业和操作培训，确保熟练掌握岗位的安全作业技能和规范。从事特种作业的员工必须经过专门培训并取得特种作业资格方可进行作业，且仅能从事其资格证书限定的作业项目操作，不能混岗作业。

安全作业宣传和教育是仓库的长期性工作，作业安全检查是仓库安全作业管理的日常性工作，通过不断地宣传、严格地检查，严厉地对违章和忽视安全的行为进行惩罚，强化作业人员的安全责任心。

现代仓储的机械化、自动化程度日益提高，为避免在各类作业过程中发生事故、伤害职工，需采取一系列安全技术措施，并遵循相应的安全技术操作规范。

四、仓库安全作业的组织管理

仓库安全作业的组织管理要求由仓库领导负责仓库安全工作，建立和健全仓库作业各岗位的安全操作制度和规程及各级安全生产责任制度，并建立相应的定期安全检查制度。

（一）安全检查的内容

1. 检查思想

首先，检查仓库与班组领导是否已建立并增强了安全作业的观念，是否巩固了全体职工“安全第一”的思想；其次，检查领导是否关心职工、设备、库存商品的安全，是否坚决贯彻安全生产方针、政策、法规，是否贯彻安全教育制度；最后，检查领导是否把安全生产放到议事日程上来。

2. 检查隐患

检查隐患主要是深入仓库生产作业现场，检查生产工人操作的劳动条件是否符合作业规定，操作程序是否符合相应规程；各种机械设备和电气设备是否符合安全标准；商品堆放是否稳固，有无倒塌，是否符合作业要求；储油库、化工储罐、剧毒品、放射性商品是否严格管理等。

3. 检查管理

检查管理主要检查仓库作业各岗位的安全操作制度和规程是否都已建立、健全，贯彻落实的情况如何；劳动防护用品是否按规定发放、员工是否按照规定使用；各级安全生产责任制度贯彻落实的情况如何；对仓库事故、伤亡报告、统计和处理是否按法规认真执行等等。

（二）安全检查的形式

1. 定期全面安全检查

一般在重大的节假日前，仓库领导均要组织人员进行一次全面安全检查，如劳动节、国庆节、元旦、春节等。

2. 经常性安全检查

经常性安全检查主要包括日查、周查、月查、季查等，一般由各部门、库房、班组、保管员、生产工人进行的日常规范性的例行安全检查。

3. 专业性安全检查

这种检查以专业部门为主，组织有关专业人员进行专门检查。检查的重点是：电气设备、机械设备，易燃易爆品储存的作业环境，有毒、有放射性物品的安全作业等。

4. 季节性安全检查

季节性安全检查主要根据各季节的特点进行的安全检查，如盛夏的防暑降温、梅雨季节的用电安全、冬天的防寒保暖、台风季节的防台防汛等。这种检查的特点是季节性强，需采取有针对性的措施，以便及时预防和控制事故的发生。

5. 临时性安全检查

这种检查是在将要发生某种自然灾害、重大疫情之前，如洪水、雷电、暴风雨、地震、非典、禽流感等，或自然灾害发生后，由上级领导部门或仓库领导组织的临时性的安全检查。

五、仓库事故处理

（一）仓库事故的特征

仓库事故是由管理人员与商品之间或环境与商品之间发生了异常的接触或影响的结果。仓库事故的发生是由多方面因素造成的，仓库一旦发生事故，就会带来不应有的损失或产生不良的社会影响，主要表现为物品直接受损（如爆炸、设备损坏等）、人员伤亡、信息失控等。仓库事故的发生具有一定的规律性，它总是由于内部和外部条件的影响而发生的。从仓库管理工作的本质特征来看，仓库事故具有如下特征。

1. 损害性

仓库事故发生后都不同程度地带来损失或产生不良的社会影响，应根据具有权威性部门制定的相关标准及有关文件，确认事故损失，区分事故等级。

2. 多因素性

仓库事故的发生是由多种因素共同作用的结果。仓库作业的各个环节及人员等，如果未严格按操作规程进行相关的作业，均可引发事故。因此，在仓库工作中应加强各影响因素的管理，以避免或减少事故的发生。

3. 偶然性

仓库事故的发生往往是由于人为过失、设备故障、突如其来的外界干扰等事件意外发生而导致的，因此，具有偶然性。在仓库管理工作中，应从偶然的事故中发现必然，从而研究事故发生的规律，总结经验，吸取教训。

（二）仓库事故的分类

由于事故发生的性质、原因、后果、责任的不同，可将其划分为不同的种类或等级。

1. 按照事故的性质分

（1）政治事故。有政治目的或私欲的有意识的破坏活动，而导致爆炸、燃烧、偷盗等事故的发生，造成极坏的政治影响。

（2）责任事故。由于收发、门卫、操作等工作的失误或责任心不强而导致数量差错、商品变质、损坏、丢失或电路起火等事故的发生。又可分为业务责任事故和行政责任事故。前者是指业务人员在组织作业时，使商品受损的事故；后者是指非专业人员组织作业时发生的事故。

（3）技术事故。由于缺乏业务知识，在作业过程中，员工操作不规范或设施设备的技术原因造成的损失。

（4）产品质量事故。由于产品设计结构不合理、生产工序工艺存在严重质量隐患，使其在使用中，发生失效、自燃、自爆等事故。

（5）自然事故。由于不可抗力如洪水、雷电、地震、滑坡等原因造成的仓库物资受损事故。

2. 按照事故的后果分类

（1）人员伤亡事故。伤亡事故按伤害后果或丧失劳动能力程度可分为死亡、永久性全部丧失劳动能力、永久性部分丧失劳动能力和暂时性丧失劳动能力。

（2）经济损失事故。经济损失有人身伤亡支出的费用、善后处理费用、财产损失等直接经济损失和工作日损失、处理环境污染的费用等间接经济损失两种。按事故经济损失的严重程度可分为一般损失事故、较大损失事故、重大损失事故和特大损失事故。

3. 按照事故的等级分类

事故等级是根据事故造成损失的严重程度或对社会的影响程度进行划分的，一般可划分为一等事故、二等事故、三等事故、四等事故和五等事故。

（三）仓库事故的处理

仓库事故的发生是由各种原因引起的，归纳起来主要是两大因素作用的结果：人的不安全行为和物品的不安全状态。仓库事故发生后应组织事故调查小组，根据事故的性质、后果拟订调查计划，确定调查步骤，做好调查记录，采用科学的方法对事故的萌芽、产生、发展、后果四阶段进行分析。并严格按照事故责任确定的原则，确定责任类别（全部责任、主要责任、一定责任和领导责任），而后进行处理。

1. 相关人员的处理

事故相关人员主要有事故中伤亡人员、责任人、有功人员。根据相关的抚慰政策对事故中伤亡人员给予妥善地安置和处理；依照相关法律、规章和纪律的有关规定，据其责任轻重，对责任人予以处罚或处理；按照有关规定对事故中表现突出的有功人员进行表彰和奖励。

2. 事故损失的处理

仓库事故发生后，会造成不同程度的损失。应按照有关的规定和程序进行处理：可修复的，制订计划报请有关部门批准，予以修复；报废的，报请有关部门审批；涉及责任人的应按相关规定进行赔偿；已入保险的，向保险公司进行索赔。

3. 总结教训

事故发生后，应认真总结教训。据事故发生的原因、后果及各种影响因素，进行分析、总结，找出薄弱环节，提出相应改进措施，不断提高认识，以便更好地指导今后的工作。

4. 建立预警机制

在总结教训的基础上，有针对性地采取防范措施，提出预防事故的目标和要求，制定有关的规章制度，加强人员的思想教育，提高安全防范使得各项措施落到实处，一旦发生事故，能够及时应对。

仓库发生事故后应建立、健全事故报告制度，使得上级业务部门及时了解情况，掌握动态。依据相关资料进行分析，为安全决策提供依据。事故报告的程序一般可分为首次报告、后续报告和调查报告三个阶段。事故报告是事故处理的凭证、复审考核的依据，也是进行事故统计分析的最原始资料。

【本章小结】

仓库安全管理是其他工作的前提和基础。仓库是商品重要的集散地，也是储藏和保管商品的场所，其价值和使用价值均很高，一旦发生火灾或爆炸等严重事故，不仅仓库和设施可能被损坏，而且仓库中的商品也将被损坏。因此，仓库的安全工作应该位于一切管理工作的首位，并始终贯穿于整个仓储的全过程。仓库安全消防工作是仓库安全管理的重中之重，是长期的、细致的、不能疏忽的工作。仓库安全作业是指在商品进出仓库装卸、搬运、储存、保管过程中，为了防止和消除伤亡事故，保障职工安全和减轻繁重的体力劳动而采取的措施，它直接关系到职工的人身安全和生产安全。

【案例学习】

深圳安贸危险品储运公司清水河仓库火灾

深圳市安贸危险品储运公司（以下简称安贸公司），是中国对外贸易开发集团公司所属的中贸集团储运公司与深圳市危险品公司的联营单位，位于罗湖区清水河，与市区一山之隔，距国贸大厦直线距离仅四千米。清水河库区共有10栋仓库，主要贮存硝酸铵、碳酸钡、高锰酸钾、过硫酸钠、漂白粉、染料、甲苯、乙酯、二甲苯、硫酸钠、火柴、打火机、双氧水等危险品。

起火经过和扑救情况

1993年8月5日13时，清水河4号仓库突然发生大火。库内的工人发现火情后奋力扑救。13时15分，一名保安员疯跑到笋岗消防中队报警。笋岗消防中队立即出动3辆消防车、10余名干部赶赴现场。刚到清水河路口时，4号库发生了爆炸。很快，市区上步、罗湖、田贝、福田4个消防中队的14辆消防车赶到现场。又急令沙头角、南头、宝安、蛇口等6个公安消防队与专职消防队的13辆消防车前去增援。紧接着又调宝安、龙岗两区各镇村和机场的42个专职消防队参战。临时火场指挥部命令兵分三路，一路抢救第一次爆炸死伤的人员；一路重点消灭爆炸起火的4号仓库，阻止向双氧水库蔓延的火势；一路用水冷却液化石油气库、汽油柴油库。14时25分，6号库发生了爆炸。由于各种化学危险品混存，遇水熄灭的物质和遇水加剧燃烧的物质混在一起，灭火的效果不大，火势越来越猛，导致连续爆炸，爆炸又使火灾迅速蔓延。广东省公安消防部队请示广东省委调派了广州、珠海、佛山、惠州、东莞等10个市消防支队的80多辆消防车前来增援。在火场灭火指挥部统一部署下，采取了“先控制，后消灭”、“救人重于灭火”的战术，于19时50分将大火控制。在这过程中，共发生2次大爆炸和7次小爆炸，有18处起火燃烧。经数千名解放军指战员、武警官兵、公安民警、消防民警16小时的艰苦奋战，于6日7时30分将大火基本扑灭，于8日22时彻底扑灭残火。

火灾损失

火灾造成18人死亡，136人重伤，烧毁、炸毁建筑物面积39 000平方米和大量化学物品，直接经济损失2.5亿元。

火灾原因

火灾是由于安贸公司危险品4号仓库内的硫化钠、硝酸铵、高锰酸钾、过硫酸铵等化学危险品混储，引起化学反应造成的。

主要教训

（一）违反消防法规，丙类物品仓库当甲类物品仓库使用

1987年5月30日，中贸发储运公司持北京有色冶金设计研究院设计的图纸，以丙类杂品干货仓库使用性质向深圳市消防支队报请建筑防火审核。根据当时的规划，主要安排存放一些影响市容和有污染的项目，仓库初期主要存放丙类货物，有散装水泥库、煤场、木材场、其他丙类干货。1989年该仓库部分库房改储危险品，1号仓库租给中芙石油化工有限公司作为双氧水厂。1990年9月中贸发储运公司与深圳市爆炸危险品服务中心联合成立深圳市安贸危险品储运公司，该库区10栋仓房，安贸公司将2～8号仓库用于储存化学危险物品，清水河仓库则成为深圳市最大的化学危险品储存中心，改变使用性质后，该仓库违反了消防规范要求。一是仓库位置处于市区，危及城市安全，违反《建筑设计防火规范》、《化学危险安全管理条例》、《仓库防火安全管理规则》等。仓库周围有居民区，相距100多米处有深圳四家公司的液化气库和油库，这种环境显然不符合规范要求。二是该仓库改储甲、乙类物品后，库区建筑防火间距不符合规范要求。更有甚者，安贸公司在防火间距中私自搭建了3号仓和6号仓，使单体仓变成了连体仓，成为违章建筑。三是消防设施达不到要求。该仓库改为危险品仓库后，没有改善消防供水设施，消防储水池无水、消火栓不出水，又没配置必要的灭火器材。8月5日发生火灾后，无法扑救初期火灾，使火势蔓延导致爆炸。

（二）消防安全管理工作不落实

清水河仓库改为化学危险品储运仓后，安全管理工作没有及时到位。作为一个危险场所，没有按消防十项标准的要求搞好消防工作，安全管理较为混乱。第一，防火安全干部消防安全素质差，对仓库违章现象没能及时发现、及时纠正，自防能力弱，使消防安全失控。第二，化学危险品进库没有进行安全检查和技术监督，账目不清。发生火灾爆炸的第三天，安贸公司靠各仓管员回忆，才列出部分物品清单，还有大量化学危险品无法列出清单。由于安全制度不健全，化学危险品乱放、混储的现象就不可避免，易燃、易爆、腐蚀、有毒的化学危险品同库堆放，毗邻储存。如该仓库发生第一次爆炸的4号仓库内有过硫酸铵（一级氧化剂）40吨，硫化钠（一级碱性腐蚀品）60吨，高锰酸钾（一级氧化剂）10吨、碳酸钡（一级有机毒害品）60吨、火柴3000箱、多孔硝酸铵65吨等；发生第二次大爆炸的6号仓库内有硫化钠：60吨、硫磺15.7吨、甲苯4吨、乙酯60吨、碳酸钡60吨、多孔硝酸铵48吨、保险粉2吨、甲酸甲酯4吨、磷酸60吨、亚硝酸钠60吨、酒精土2吨、氢氧化钾40吨。如此严重违反安全规章，将不能混储的化学危险品混放在一起，发生事故就在所难免了。第三，该仓库搬运工和部分仓储保管员是外来临时工，上岗前没经过必要的培训，文化素质较低，不懂各类化学危险品的性质，平时不能做好消防安全工作，发生火灾后又不能采取有效措施控制火势，使小火酿成大灾。第四，没有消防应急预案，发生火灾后，不但没有自救能力，而且不能积极配合消防队展开灭火战斗，致使公安和消防人员在灭火战斗中付出惨痛代价。

（三）拒绝消防监督部门提出的整改意见，对隐患久拖不改

1989年9月，深圳市消防支队两次检查该仓库时，发现6号仓库有甲、乙类物品，发出书面意见书要求整改。1990年4月30日，深圳市消防支队对该仓库建筑进行验收，只有1~5号库房合格发放了合格证，6号库房没有发放甲类物品存放合格证，但该公司仍照常使用。1991年2月13日消防支队到该仓库防火检查，发现该仓库储存大量甲、乙类物品，要求搬迁，安贸公司负责人以种种借口拖延不搬。1999年3月21日消防支队对该仓库进行检查后又发出《火险隐患整改通知书》，提出九条整改意见，要求在4月10日前整改完毕，但安贸公司置若罔闻，仍没有进行整改。安贸公司多次对消防监督部门意见置之不理的行为，有关部门对安贸公司不作任何处理，且消防执法还受到行政干预。

（四）消防基础设施、技术装备与扑救特大火灾不适应

深圳市是缺水的城市，清水河地区更是缺水区，安贸公司仓库区虽然有消火栓，但压力达不到国家消防技术标准的规定。发生火灾后，靠消防车运水灭火，远水救不了近火。消防队伍的装备也较落后，缺少隔热服和防毒面具，有些消防车已接近或到了退役年限，机件已老化，在灭火中常出故障，编制警力也严重不足。

思考题：我们从中得到了哪些教训？

问题与思考

1. 仓库治安管理有哪些内容？仓库如何组织治安管理工作？
2. 什么是火灾的三要素？仓库有哪些主要的着火源？
3. 仓库火灾有哪些类别？
4. 仓库如何防火和灭火？常用哪些消防灭火设备？如何使用常用灭火器？
5. 仓库须遵循怎样的消防管理方针，采取怎样的组织和管理原则？
6. 仓储作业有怎样的安全特性？如何开展仓库安全作业管理？
7. 怎样做到仓库安全作业？

【实践技能训练】

要求学生选择一家配送中心，了解该中心的治安管理条例。检查该中心有哪些火灾隐患并提出适当的修正方案。分析该配送中心的消防管理工作中的优缺点，要求学生完成实践总结报告。

问题与思考

【实践技能训练】

第九章　现代仓储信息技术

■ 知识目标

1. 了解条码技术的基本概念和分类。
2. 掌握条码技术在仓储管理中的应用。
3. 熟悉仓储管理系统的构成。
4. 掌握 RFID 的概念、特点、种类及构成。
5. 掌握 JIT 的基本原理。

■ 能力目标

1. 能够在仓储管理中使用条码。
2. 分析仓储管理系统在仓储管理中的应用。
3. 理解并分析 JIT 在企业中的实施应用。

第一节　条码技术及其应用

条码（Bar Code）技术是在计算机应用中产生并发展起来的，广泛应用于商业、邮政、图书管理、仓储、工业生产过程控制、交通等领域的一种自动识别技术，具有输入速度快、成本低、可靠性强等优点，在当今的自动识别技术中占有重要的地位。条码技术在仓储业的自动化立体仓库中发挥着重要作用，特别是对于小型物品的管理和入库不均衡的物品管理更显示出其优越性。

一、条码技术概述

（一）条码的基本概念

1. 条码

条码是由一组规则排列的条、空以及对应的字符组成的标记，“条”是指对光线反射率较低的部分，“空”是指对光线反射率较高的部分，这些“条”和“空”组成的数据表达一定的信息，并能够被特定的设备识读，转换成与计算机兼容的二进制和十进制信息。

2. 码制

“条”和“空”的安排方式称作符号法，符号法有多种。条码的码制是指条码符号的类型，每种类型的条码符号都是由符合特定编码规则的条和空组合而成的。常用的一维条码的码制包括 EAN 码、39 码、25 码、UPC 码、128 码、93 码及 Codabar（库德巴）码等。下面对这些条码进行简单介绍。

（1）UPC 条码由美国统一代码委员会制定，主要在北美地区使用。

（2）EAN 条码是国际通用符号体系，是一种定长、无含义的条码，主要用于商品标识。

（3）39 码是一种带有自我检查功能的字母与数字相结合的条码，它可以提供不同的长度并有高度的资料保密效能，主要在工业、医药和政府部门中使用。

（4）128 码是可以代表所有的 ASCⅡ（ASCⅡ码使用指定的 7 位或 8 位二进制数组合来表示 128 或 256 种可能的字符）并有高密度和高度的资料保密效能。

（5）93 码是一种类似于 39 码的条码，密度较高，能够代替 39 码。

（6）25 码主要应用于包装、运输以及国际航空系统的机票顺序编码等。

（7）Codabar 码主要应用于血库、图书馆、包裹等的跟踪管理。

3. 条码字符集

条码字符集是指某种码制所表示的全部字符的集合。

4. 连续性与非连续性

条码符号的连续性是指每个条码字符之间不存在间隔，相反，非连续性是指每个条码字符之间存在间隔。

5. 定长条码与非定长条码

定长条码是指仅能表示固定字符个数的条码。非定长条码是指能表示可变字符个数的条码。例如，EAN/UPC 码是定长条码，它们的标准版仅能表示 12 个字符；39 码为非定长条码。

（二）条码的基本术语

为了方便对条码技术的理解，下面对条码技术中的一些基本术语进行解释。

表 9-1　条码的基本术语及解释

基本术语	具体解释
条码	由一组规则排列的条、空及其对应字符组成的标记，用来表示一定的信息
条码系统	由条码符号设计、制作及扫描识读组成的自动识别系统
条/空	条码中反射率较低的部分/条码中反射率较高的部分

（续表）

基本术语	具体解释
空白区	条码起始符、终止符两端外侧与空的反射率相同的限定区域
保护框	围绕条码且与条反射率相同的边或框
起始符	位于条码起始位置的若干条与空
终止符	位于条码终止位置的若干条与空
中间分隔符	位于条码中间位置用来分隔数据段的若干条与空
条码字符	表示一个字符的若干条与空
条码数据符	表示特定信息的条码字符
条码校验符	表示校验码的条码字符
条码填充符	不表示特定信息的条码字符
条高	垂直于单元宽度方向的条的高度尺寸
条宽	条码字符中的条的宽度尺寸
空宽	条码字符的中空的宽度尺寸
条宽比	条码中最宽条与最窄条的宽度比
条码长度	从条码起始符前缘到终止符后缘的长度
长高比	条码长度与条高的比
条码密度	单位长度的条码所表示的条码字符的个数
模块	模块组配编码法组成条码字符的基本单位
条码字符间隔	相邻条码字符间不表示特定信息且与空的反射率相同的区域
单元	构成条码字符的条或空
连续型条码	没有条码字符间隔的条码
非连续型条码	有条码字符间隔的条码
双向条码	左右两端均可作为扫描起点的条码
附加条码	表示附加信息的条码
自校验码	条码字符本身具有校验功能的条码
定长条码	条码字符个数固定的条码
非定长条码	条码字符个数不固定的条码

（续表）

基本术语	具体解释
条码字符集	某种条码所能表示的条码字符集合
UPC 码	美国统一代码委员会制定的一种代码，它是定长的、连续型的四种单元宽度的一维条码，包括 UPC-A 码和 UPC-E 码两种类型；表示的字符集：数字 0 ~ 9
供人识别字符	位于条码符的下方，与相应的条码字符相对应的、用于供人识别的字符

（三）条码的构成和分类

1. 条码的构成

一个完整的条码的组成次序依次为：空白区（前）、起始字符、数据字符、校验字符（可选）和终止字符，以及供人识读字符、空白区（后），具体内容如图 9-1 所示。

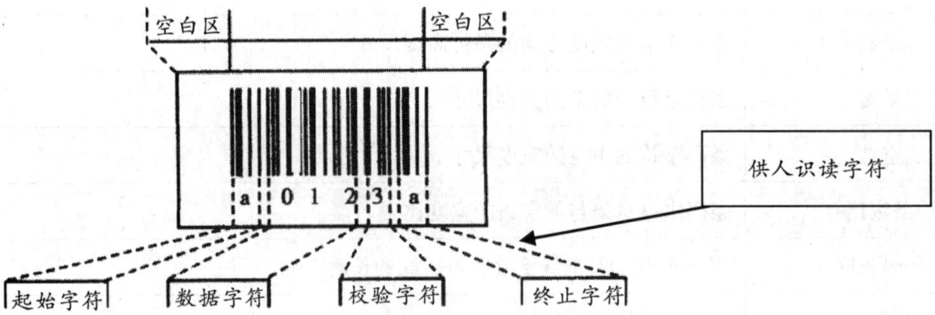

图 9-1　条码的构成

空白区是指条码左右两端外侧与空的反射率相同的限定区域，它能使阅读器进入准备阅读的状态，当两个条码相距较近时，空白区有助于对它们加以区分。起始字符、终止字符是指位于条码开始和结束的若干条与空，标志条码的开始和结束同时提供了码制识别信息和阅读方向的信息。数据字符是指位于条码中间的条、空结构，它包含条码所表达的特定信息。构成条码的基本单位是模块，模块是指条码中最窄的条或空。

2. 条码的分类

条码可分为一维条码和二维条码。

（1）一维条码。一维条码是通常我们所说的传统条码。一维条码按照应用可分为商品条码和物流条码。

商品条码是以直接向消费者销售的商品为对象，以单个商品为单位使用的条码。它由 13 位数字组成，最前面的两个数字表示国家或地区的代码，中国的代码是 69，接着的5个数字表示生产厂家的代码，其后的5个数字表示商品品种的代码，最后的1个数字用来防止机器发生误读错误。商品条码包括EAN码和UPC码。

物流条码是物流过程中以商品为对象、以集合包装商品为单位使用的条码。标准物流条码由14位数字组成，除了第1位数字之外其余13位数字代表的意思与商品条形码相同。物流条形码第1位数字表示物流识别代码。物流条码包括128码、ITF码、39码、Codabar码等。

（2）二维条码。一维条码所携带的信息量有限，如商品上的条码仅能容纳13位（EAN-13码）阿拉伯数字，更多的信息只能依赖商品数据库的支持，离开了预先建立的数据库，这种条码就没有意义了，因此在一定程度上也限制了条码的应用范围。基于这个原因，人们在20世纪90年代发明了二维条码。二维条码除了具有一维条码的优点之外，还有信息量大、可靠性高，保密、防伪性强等优点。

目前二维条码主要有PDF417码、Code49码、Code 16K码、Data Matrix码、MaxiCode码等，主要分为堆积或层排式，棋盘或矩阵式两大类。

二维条码作为一种新的信息存储和传递技术，从诞生之时就受到了国际社会的广泛关注。经过几年的努力，现已应用在国防、公共安全、交通运输、医疗保健、工业、商业、金融、海关、政府管理等多个领域。

二维条码依靠其庞大的信息携带量，能够把过去使用一维条码时存储于后台数据库中的信息包含在条码中，可以直接通过阅读条码得到相应的信息，并且二维条码还有错误修正技术及防伪功能，增加了数据的安全性。二维条码可把照片、指纹编制于其中，可有效地解决证件的可机读和防伪问题。因此，二维条码可广泛应用于护照、身份证、驾驶证、军人证、健康证、保险证等。美国亚利桑那州等十多个州的驾驶证、军人证、军人医疗证等已采用了PDF417技术。将证件上的个人信息及照片编制于二维条码中，不但可以实现身份证的自动识读，而且可以有效防止伪冒证件事件发生。菲律宾、埃及、巴林等许多国家也已在身份证或驾驶证上采用了二维条码技术，我国的香港护照上也采用了二维条码技术。另外在海关报关单、长途货运单、税务报表、保险登记表上也都有使用二维条码技术来解决数据输入及防止伪造、删改表格的例子。在我国部分地区注册会计师证和汽车销售及售后服务等方面，二维条码也得到了初步的应用。

（四）条码的优点

1. 可靠准确

据资料统计，键盘输入平均每300个字符会出现一个错误，而条形码输入平均每15 000个字符会出现一个错误，如果加上校验位出错率是千万分之一。

2. 数据输入速度快

采用键盘输入，一个每分钟打 90 个字的打字员 1.6 秒可输入 12 个字符或字符串，而使用条码识别，做同样的工作只需要 0.3 秒，速度提高了 5 倍。

3. 经济便宜

与其他自动化识别技术相比较，推广应用条码技术所需费用较低。

4. 灵活实用

条码符号作为一种识别手段可以单独使用，也可以和有关设备组成识别系统实现自动化识别，还可和其他控制设备联系起来实现整个系统的自动化管理。

5. 自由度大

识别装置与条码标签相对位置的自由度要比光学字符识别（Optical Character Recognition，OCR）大得多。条码通常只在一维方向上表达信息，而同一条码上所表达的信息完全相同并且连续，这样即使是标签有部分欠缺，仍可以从正常部分输入正确的信息。

6. 设备简单

条码符号识别设备结构简单，操作容易，无需专门训练。

7. 易于制作

可印刷，条码标签易于制作，对印刷技术设备和材料无特殊要求。

（五）条码的编码技术

条码是利用条纹和间隔或宽窄条纹（间隔）构成二进制的“0”和“1”，并以它们的组合来表示某个数字或字符，反映某种信息。由于计算机设备只能识别二进制数据，条码符号作为一种为计算机信息处理而提供的光电扫描信息图形符号，也应满足计算机二进制的要求。条码的编码方法就是要通过设计条码中条与空的排列组合来表示不同的二进制数据。

不同码制的条码在编码方式上有所不同，主要有宽度调节法和模块组合法。

按宽度调节法方式编码时，是以窄元素（条纹或间隔）表示逻辑值“0”，宽元素（条纹或间隔）表示逻辑值“1”。宽元素通常是窄元素的 2～3 倍。对于两个相邻的二进制数位，由条纹到间隔或由间隔到条纹，均存在着明显的印刷界限。39 码、Codabar 码以及常用的 25 码、交插 25 码均属宽度调节型条码。

按模块组合法方式编码时，条与空是由标准宽度的模块组合而成。一个标准宽度的条模块表示二进制的“1”，而一个标准宽度的空模块表示二进制的“0”。EAN 码、UPC 码均属于模块式组合型条码。

（六）条码识读

1. 条码识读系统

条码识读系统构成如图 9-2 所示。

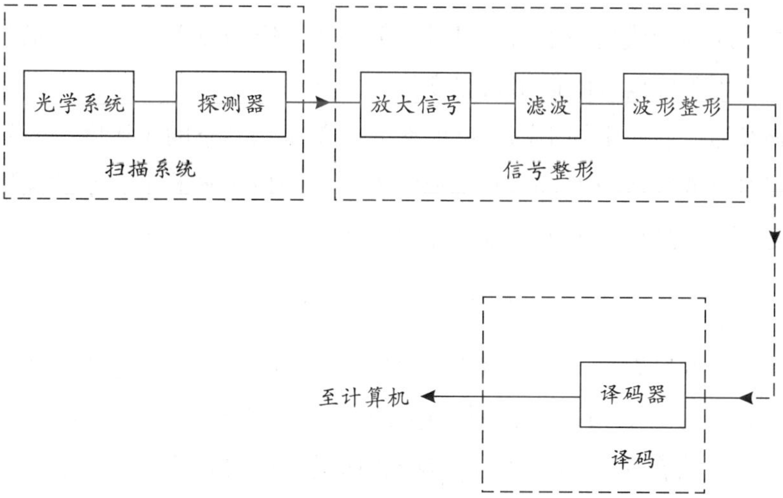

图 9-2　条码识读系统构成

条码的阅读与识别涉及光学、电子学、数据处理等多学科技术，就阅读条码信息而言，一般包括以下三个环节。

（1）建立一个光学系统，该光学系统能够产生一个光点，该光点能够在人工或自动控制下，在条形码信息上沿某一轨迹作直线运动且通过一个条码符号的左空白区、起始符、数据符、终止符及右空白区。

（2）建立一个反射光接收系统，使它能够接收到光点运动时打在条码符上反射回来的光。同时要求接收系统的探测器的敏感面尽量与光点经过光学系统成像的尺寸相吻合。如果光点的成像比光敏感面小，则会使光点外的那些对探测器敏感的背景光进入探测器，影响识读。当然也要求来自条上的光点的反射光弱，而来自空上的光点的反射光强，以便通过反射光的强弱及持续时间来测定条（空）宽。

（3）要求一个电子电路将接收到的光信号不失真地转换成电脉冲信号。要求建立某种算法，并利用这一算法对已经获取的电脉冲信号进行译解，从而得到所需信息。

总之，条码阅读器是用于读取条码所包含的信息的设备，条码阅读器的结构分为以下几部分：光源、接收装置、光电转换部件、译码电路、计算机接口。其基本工作原理为：由光源发出的光线经过光学系统照射到条码符号上面，被反射回来的光经过光学系统成像在光电转换器上，使之产生电信号，电信号经过电路放大后产生模拟电压，它与照射到条码符号上被反射回来的光成正比，再经过滤波、整形，形成与模拟信号对应的方波信号，经译码器解释为计算机可以直接接收的数字信号。

2. 条码识读原理

识读时，扫描器光源发出的光经透镜聚焦形成扫描光点，以45°角照射到条码上。扫描光点的直径应等于或稍小于条码符号中最小条或空的宽度。实际扫描光点的大小决定了分辨力，即可正确读入的最窄条宽度值。

利用条码经照射后产生的不同的反射率（也就是条和空的对比度）来对条码进行识读。条空印刷对比度（Print Contrast Signal，PCS）是指条码的条和空的反射率之差与空的反射率的比率，它是衡量条码符号的光学指标之一。条码 PCS 的计算公式如下：

$$\text{PCS} = \frac{R_L - R_D}{R_L} \times 100\%$$

其中，R_L为空的反射率，R_D为条的反射率。条的反射率 R_D越低越好，空的反射率 R_L越高越好。条码的 PCS 值越大，则表明条码的光学特性越好，识读率越高。一般来说，当条码的 PCS 值在 50% ~98% 时，就能够被条码扫描设备正确识读。

二、物流条码概述

任何一种条码都是按照预先规定的编码规则和条码有关标准，由条和空组合而成的。每种条码的码制是由它的起始位和终止位的不同编码方式所决定的。条码阅读器要解译条码符号，首先要判断此符号码制，才能正确译码。为了便于物品跨国家和地区流通，适应物品现代化管理的需要以及增强条码自动识别系统的相容性，各个国家、地区和行业，都必须制定统一的条码标准。条码标准主要包括条码符号标准、使用标准和印刷质量标准。这类标准由各国的专门编码机构负责制定，也有地区性的标准和行业标准。

国际上公认的用于物流领域的条码标准主要有通用商品条码、储运单元条码和贸易单元 128 码三种。

（一）通用商品条码

通用商品条码是用于标识国际通用的商品代码的一种模块组合型条码。EAN 码是国际物品编码协会在全球推广使用的一种商品条码，它是一种定长的纯数字型表示的字符集为 0 ~9。

1. EAN 标准版商品条码

标准版商品条码符号由左侧空白区、起始符、左侧数据符、中间分隔符、右侧数据符、校验符、终止符、右侧空白区及供人识别字符组成，从起始符开始到终止符结束总共有 13 位数字，这 13 位数字分别代表不同的含义，并且其不同的组合代表 EAN-13 码的不同结构。

2. EAN 条码符号缩短版

EAN-8 码是 EAN-13 码的压缩版，由 8 位数字组成，用于包装面积较小的商品上。和 EAN-13 码相比，EAN-8 码没有制造厂商代码，仅有前缀码、商品项目代码和校验码。

（二）储运单元条码

储运单元条码是专门表示储运单元编码的条码。储运单元是指为便于搬运、仓储、订货、运输等，由消费单元（即通过零售渠道直接销售给最终用户的商品包装单元）组成的商品包装单元。储运单元又分为定量储运单元和变量储运单元。定量储运单元是指由定量消费单元组成的储运单元，如成箱的牙膏、瓶装酒、药品、烟等。变量储运单元是指由变量消费单元组成的储运单元，如布匹、农产品、蔬菜、鲜肉类等。

1. 定量储运单元

定量储运单元一般采用 13 位或 14 位数字编码。当定量储运单元同时又是定量消费单元时，应按定量消费单元编码，采用 13 位数字编码；当定量储运单元内含有不同种类定量消费单元时，储运单元的编码方法是按定量消费单元的编码规则，为定量储运单元分配一个区别于它所包含的消费单元代码的 13 位数字代码；当由相同种类的定量消费单元组成定量储运单元时，定量储运单元可用 14 位数字代码进行编码标识。

2. 变量储运单元

变量储运单元编码由 14 位数字的主代码和 6 位数字的附加代码组成。变量储运单元的主代码和附加代码也可以用 EAN-128 码标识。

3. 交插 25 码

交插 25 码在仓储和物流管理中被广泛应用。它是一种连续、非定长、具有自校验功能，并且条和空都表示信息的双向条码。由左侧空白区、起始符、数据符、终止符及右侧空白区构成，其中每一个条码数据符由 5 个单元组成，2 个是宽单元（用二进制“1”表示），3 个是窄单元（用二进制“0”表示）。交插 25 码的字符集包括数字 0 ~ 9。

4. ITF-14 码和 ITF-6 码

ITF 条码是一种连续型、定长、具有自校验功能，并且条、空都表示信息的双向条码。ITF-14 码（如图 9-3 所示）和 ITF-6 码由矩形保护框、左侧空白区、条码字符及右侧空白区组成。其条码字符集、条码字符的组成与交插 25 码相同。

0 48 91668 32668 9

图 9-3 ITF-14 码

（三）贸易单元 128 码

128 码是一种长度可变的、连续型的字母与数字相结合的条码。与其他一维条码相比，128 码是较为复杂的条码系统，应用范围较广。

128 码由左侧空白区、起始符、数据符、校验符、终止符及右侧空白区组成。128 码具有 A、B、C 三种不同的编码类型，可提供 ASCⅡ中 128 个字元的编码使用。目前普遍使用的 128 码是 EAN-128 码（如图 9-4 所示）。

(00) 3 5412345 123456789 2 (420) 1000

A B C D E F G

图 9-4 EAN-128 码

目前所推行的 128 码是 EAN-128 码，EAN-128 码是根据 EAN/UCC-128 码作为标准将资料转变成条码符号，并采用 128 码逻辑，具有完整性、紧密性、连接性和可靠性高的特性。辩证范围涵盖生产过程中一些补充性能且易变动之资讯，如生产日期、批号、计量等，可应用于货运标签、携带式资料库、连续性资料段、流通配送标签等。其效益如下。

（1）变动性产品资讯的条码化。

（2）国际流通的共同协议标准。

（3）产品运送较佳的品质管理。

（4）更有效的控制生产及配销。

（5）提供更安全可靠的供给源。

EAN-128 码的构成如表 9-2 所示。

表 9-2 EAN-128 码的构成

代号	码别	长度	说明
A	应用识别码	18	00 代表其后的资料内容为运送容器序号，为固定 18 位数字
B	包装性能指示码	1	3 代表无定义的包装指示码
C	前置码与公司码	7	代表 EAN 前置码与公司码
D	自行编定序号	9	由公司指定序号
E	检查码	1	检查码
F	应用识别码	–	420 代表其后的资料内容为配送邮政码，仅应用于邮政当局
G	配送邮政码	–	代表配送邮政码

三、物流行业条码应用

（一）物流行业条码应用发展概况

我国物流行业应用条码技术是从 20 世纪 90 年代中期才开始起步的，最初主要是从生产线物流管理、现代物流配送中心开始应用，大致经过了以下三个阶段。

1. 技术启蒙阶段

20 世纪 90 年代是物流行业条码技术的启蒙阶段。随着现代制造业在国内的发展，企业对物流服务的要求不断提高，以及国外物流企业的示范作用，国内部分物流企业已经开始认识到条码技术对物流管理与运作的影响，开始关注条码技术。随着国外条码打印技术、识别技术及其产品的引进，国内物流企业开始对条码技术有了感性认识与了解，进而对条码技术在物流行业的应用前景有了深刻体会，开始尝试在物流领域使用条码技术。

2. 起步阶段

在 20 世纪末至 21 世纪初的几年里，条码开始在物流领域逐步应用，我国物流行业获得快速发展。在这些年里，条码技术开始获得物流行业的普遍关注，在一些新建的现代化物流中心开始应用。例如，2001 年建成的海尔国际物流中心，就采用了条码技术，并把条码信息采集与物流中心管理控制系统相结合，与企业的信息化系统进行集成，从而把条码技术与现代化的物流管理有机结合在一起，极大地提高了物流作业效率。此外，在同一时期前后建设的华联超市配送中心、部分医药企业物流中心、烟草行业物流中心等都采用了条码技术。

3. 快速发展阶段

目前条码技术对现代化物流作业与管理的影响已经深入人心，绝大多数企业都已经认识到了条码技术的优势，也认识到，不应用条码技术，就难以实现物流信息的实时采集。有越来越多的企业认识到了条码技术标准化的重要性，开始向国家有关部门与机构咨询有关条码的标准，条码技术正处于一个快速发展阶段。

目前，条码的应用已经给企业带来了很多好处，取得了许多成绩。以上海新杰货运服务有限公司为例，在其主动加入条码系统之后，已经可以通过扫描表示 SSCC 的 UCC/EAN-128 条码符号，实现货物分拣、自动分配库位、库位查询、自动打印运输标签、进出库信息采集等功能，使管理人员实时掌握收货、发货以及库存等信息，大大改变了原来仓库作业效率低，易出错的状况。条码自动识别技术在物流企业中的应用正在兴起，随着 EAN、UCC 系统在商业领域的成功应用，其影响日益广泛。物流行业通过多种渠道对 EAN、UCC 系统有了越来越多的了解和认识，促使 EAN、UCC 系统在物流行业的应用领域不断扩大。

（二）条码技术在物流中的应用领域

随着物流行业在国内日益受到重视，物流信息化建设被提上了日程，条码在物流企业中的应用前景也逐步显现。具体来看，作为物流管理的工具，条码的应用主要集中在以下环节。

1. 物料管理

（1）通过为物料编码，并打印条码标签，不仅便于物料跟踪管理，还有助于做到合理的物料库存准备，提高生产效率，便于企业资金的合理运用。对采购的生产物料按照行业及企业规则建立统一的物料编码，从而杜绝因物料无序而导致的损失和混乱。

（2）为需要进行标识的物料打印条码标签，便于在生产管理中对物料的单件跟踪，从而建立完整的产品档案。

（3）利用条码技术对仓库进行基本的进、销、存管理，有效降低库存成本。

（4）通过为产品编码可建立物料质量检验档案，形成质量检验报告，与采购定单挂钩建立对供应商的评价体系。

2. 生产线物流管理

条码生产线物流管理是产品条码应用的基础。企业可以应用产品识别码监控生产过程，采集生产测试数据，采集生产质量检查数据，进行产品完工检查，建立产品档案，有序地安排生产计划，监控生产及流向，提高产品下线合格率。对生产线物流管理的具体说明如下所述。

（1）制定产品识别码格式。根据企业规则和行业规则确定产品识别码的编码规则，保证产品规则化、唯一标识。

（2）建立产品档案。通过产品识别码在生产线上对产品生产进行跟踪，并采集生产产品的部件、检验等数据作为产品信息，当生产批次计划审核通过后建立产品档案。

（3）通过生产线上的信息采集点来控制生产信息。

（4）通过产品标识码在生产线上采集质量检测数据，以产品质量标准为准绳判定产品是否合格，从而控制产品在生产线上的流向及是否建立产品档案，是否打印合格证。

3. 分拣运输

铁路运输、航空运输、邮政通信等许多行业都存在货物的分、拣、搬运问题，大批量的货物需要在很短的时间内准确无误地装到指定的车箱或航班上；或者，一个生产商如果生产上百个品种的产品，并且需要将其分门别类，以便送到不同的目的地，那么就必须扩大场地、增加人员，还常常会出现人工错误。解决这些问题的办法就是应用物流标识技术，使包裹或产品自动分拣到不同的运输机上。人们所要做的只是将预先打印好的条码标签贴在发送的物品上，并在每个分拣点装一台条码扫描器。

4. 仓储保管

仓储管理实际上是条码应用的传统领域。条码应用已经贯穿出入库、盘点、库存管理等多方面。在出入库过程中，应用条码可以加快出入库的速度，也能减少出入库操作的差错。条码给仓储管理带来的最大变化是在盘点业务方面，传统的手工方式盘点一般是利用纸笔记录，效率不高同时存在数据失实的可能。应用条码后，就有可能采用自动化技术。例如，在某仓库中使用了手持终端，人们在盘点时只需要利用手持终端扫描箱体，所有盘点数据就都会记录在手持终端中，手持终端也会自动处理盘点重复等错误。手持终端数据可以很方便的导入到管理系统中。

在仓储管理中，应用条码的重要意义在于确保货位信息准确。我们知道物流管理系统在做资源计划时，常常需要引用货位信息，但是传统方式下的货架操作，难以避免货物与货位信息脱节的问题。往往出现的情况就是，物流管理信息系统指示在某处出库某样物品，但操作工将叉车开到货位后却发现并不存在这样的物品。条码技术不仅可以标识所有物品，同样也可以标识货位，也就是说，只有扫描了货位条码和货物条码后才能完成上下架过程，从而确保货物的货位信息总是准确的。

5. 机场通道

当机场的规模达到一个终端要在2 小时内处理10 个以上的航班时，就必须实现自动化，否则会因为来不及处理行李导致误机。在自动化系统中，物流标识技术的优势得以充分体现，人们将条码标签按需要打印出来，系在每件行李上（条码标签是一个纸牌，系在行李的手把上）。根据国际航空运输协会（1AIA）标准的要求，条码应包含航班号和目的地等信息。当运输系统把行李从登记处运到分拣系统时，一组通道式扫描器（通常由 8 个扫描器组成）包围了运输机的各个侧面：上、下、前、后、左、右。扫描器对准每一个可能放标签的位置，甚至是行李的底部。当扫描器读到条码时，会将数据传输到分拣控制器中，然后根据对照表，行李被自动分拣到目标航班的传送带上。

6. 货物通道

和机场通道一样，货物通道也是由一组扫描器组成。全方位扫描器能够从所有的方向上识读条码，上、下、前、后、左、右。这些扫描器可以识读任意方向、任意面上的条码，无论包裹有多大，无论运输机的速度有多快，无论包裹间的距离有多小，所有制式的扫描器一起作用，决定当前哪些条码需要被识读，然后把一个个信息传送给主计算机或控制系统。

货物扫描通道为进一步采集包裹数据提供了方便。新一代的货物扫描通道可以以很高的速度同时采集包裹上的条码标识符、实际的包裹尺寸和包裹的重量信息，并且这个过程不需要人工干预，因为包裹投递服务是按尺寸和重量收费的。应用货物扫描通道，相关工作人员可以准确高效地获取包裹信息，满足用户的需要。

7. 运动中称量

运动中称量与条码自动识别相结合，把电子秤放在输送机上可以得到包裹的重量而不需中断运输作业或人工处理，使系统能保持很高的通过能力，同时实时提供重量信息，计算净重，检验重量误差，验证重量范围。在高效的物料搬运系统中，运动中称量可以与其他自动化过程，如条码扫描、标签打印及粘贴、包裹分拣、码托盘、库存管理、发运和其他功能集成在一起。

（三）物流行业条码应用发展前景

条码装载着物流信息，并附着于物流单元上，保证标识信息与实物同步，条码扫描仪则成为物流单元与信息系统的纽带，条码技术在物流作业环节中的作用显而易见。例如，货物进入配送中心的入口端时，工作人员需要一面卸货，一面根据订货单要求对货物进行调配，并确定货物的出货模式及目的地，最终从配送中心的出货端将货物运出。如果不使用条码技术，货物与信息完全分离，货物卸下后，工作人员只能坐等货物信息和货物处理指示信息，因为如果没有这些信息，工作人员则无法得知哪个箱子与哪个订货单对应，各箱货物是要通过常规渠道运输，还是要进行其他处理，运输的目的地是哪里等信息。如果应用条码技术，工作人员则在收到货物的同时，利用条码扫描仪可获取随货物同时到达的物流信息，物流信息传入信息系统后，工作人员将获得货物处理指示，从而按照要求卸货，货物顺利“流”向下一个环节。应用条码技术，减少货物对仓库存储空间的占用，也减少出货调配用的单据数量，消除人工处理产生的费时和人为错误问题，还能动态了解物品运行的全过程。

以条码识读为基础的POS自动销售系统，带来了销售、库存管理、订货、结算方式的变革，同时也促进了条码体系的发展及其在更大范围、更多领域的应用，逐步从物流供应链的零售末端前推到配送、仓储、运输等物流各个环节。近年来，EAN 与 UCC 合作建立了全球统一的开放系统的物品编码体系及条码标识，为全球供应链物流环节的条码应用提供了解决方案。

由于条码技术对物流行业的重要性，以及条码技术在各种物流作业环节应用的普遍性，可以预见，随着现代物流技术与理念的发展，我国物流行业的条码应用必将获得快速发展。

第二节　仓储管理系统

一、仓储管理系统概述

仓储管理系统（Warehouse Management System，WMS）是由多功能软件子系统组合而成的。

（一）入库管理子系统

1. 入库单数据处理（录入）

入库单可包含多份入库分单，每份入库分单又可包含多份托盘数据。入库单的基本结构是每个托盘上放一种货物，因为这样会使仓储的效率更高、流程更清晰。

2. 条码打印及管理

条码打印及管理的目的是为了避免条码的重复，以使仓库内的每一个托盘货物的条码都是唯一的标识。

3. 货物托盘及托盘数据登录注记（录入）

入库单的库存管理系统可支持大批量一次性到货。该管理系统的运作过程为：批量到货后，首先要分别装盘，然后进行托盘数据的登录注记。所谓托盘数据，是指对每个托盘货物分别给予一个条码标识，登录注记时将每个托盘上装载的货物种类、数量、入库单号、供应商、使用部门等信息与该货物唯一的条码标识联系起来。注记完成后，条码标识即成为在库管理的关键，可以通过扫描该条码得到该盘货物的相关库存信息及动作状态信息。

4. 货位分配及入库指令的发出

托盘资料注记完成后，该托盘即进入待入库状态，系统将自动根据存储规则（如货架使用区域的区分）为每一个托盘分配一个适当的空货位，并向手持终端发出入库操作的要求。

5. 对占用的货位进行重新分配

当所分配的货位实际已有货时，系统会指出新的可用货位，通过手持终端指挥完成操作。

6. 入库成功确认

从注记完成至手持终端返回入库成功的确认信息前，该托盘的货物始终处于入库状态。直到收到确认信息，系统才会把该托盘货物的状态改为正常库存，并相应更改数据库的相关记录。

7. 入库单据打印

打印实际收货入库单。

（二）出库管理子系统

1. 出库单数据处理

出库单数据处理是指制作出库单的操作。每份出库单可包括多种、多数量货物，出库单分为出库单和出库分单，均由手工输入生成。

2. 出库品项内容生成及出库指令发出

系统可根据出库内容以一定规律（如先进先出、就近等），具体到托盘及货位，生成出库内容，并发出出库指令。

3. 对错误货物或倒空的货位进行重新分配

当操作者通过取货位置扫描图确认货物时，如果发现货物错误或实际上无货，则只要将信息反馈给系统，系统就会自动生成下一个取货位置，指挥完成操作。

4. 出库成功确认

手持终端确认货物无误后，发出确认信息，该托盘货物即进入出库运行中的状态。在出库区现场终端确认出库成功完成后，即可取数据库中的托盘条码，并相应修改数据库的相关记录。

5. 出库单据打印

打印与托盘相对应的出库单据。

（三）数据管理子系统

1. 库存管理

（1）货位管理查询。查询货位使用情况（空、占用、故障等）。

（2）根据货物编码查询库存。查询某种货物的库存情况。

（3）根据入库时间查询库存。查询以日为单位的库存情况。

（4）盘点作业。进入盘点状况，实现全库盘点。

2. 数据管理

（1）货物编码管理。提供与货物编码相关信息的输入界面，包括编码、名称、所属部门、单位等信息的输入。

（2）安全库存质量管理。提供具体到某种货物的最大库存、最小库存的参数设置，从而实现对库存量的监控预警。

（3）供应商。录入供应商编号、名称、联系方式，供入库单使用。

（4）使用部门数据管理。录入使用部门、编号、名称等，供出、入库单使用。

（5）未被确认操作的查询和处理。提供未被确认操作的查询和逐条核对处理功能。

（6）数据库与实际不符记录的查询和处理。逐条提供选择决定是否更改为实际刚记录或手工输入记录。

（四）系统管理子系统

1. 使用者及其权限设定

使用者名称、代码、密码、可使用程序模块的选择。

2. 数据库备份操作

提供存储过程每日定时备份的数据或日志。

3. 通信操作

若系统有无线通信部分，则应提供对通信的开始和关闭操作功能。

4. 系统的登录和退出

提供系统登录和退出界面相关信息。

二、WMS 的功能

不同类型的仓库如公共仓库、配送中心仓库等有各自不同的信息管理系统，但不同的仓储管理信息系统都有以下几项基本功能。

（一）货物的识别和跟踪

在仓储信息管理系统中，跟踪功能是基本的、重要的功能，信息的跟踪可决定货物的流向。货物呈现入库状态后，可以采用某种方法识别，并将正确的信息传给计算机；货物开始移动后，由计算机跟踪货物移动，从这一刻起，到货物出库为止，所有货物的数量与位置必须与信息一一对应。

货物的识别方法分为人工识别和自动识别两类：人工识别是由仓库工作人员读出采购单或传票上的货物信息（包括品名、单价、数量和到货日期），通过终端或语音识别将数据输入计算机；自动识别技术是用识读装置识别货物，并将读出信息存入计算机。

在出入库输送机上、在出入库台上、在堆码设备上是否有货物通过或停留，也可用检测器进行检验，并报告计算机。

（二）出入库作业信息管理

入库时，首先通过输入采购单号查询货物名称、内容及数量，检查是否符合采购内容并确定入库站台，然后仓库管理人员指定卸货地点及摆放方式并将货物置于托盘上，由仓库管理人员检验后输入修正数据，并转入库存入库数据库，同时调整库存数据库。

货物入库后有两种处理方式：立即出库或上架入库再出库。对于立即出库的方式，入库系统须具备待出库数据，并连接派车计划及出货配送系统，取出指定商品的待出库数据，将此数据转入出货配送数据库，并修正库存数据库。

采用上架入库再出库方式时，入库系统需具有货位指定功能、货位管理功能。货位指定功能是指当入库数据输入时即启动货位指定系统，由货位数据库、产品明细数据库来计算入库商品所需货位大小，根据货物特性及货位储存现状来指定最佳货位。货位的判断可根据诸如最短搬运距离、最佳储运分类等法则选用。

货位管理系统主要是将货物编码或入库编码输入货位数据库，完成货物的货位登记、商品跟踪，并提供货位使用报表、空货位报表等作为货位分配的参考。

（三）库存信息管理

库存信息管理包括库存数量控制和库存量规划，以减少因库存积压过多而造成的利润损失。它包括货物的分级分类、经济订购批量和订货时点确定，库存跟踪和库存盘点作业，使仓库具备按货物名称、货位、仓库、批号等数据分类查询功能和定期盘点或循环盘点时间的设定功能。

其中经济订购批量和订货时点的确定会影响仓库的资金调度及库存成本，需要系统具备访问产品数据库、厂商报价数据库、库存数据库、采购数据库的功能，从而获得货物的名称、单价、现有库存量、采购提前期及运输成本等数据来计算经济订购批量及订购时点。

（四）绩效管理

仓库的赢利状况除各项经营策略的正确制定与实际计划的执行外，还需有良好的信息反馈作为政策、管理及实施方法修正的依据。绩效管理包括作业人员管理、客户关系管理、订单处理、仓库利用率评估、货物保管率评估和机械设备使用率评估等。

三、WMS 在管理中的作用

仓储管理是物流作业管理的核心。仓储管理系统（WMS）的建设历来受到人们的普遍重视。在整个仓储中心的运作中，信息流一直伴随着各项物流活动及其他行政支持活动的进行。如何规划仓储中心信息系统的功能需求，并建立其功能构架是仓储中心规划与实践的关键。在完成作业程序分析与设备规划选用程序后，可依各项作业的功能特性，及仓储中心作业者对管理策略运用的需求程度，规划仓储中心信息系统的功能需求，并建立其功能构架。仓储中心的信息化建设一般以业务流程重组（优化）为基础，在一定深度和广度上利用计算机技术、网络技术和数据库技术，控制和集成化管理企业物流运营活动中的所有信息，实现企业内外部信息的共享和有效利用，以提高企业的经济效益和市场竞争力。

随着经济的发展，经营模式发生着巨大的变化，仓储中心作为供货商与销售商之间的纽带，具有订单处理、仓储管理、流通加工、拣货配送等功能，成为流通过程中的重要物流节点。许多仓储中心甚至拥有最终渠道、采购、产品设计及品牌开发，并且在开拓市场、寻找客源方面为客户提供更加广泛的服务。在产销垂直整合方面，仓储中心具有缩短上、下游产业流通过程，减少产销差距的中介功能，还可对处于水平关系的同行业及不同行业间的交流提供整合支持，从而最大限度降低成本。仓储中心这些功能的实现，其核心是信息系统的建立。可以说，物流信息系统是仓储中心的灵魂，物流信息系统的构建是仓储中心能否发挥作用的关键。信息化作为现代物流的一个基本特征，已成为仓储中心提高物流服务水平，获取竞争优势的重要手段之一。这也是现代仓储中心越来越重视建设自己的物流信息系统的重要原因。

第三节　射频识别技术

一、射频识别技术系统概述

（一）射频识别技术

射频识别（Radio Frequency IDentification，RFID），俗称电子标签，是一种非接触式的自动识别技术，它通过射频信号自动识别目标对象并获取相关数据，识别工作无须人工干预，可工作于各种恶劣环境。RFID 技术可识别高速运动物体并可同时识别多个标签，操作快捷方便。

（二）射频识别技术的原理

射频识别技术的基本原理是电磁理论，它是利用发射设备接受无线电射频信号，对物体进行近距离无接触方式探测和跟踪的一种技术，它是自动设备识别技术中应用领域最广泛的技术之一，具有环境适应性强、免接触、抗干扰能力强、可以穿透非金属物体进行识别等特点，在物流管理中有着广阔的应用前景。射频识别技术与其他识别技术相比有很强的优越性：条码技术对环境及其读出条件要求严格，红外线技术受环境介质影响很大，穿透能力弱。

射频识别系统通常由阅读器和电子标签组成。阅读器用以产生无线电射频信号并接收由电子标签反射回的无线电射频信号，经处理后获得电子标签的数据信息。电子标签用以储存数字字母编码，当受到无线电射频信号照射时，能反射回携带有数字字母编码的无线电射频信号，供阅读器处理识别。在低频系统中电子标签通常是无源的，即电子标签内不安装电池，当阅读器向电子标签发出微波能量信号时，部分微波信号能量将转换成供电子标签集成电路工作的直流电，使电子标签产生一个储存信息的射频信号并反射回来。

二、RFID 系统的种类及构成

（一）射频识别技术的分类

1. 根据工作频率的不同，可分为低频系统和高频系统

低频系统一般指其工作频率小于 30MHz，典型的工作频率有：125KHz、225KHz、13. 56MHz 等，这些频点应用的射频识别系统一般都有相应的国际标准予以支持。其基本特点是电子标签的成本较低、标签内保存的数据量较少、阅读距离较短（无源情况，典型阅读距离为 10 厘米）、电子标签外形多样（卡状、环状、钮扣状、笔状）、阅读天线方向性不强等。

高频系统一般指其工作频率大于 400MHz，典型的工作频段有：915MHz、2450MHz、5800MHz 等。高频系统在这些频段上也有众多的国际标准予以支持。高频系统的基本特点是电子标签及阅读器成本均较高、标签内保存的数据量较大、阅读距离较远（可达几米至十几米），适应物体高速运动性能好、外形一般为卡状、阅读天线及电子标签天线均有较强的方向性。

2. 根据电子标签内是否装有电池为其供电，可分为有源系统和无源系统

有源电子标签内装有电池，一般具有较远的阅读距离，不足之处是电池的寿命有限（3 ~ 10 年）；无源电子标签内无电池，它接收到阅读器（读出装置）发出的微波信号后，将部分微波能量信号转化为直流电供自己工作，一般可做到免维护。相比有源系统，无源系统在阅读距离及适应物体运动速度方面略有限制。

3. 根据电子标签内保存的信息的注入方式，可分为集成电路固化式、现场有线改写式和现场无线改写式

集成固化式电子标签内的信息一般在集成电路生产时即将信息以 ROM（只读存储器）工艺模式注入，其保存的信息是一成不变的。

现场有线改写式电子标签一般将电子标签保存的信息写入其内部的 E2 存储区中，

改写时需要专用的编程器或写入器，改写过程中必须为其供电。

现场无线改写式电子标签一般适用于有源类电子标签，具有特定的改写指令，电子标签内保存的信息也位于其中的 E2 存储区。

一般情况下改写电子标签数据所需时间远大于读取电子标签数据所需时间。通常，改写所需时间为秒级，阅读时间为毫秒级。

4. 根据读取电子标签数据的技术实现手段，可分为广播发射式、倍频式和反射调制式

广播发射式射频识别系统实现起来最简单。电子标签必须采用有源方式工作，并实时将其储存的标识信息向外广播，阅读器相当于一个只收不发的接收机。该系统的缺点是电子标签必须不停地向外发射信息，既费电，又对环境造成电磁污染，而且该系统不具备安全保密性。

倍频式射频识别系统实现起来有一定难度。一般情况下，阅读器发出射频查询信号，电子标签返回的信号载频为阅读器发出射频的倍频。这种工作模式对阅读器接收处理回波信号提供了便利，但是对无源电子标签来说，电子标签将接收的阅读器射频能量转换为倍频回波载频时，其能量转换效率较低，提高转换效率需要较高的微波技巧，这就意味着更高的电子标签成本。该系统工作须占用两个工作频点，一般较难获得无线电管理委员会的产品应用许可。

反射调制式射频识别系统实现起来要解决同频收发问题。该系统工作时，阅读器发出微波信号，电子标签（无源）将接收到的部分微波能量信号转化为直流电供自己工作，另一部分微波能量信号被电子标签内保存的数据信息调制（ASK）后反射回阅读器。阅读器接收到反射回的幅度调制信号后，从中解密出电子标签所保存的标识性数据信息。在该系统工作过程中，阅读器发出微波能量信号与接收反射回的幅度调制信号是同时进行的。反射回的信号强度较发射信号要弱，因此技术实现上的难点在于同频接收。

（二）射频识别系统的构成

典型的射频识别系统主要由三部分构成：电子标签、阅读器和主机。

电子标签（Tag）：又称射频卡，由耦合元件及带有天线的芯片组成。电子标签能够储存有关物体的数据信息。在自动识别管理系统中，每一个电子标签中保存着一个物体的属性、状态、编号等信息。电子标签具有智能读写和加密通信功能，它是通过无线电波与读写设备进行数据交换。工作能量由阅读器发出的射频脉冲提供。

阅读器（Reader）：也被称为询问器、读写器或读出装置，主要由无线收发模块、天线、控制模块及接口电路等组成。阅读器与控制计算机或可编程逻辑控制器（PLC）

连接从而实现沟通功能，将主机的读写命令传送到电子标签、把从主机发往电子标签的数据加密后写入电子标签、将电子标签返回的数据解密后送到主机。

主机：主要完成数据信息的存储及管理、对电子标签进行读写控制等工作。

（三）射频识别系统的分类

根据射频识别系统具备的功能不同，可以粗略地把射频识别系统分成四种类型：EAS系统、便携式数据采集系统、网络系统和定位系统。

1. EAS系统

EAS（Electronic Article Surveillance）系统是一种设置在需要控制物品出入的门口的RFID技术。这种技术的典型应用场合是商店、图书馆、数据中心等地方，当未授权的人从这些地方非法取出物品时，EAS系统会发出警告。

当应用EAS系统时，首先在物品上粘附EAS标签，当物品被正常购买或者合法移出时，在结算处通过一定的装置使EAS标签失活，物品就可以取走。物品经过装有EAS系统的门口时，EAS装置能自动检测标签的活动性，发现活动性标签，EAS系统会发出警告。EAS技术的应用可以有效防止物品被盗。

2. 便携式数据采集系统

便携式数据采集系统是使用带有RFID阅读器的手持式数据采集器采集RFID标签上的数据。这种系统具有比较大的灵活性，适用于不易安装固定式RFID系统的应用环境。手持式阅读器（数据输入终端）可以在读取数据的同时，通过无线电波数据传输方式（RFDC）实时地向计算机系统传输数据，也可以暂时将数据存储在阅读器中，成批地向计算机系统传输数据。

3. 定位系统

定位系统用于自动化加工系统中的定位以及对车辆、轮船等进行运行定位支持。阅读器放置在移动的车辆、轮船上或者自动化流水线中移动的物料、半成品、成品上，信号发射机嵌入到操作环境的地表下面。信号发射机上存储有位置识别信息，阅读器一般通过无线的方式或者有线的方式连接到主信息管理系统。

4. 网络系统（略）

三、RFID系统的特点及应用

（一）RFID系统的特点

1. 射频识别技术的特点

射频识别是自动识别技术之一，与其他自动识别技术如条码、光字符识别、磁卡、IC卡等识别技术相比，有其突出的特点。五种自动识别技术的比较说明如表9-3所示。

表9-3　五种自动识别技术的比较说明

项目	条码	光字符	磁卡	IC卡	射频识别
信息载体	纸或物质表面	物质表面	磁条	存储器	存储器
信息量	小	小	较小	大	大
读写性	只读	只读	读/写	读/写	读/写
读取方式	光电扫描转换	光电转换	磁电转换	电路接口	无线通信
人工识读性	受制约	简单容易	不可能	不可能	不可能
保密性	无	无	一般	最好	最好
智能化	无	无	无	有	有
受污染/潮湿影响	很严重	很严重	可能	可能	没有影响
光遮盖	全部失效	全部失效	—	—	没有影响
受方向和位置影响	很小	很小	—	单向	没有影响
识读速度	低（4秒左右）	低（3秒左右）	—	低（4秒左右）	很快（0.5秒左右）
识读距离	近	很近	接触	接触	远
使用寿命	较短	较短	短	长	最长
国际标准	有	无	有	不全	制定中
价格	最低	—	低	较高	较高

可以看出，射频识别最突出的特点是可以非接触识读（识读距离可以从十厘米至几十米）、可识别高速运动物体、抗恶劣环境、保密性强、准确性和安全性高、识别唯一无法伪造、可同时识别多个对象等。

2. 射频识别技术在物流管理中的适用性

RFID适用于物料跟踪、运载工具和货架识别等要求非接触数据采集和交换的场合，由于RFID标签具有可读写能力，对于需要频繁改变数据内容的场合尤为适用。

我国RFID的应用也已经开始，一些高速公路的收费站口使用RFID可以不停车收费，我国铁路系统使用RFID记录货车车厢编号的试点已运行了一段时间，一些物流公司也正在准备将RFID用于物流管理中。

（二）RFID系统的应用

RFID应用于零售业，RFID条形码技术的运用使得数以万计的商品种类、价格、产地、批次、货架、库存、销售等各环节的管理井然有序。

RFID应用于车辆自动识别技术，使得路桥、停车场等收费场所避免了车辆排队通关现象，减少了时间浪费，从而极大地提高了交通运输效率及交通运输设施的通行能力。

RFID 应用于自动化生产流水线上，整个产品生产流程的各个环节均被置于严密的监控和管理之下。

RFID 应用于粉尘、污染、寒冷、炎热等恶劣环境中，远距离射频识别的运用改善了卡车司机必须下车办理手续的不便。

RFID 应用于公交车的运行管理中，自动识别系统准确地记录车辆在沿线各站点的到发站时刻，为车辆调度及全程运行管理提供实时可靠的信息。

第四节 准时生产系统管理

一、准时生产系统的原理

（一）准时生产简介

准时生产（Just In Time，JIT）是由日本的丰田汽车公司在 20 世纪 60 年代后期成功地应用而使之成为闻名世界的先进管理体系。1973 年以后，这种方式对丰田公司度过第一次能源危机起到了突出的作用，后引起其他国家生产企业的重视，并逐渐在欧洲和美国的日资企业及当地企业中推行开来。近年来，JIT 不仅作为一种生产方式，也作为一种物流模式在欧美得到推行。

（二）JIT 的基本原理

JIT 的基本原理是以需定供。即供给方根据需求方的要求（或称看板），按照需求方需要的品种、规格、质量、数量、时间、地点等要求，将物品配送到指定地点。不多送，也不少送，不早送，也不晚送，所送品种要个个保证质量，不能有任何废品。

JIT 的基本思想可概括为“在需要的时候，按需要的量生产所需的产品”，也就是通过生产的计划和控制及库存的管理，追求一种无库存，或库存达到最小的生产系统。为此丰田开发了包括“看板”在内的一系列具体方法，并逐渐形成了一套独具特色的生产经营体系。

二、JIT 系统的目的

1. 零废品

传统的生产管理中，一般企业只提出可允许的不合格品的百分数和可接受的质量水平。JIT 的目标是消除各种导致产品质量不合格的因素，在加工过程中，每一道工序都力求达到最好水平。

2. 零库存

在传统的生产系统中，在制品库存和产成品库存被视为资产，表明生产系统中已累计的增值。而 JIT 则认为，任何库存都是浪费。库存是生产系统设计不合理、生产过程不协调、生产操作不规范的产物，必须予以清除。

3. 准结时间最少

准结时间长短与批量选择相关。如果准结时间接近于零，则意味着批量生产的优越性不复存在。确定经济批量的目的是使库存总费用最小，而库存总费用是由仓库保管费与准结（订货）费所决定的，批量大意味着库存量高，仓库保管费高；批量小则库存量低，仓库保管费也低。但批量小必然增多准结次数，在一般情况下，准结费用也随之增加。如果准结时间趋于零，则准结成本也趋于零，就有可能采用极小批量。

三、JIT 系统的构成及特点

（一）JIT 系统的构成

1. 平准化生产

这是丰田公司创造的新名词，它的含义是同一条生产线上均匀地混合制造各种产品。因为按照准时生产的要求，市场需要什么产品就应该生产什么产品。市场不可能今天只需要 A 产品，明天只需要 B 产品，后天只需要 C 产品，市场每天对产品的需求肯定是混合的，所以生产也必须是混合的。可以说平准化生产是实现准时生产的必要条件，也是减少库存量的一项重要措施。

准时生产的生产组织方式仍然是对象专业化，使用高效专用设备。为了实行平准化的混合生产，专用设备应该具有通用性，通常通过在专用设备上附加通用性大的工夹具来解决。

实现平准化生产需要有计划保证。月生产计划的制订分为两步。

（1）提前两个月制订初步的产品品种与数量生产计划；再提前一个月详细修订生产计划。这两份计划都要及时传送给各协作厂。

（2）进入计划执行阶段，根据前月的月计划，制订每天的生产计划，要求做到品种平准化。例如，A 型车的月生产计划是 1 万辆，月工作日是 20 天，那么 A 型车的日生产计划是 500 辆，其他车型也如此平均分配。在投产前两天进行日计划的投产顺序排程，并立即将投产顺序下达给总装配线和主要部件厂商。最后用看板方式执行平准化生产计划。

2. 看板方式

看板管理方法是在同一道工序或者前后工序之间进行物流或信息流的传递。JIT 是一种拉动式的管理方式，它需要从最后一道工序通过信息流向上一道工序传递信息，这种传递信息的载体就是看板。没有看板，JIT 是无法进行的。因此，JIT 生产方式有时也被称作看板生产方式。

主生产计划确定以后，管理人员就根据生产计划向各个生产车间下达生产指令，然后每一个生产车间又向前面的各道工序的负责人下达生产指令，最后再向仓库管理部门、采购部门下达相应的指令。这些生产指令的传递都是通过看板来完成的。

3. 消除浪费

JIT 中所指出的浪费和大家日常生活中所提到的浪费有截然不同的含义，即在工业化生产过程中，凡是不能直接创造出价值的一切活动，均视为浪费。精益生产管理将所有浪费归纳为如下几种：等待的浪费、搬运的浪费、不良品的浪费、动作的浪费、加工的浪费、库存的浪费、制造过多过早的浪费。

如今，在面临市场多变，客户需求多样化的情况下，众多企业通过应用 JIT 生产方式，从思想上认清“浪费”带来的危害，从而采取行动消除浪费，使公司能够很好地提高对顾客需求的应变能力；降低库存量，提高库存周转率；提高产品质量，降低运作成本。

4. 目标管理法

（1）目标管理是参与管理的一种形式。目标的实现者同时也是目标的制定者，即由上级与下级在一起共同确定目标。首先确定出总目标，然后对总目标进行分解，逐级展开，通过上下级协商，制定出企业各部门、各车间直至每个员工的目标；用总目标指导分目标，用分目标保证总目标，形成一个“目标—手段”链。

（2）强调“自我控制”。大力倡导目标管理的管理学家德鲁克认为，员工是愿意负责的，是愿意在工作中发挥自己的聪明才智和创造性的；如果我们控制的对象是一个社会组织中的“人”，则我们应“控制”的必须是行为发生的动机，而不应当是行为本身，也就是说必须以对动机的控制达到对行为的控制。目标管理的主旨在于，用“自我控制的管理”代替“压制性的管理”，这种自我控制可以成为更强烈的动力，推动他们尽自己最大的力量把工作做好，而不仅仅是“过得去”就行了。

（3）促使下放权力。集权和分权的矛盾是组织的基本矛盾之一，唯恐失去控制是阻碍大胆授权的主要原因之一。推行目标管理有助于协调这一对矛盾，促使权力下放，有助于在保持有效控制的前提下，把局面搞得更有生气一些。

（4）注重成果第一的方针。采用传统的管理方法评价员工的表现，往往容易根据印象、本人的思想和对某些问题的态度等定性因素来评价。实行目标管理后，由于有了一套完善的目标考核体系，从而能够按员工的实际贡献大小如实地评价一个人。目标管理还力求将组织目标与个人目标更密切地结合在一起，以增强员工在工作中的满足感。这对于调动员工的积极性，增强组织的凝聚力起到了很好的作用。

（二）JIT 系统的特点

1. JIT 系统具有普遍意义

它既可以应用于任何类型的制造企业，也可以应用于服务行业中的各种组织。JIT 能够以有效和可靠的方式消除生产经营过程中的浪费，提高产品的质量，提高用户需求的满意度。

2. JIT 的核心是消除无效劳动和浪费

在市场竞争环境下，获取更多利润的唯一途径是降低成本，而降低成本的关键就在于杜绝浪费，在 JIT 中，凡是对产品不起增值作用，或不增加产品附加值但增加成本的劳动，企业要加以控制。例如，多余的库存，多余的搬运和操作，造成返修品、次品和废品的作业，停工待料，没有销路的超产等正是 JIT 控制的对象。

3. JIT 非常重视人的因素，强调全员授权参与管理

JIT 把企业员工看成是主动创新的主力，认为他们最了解管理中存在的问题，因而应当首先由他们提出解决问题的办法。为此，一般由上级提出目标和处理问题的原则，提供信息和培训，并对员工进行授权，各级员工在自己的权限内处理职权范围内的问题。

4. JIT 重视员工多种技能的培训

员工必须是多面手，能在不同设备上进行操作与维护。

5. JIT 追求尽善尽美

不懈努力，遇到问题后，一定要找出问题发生的根源，并运用工业工程方法和其他方法将问题彻底解决，使之不再发生。

6. JIT 注重对物流的控制

通过改进工装设计，压缩准备时间，减少批量，组织标准化生产，采用拉动式作业，保持各生产单元之间的物流平衡。

7. JIT 强调全面质量管理

JIT 认为仅靠检验只能发现而不能防止并消除缺陷，即使补救，也已造成浪费。因此，企业必须建立质量保证体系，从根本上保证产品质量。

8. JIT 追求最优的质量成本比

JIT 致力于开发零缺陷的制造流程，表面上看起来，这似乎是个不切实际的目标。但是，从长远的角度看，由于消除了一些冗余的功能，企业的成本费用大大降低，从而可以实现最优的质量成本比。

【本章小结】

本章系统地介绍了仓储管理系统中应用广泛的条码技术和射频识别技术（RFID）以及它们在仓储系统中的应用，还介绍了仓储管理系统的相关知识，最后介绍了 JIT 系统的基本原理、目的、构成以及在物流中的具体应用。仓储管理的信息化是现代仓储管理的趋势，随着信息技术的不断发展，尤其是信息网络化的应用，仓储信息处理越来越复杂，信息数据量越来越庞大，来源分布也越来越广。条码技术是实现快速、准确、可靠收集数据的有效手段，是物流行业自动化管理的最基本的技术支持，与其他技术相比，条码技术具有输入速度快、可靠性高、采集信息量大、灵活实用、操作简单及设备成本低的优点；其缺点是数据无法更改，并且需要配备专门条码阅读扫描仪。射频识别技术是自动设备识别技术中应用领域最广泛的技术之一，具有环境适应性强、免接触、抗干扰能力强、可以穿透非金属物体进行识别等特点，在物流管理中有着广阔的应用前景。仓储管理系统技术由条码技术、无线通信技术、计算机系统和其他附属设备组成。将条码技术和无线通信技术结合在一起使用，能及时获得准确的信息，这是 WMS 成功的基础。

【案例学习】

以美国最大的连锁商业企业沃尔玛（Wal Mart）为例，该公司在全美有 25 个规模很大的配送中心，一个配送中心要为 100 多家零售店服务，日处理量为 20 多万个纸箱。每个配送中心分三个区域：收货区、拣货区和发货区。在收货区，一般用叉车卸货。先把货物堆放到暂存区，工人用手持式扫描器分别识别运单上和货物上的条码，确认匹配无误才能进一步处理，有的要入库，有的则要直接送到发货区（称作直通作业）以节省时间和空间。在拣货区，夜班工人用计算机打印出隔天需要向零售店发运的纸箱的条码标签。白天，拣货员在空箱上贴上条码标签，然后用手持式扫描器识读。根据标签上的信息，计算机随即发出拣货指令。在货架的每个货位上都有指示灯，提示需要拣货的位置及拣货的数量。当拣货员完成该货位的拣货作业后，按一下“完成”按钮，计算机就可以更新数据库。装满货物的纸箱经封箱后运到自动分拣机，全方位扫描器识别纸箱上的条码后，计算机指挥拨叉机构把纸箱拨入相应的装车线，以便集中装车运往指定的零售店。

在国内，条码在加工制造和仓储配送业中的应用也已经有了良好的开端。某烟厂就是一例。成箱的纸烟从生产线下来，汇总到一条运输线。在送往仓库之前，先要用一台扫描器识别其条码，登记完成生产的情况，纸箱随即进入仓库，并运到自动分拣机。另一台扫描器识读纸箱上的条码。如果这种品牌的烟正要发运，则该纸箱被拨入相应的装车线；如果这种品牌的烟需要入库，则由第三台扫描器识别其品牌，然后拨入相应的自动码托盘机，码成整托盘后送达运输机系统入库储存。应用条码技术后，极大地提高了成品流通的效率，以及库存管理的及时性和准确性。

思考题：

1. 条码技术给沃尔玛的仓库管理带来哪些便利？
2. 除条码技术外，现代物流管理还可以应用哪些信息化技术？

问题与思考

1. 条码的类型有哪些？
2. 条码的优点有哪些？
3. 仓储管理系统的构成有哪些？
4. 射频识别技术的原理是什么？
5. RFID 系统的特点是什么？
6. JIT 系统的原理是什么？
7. JIT 系统的特点是什么？

【实践技能训练】

组织学生对本市的物流中心、图书馆、大卖场等地进行调查。通过对以上企业的调查，了解信息技术应用的基本情况，根据各企业的反馈，分析信息技术应用的优势和劣势，进而分析企业在应用信息技术时面临的问题及未来发展的方向。

以班级为单位组织教学，地点选择一般有：物流中心、图书馆、大卖场、企业工厂等。人员安排一般为临时团队（分 4 ~ 5 组，每组 8 ~ 10 人）。

实训课教学以学生主动学习为主，教师只是引导者。

第十章　库存管理技术

■ 知识目标

1. 了解库存管理的重要性和基本思想。
2. 掌握库存与库存管理的基本概念。
3. 掌握现代仓储库存管理的方法和常见的库存控制模型。
4. 掌握库存分类管理方法。

■ 能力目标

1. 能够运用 ABC 分类管理法对库存物资进行分类管理。
2. 能够理解 MRP 系统的运行原理。

第一节　库存管理概述

一、库存管理的基本概念

（一）库存理论的产生与发展

库存理论是研究在什么时间、以什么数量、从什么来源补充库存，使得保持库存和补充采购的总成本最小。

1915 年，哈里斯提出了“经济批量”问题，它从经济角度研究库存数量。经济批量理论是现代库存的奠基石。第二次世界大战后，运筹学、数理统计理论的广泛应用，尤其是 20 世纪 50 年代后，系统工程理论的应用形成了系统的库存理论，也称“存储论”，主要方法包括经济批量模型（EOQ）和对库存分类管理的方法（ABC 分类管理法）。随着计算机技术、网络技术、信息技术的发展，产生了 MRP、MRPII、ERP、JIT 和供应链（SC）管理的思想，系统地解决了相关物料的需求及库存管理和控制的问题。

（二）库存的定义

库存（inventory）是指暂时闲置的、用于将来目的的资源。这里所说的资源包括工厂里的原材料、工具、半成品、产成品；银行里的现金；医院里的药品、病床；运输公司的车辆等。

大家需要明确两点：

（1）资源停滞的位置：可以是仓库里、生产线上或车间里、运输途中；

（2）资源闲置的状态可能由任何原因引起，例如，各种形态的战略储备、为防止以后要涨价而储备等。

库存分析的目的是解决“什么时候订购”和“订购量是多少”的问题。

人们设置库存的目的是为了使生产正常而不间断地进行或是为了及时满足客户的订货需求。对生产企业而言，为了保证生产活动的顺利进行，必须在各个生产阶段之间储备一定量的原材料、燃料、备件、工具、在制品、半成品等。销售商、物流公司等流通企业和生产企业为了能及时满足客户的订货需求，必须经常保持一定数量的商品库存。如果企业的存货不足，则会造成供货不及时，供应链断裂、丧失交易机会或市场占有率。然而，商品库存需要一定的维持费用，同时会存在由于商品积压和损坏而产生的库存风险。因此，在库存管理中既要保持合理的库存数量，防止缺货，又要避免库存过量，发生不必要的库存费用。换言之，就是通过适量的库存，用最低的库存成本实现最佳或经济合理的供应，这就是现代库存管理的任务。

（三）库存的作用与弊端

1. 库存的作用

“库存是必要的恶魔”这句话说明库存有利有弊，在企业中，库存有五个方面的作用。

（1）库存使企业能够实现规模经济。

① 采购方面：大批量采购可以获得价格折扣，也可以减少由于价格上升而带来的损失，大批量采购减少了订货次数，从而降低了订货费用。

② 运输方面：采购的量大，所采购物料的单位运输成本就低。

③ 制造方面：大批量小品种的制造成本较低，而小批量多品种的生产方式导致较高的生产和设备调试成本。

（2）库存能够平衡供给和需求。当市场需求量增大，企业不能及时增加产量满足市场需求时，可以动用库存来满足需求，提高客户服务水平。对于有季节性变化的供应与需求，企业有必要持有库存。例如，在圣诞节、春节、情人节，人们对巧克力的需求明显增加，企业提高生产能力成本巨大，只能在淡季生产形成库存，平衡生产成本。又例如，生产水果罐头的厂家，原料采购有季节性，在原料上市时多生产，超出当前的需求，存入仓库，满足其他季节的需求。

(3) 库存能预防不确定性的、随机的需求变动和订货周期的不确定性。

① 原材料库存：多采购原材料，可防止采购的不确定性。

② 在制品库存：保持生产的连续性、实现均衡物流，防止生产的不确定性。

③ 产成品库存：防止需求的不确定性。

(4) 库存在供应链中起缓冲器的作用。库存在“供应商—采购”、“采购—生产”、“生产—销售”、“分销—零售”、“零售—消费者”中起缓冲器的作用。

(5) 库存能消除供需双方在地理位置上的差异。生产者、中间商、消费者一般不在同一地理位置，库存可以消除供需双方在地理位置上的差异。

2. 库存的弊端

(1) 占用大量资金：库存资金占流动资金的40%～60%，高的能达到80%。

(2) 发生库存成本。

(3) 带来其他管理问题：交货不及时、废品率高、供应商供应质量有问题、服务水平低等管理问题，这些问题只有在库存水平降低时才会暴露出来。

(四) 库存的分类

企业的库存主要包括原材料、在制品和产成品，库存包括以下四种基本类型，亦是库存的四个主要作用。

1. 周转存货

当生产或订货是以每次一定批量，而不是每次一件的方式进行时，这种由批量周期性形成的存货就成为周转存货。按批量进行生产或订货的主要原因为：

(1) 为了获得规模经济性；

(2) 为了享受数量折扣。

2. 安全存货

安全存货是指生产者为了应付需求的不确定性和供应的不确定性，防止缺货造成的损失而设置的一定数量的存货。安全存货的数量除受需求和供应的不确定性影响外，还与企业希望达到的顾客服务水平有关。这些是制定安全存货决策时主要考虑的因素。

3. 在途存货

它是指处于相邻两个工作地之间或是相邻两级销售组织之间的存货，包括处在运输过程中的库存，以及停放在两地之间的库存。运输存货取决于输送时间和在此期间的需求率。

4. 预期存货

由于需求的季节性或采购的季节性特点，必须在淡季为旺季的销售准备存货，或是在收获季节为全年生产储备存货。决定预期存货的因素除了脱销的机会成本之外，还应考虑生产不均衡时的额外成本。

（五）库存管理的概念及目标

库存管理是指对库存物品的管理。它包括库存业务管理、库存物品品种数量管理、库存成本管理和库存量的控制管理。重点是库存量的控制管理。

库存管理的目标就是防止超储和缺货，在企业现有资源约束下，以最合理的成本为客户提供所期望水平的服务，即在达到客户期望的服务水平的前提下，尽量将库存成本减少到可以接受的水平。

二、库存管理与控制问题分类

（一）按需求的重复次数分，可分为单周期需求库存与多周期需求库存

单周期需求库存即偶尔发生的对某种物品的需求，仅仅发生在比较短的一段时间内以及库存时间不可能太长的需求，或经常发生的对某种生命周期短的物品的不定量需求。单周期需求库存一般只存储一次，这些库存消耗完了之后不再重新补充，因而也称为一次性订货量问题。

多周期需求库存是指在足够长的时间里对某种物品重复的、连续的需求，其库存需要不断地补充。多周期需求库存需要多次存储，即在前一批货物用完之前，就需把下一批货物入库，在一定时间内周而复始地存储同样的货物。

（二）按客户对库存的需求特性分，分为独立需求库存与相关需求库存

独立需求库存是指客户对某种物品的需求与其他种类的库存无关，表现出对这种需求的独立性。

相关需求库存是指与其他需求有内在相关性的需求，根据这种相关性，企业可以精确地计算出需求量和需求时间。它是一种确定型需求。

（三）按库存参数的确定性，可分为确定型库存和随机型库存

所谓确定型库存，是指物品的需求量是已知和确定的，补充供应的前置时间是固定的，并与订货批量无关。随机型库存指物品的需求量和前置时间至少有一个是随机变量。

三、库存管理的功能

库存管理的功能主要表现在以下四个方面：

（1）在保证企业生产、经营需求的前提下，使库存量经常保持在合理的水平上；

（2）掌握库存量动态，适时、适量提出订货，避免超储或缺货；

（3）减少库存空间占用，降低库存总费用；

（4）控制库存资金占用，加速资金周转。

四、库存管理的思想

不管是独立需求库存控制还是从属需求库存控制，都要回答以下问题：

● 如何优化库存成本？
● 怎样平衡生产与销售计划以满足交货要求？
● 怎样避免浪费和不必要的库存？
● 怎样避免需求损失和利润损失？

所以，库存管理要根据客户需求量的大小，制定一个订货进货策略，来控制订货进货过程，达到既满足客户需要，又控制库存水平，使得库存总费用最小的目的。

库存控制方法又叫做订货策略，它主要解决与订货有关的三个问题：

● 什么时候订货？即订货点、订货时机；
● 订多少？即订货批量；
● 如何实施？即订货法，如何操作。

五、库存合理化

库存合理化是指以最经济的方法和手段从事库存活动，并发挥其作用的一种库存状态及其运行趋势。

库存控制的重点是对库存，但是对库存控制还没有统一的模型，而且每个企业都有自己特殊的存货管理要求，所以不同企业只能根据自己的具体情况，建立有关的模型，解决具体问题。

为了确定最佳库存管理模型，企业需要掌握每日存货增减情况和有关项目的内容。

确定最佳库存管理模型的步骤如图 10-1 所示。

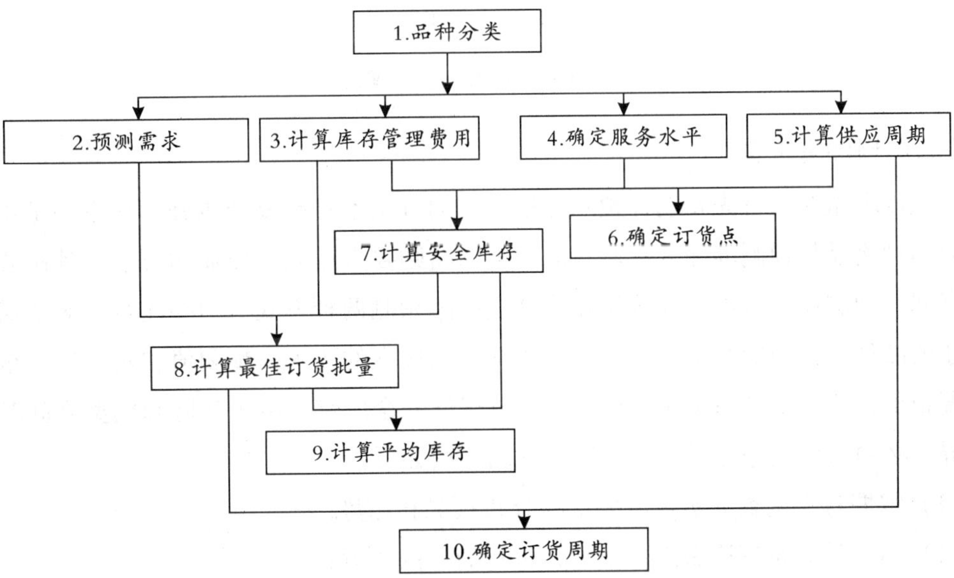

图 10-1 确定最佳库存管理模型的步骤

（一）确定库存管理品种

无论是生产企业的仓库还是销售企业的仓库，若对全部的物品一视同仁，势必会造成顾此失彼的现象出现，因此，要对物品进行分类管理，即 ABC 分类管理法。

如图 10-2 所示，根据图中曲线倾斜的变化程度，可将斜率最大区域内的品种群定为 A 群，A 群的销售额约占全部销售额的 70%；其次将斜率较小区域内的品种群定为 B 群，B 群的销售额占全部销售额的 20%，最后将斜率最小区域内的品种群定为 C 群，C 群的销售额约占全部销售额的 10%。然后在分类的基础上，按照 A、B、C 群的顺序，寻求管理的不同对策。

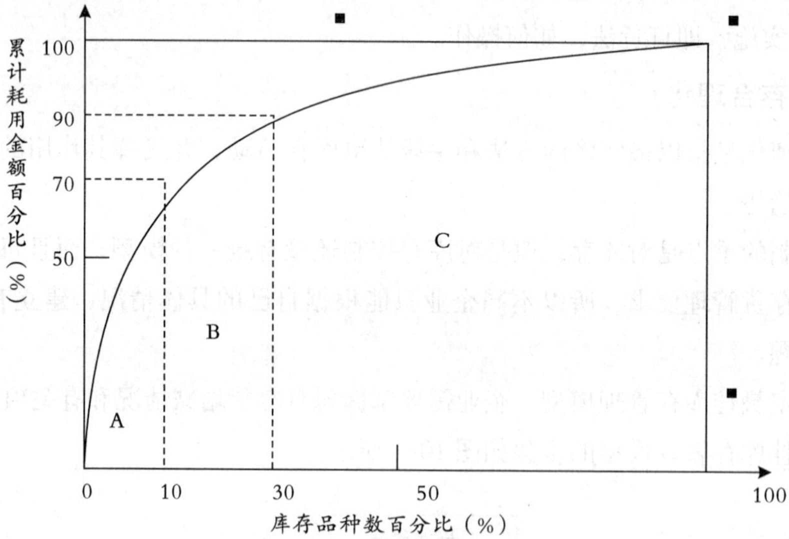

图 10-2　ABC 分类管理法

（二）预测需求量

预测需求量时，首先要选择预测方法。预测方法不是越复杂越好，它主要是用来提高重要品种物品的预测准确度，对其他种类物品则要采用简单作业的方法。其次要确定预测期间。预测期间可以分为按年和按供应期间预测两种方式。但要注意，对于需求量变动小的品种，预测期间要加倍，这样才符合总成本的要求。预测值和实际值完全一致的情况很少，所以要考虑预测的误差值，以保证安全库存。由于实际和模型之间存在一定差异，必须对模型进行修正。具体的预测方法如下：

（1）掌握过去调查的实际需要量的分布状况和趋势；

（2）用统计分布理论做近似模型，进行简单的预测；

（3）当用分布理论做出模型时，使用指数平滑法进行预测。注意，采用这种方法更要注重历史资料。

（三）计算与库存管理有关的费用

在划分商品品种的基础上，计算各类商品库存的管理费用，主要分为两步：第一，掌握库存管理的所有费用；第二，对费用进行计算。

库存管理费用一般包括与订货有关的费用和与保管有关的费用，具体说明如表 10-1 所示。

表 10-1　与库存管理有关的费用

项目	具体说明
1 订货费用	由于订货次数不同，费用也不同，以每次订货所支付的费用来表示
1.1 购入费	商品的进价，要掌握大量进货时折价的情况
1.2 事务费	与订货有关的通信费，工作时间的外勤费、运输费、入库费等都属于此项
2 保管费	根据库存量不同而发生变化的费用
2.1 利息	库存占用资金要支付的利息，增大库存而支付的费用，企业对库存投资希望得到的利益，在上述费用中取最大的
2.2 保险金	防止库存风险而发生的费用
2.3 搬运费	库存量发生变化时，产生的库内搬运费用
2.4 仓库经费	包括建筑物设备费、地租、房租、修理费、光热费、电费、水暖费
2.5 盘点货物损耗费	货物变质、丢失、损耗的费用
2.6 税金	库存资产的税金
3 库存调查费	进行需要量的调查、费用调查、库存标准调查发生的相关费用
4 缺货费	也称机会损失费

（四）确定服务率

所谓服务率，是指对于一定时期内，如一年、半年等需要量，能做到不缺货的比率。服务率的大小对企业经营有重要意义。服务率越高，要求拥有的库存量就越多。服务率必须根据企业的战略和商品的重要程度来确定。重要商品（如 A 类商品和促销品）的服务率可定为 95% ~100%；次重要或不重要商品的服务率可以定的相对低些。应当注意的是，服务率提高，库存费用也随之增加。总之，服务率的确定最终取决于经营者的判断。

（五）确定供应间隔

供应间隔是指从订货到交货需要多少天，又称供货期间。它主要是根据供应商的情况来决定的。如果是从生产商处直接进货，则企业必须充分了解生产商的生产过程、生产计划、工厂仓库的能力等，并进行全面的相互讨论后再确定供应期间，这也有利于加深对供应商的了解。供货期间长，意味着库存量增加，所以供货期间越短越好。另外，如果供应期间有变动，则要增加安全库存量以确保货物及时供应。因此，企业在订货期初就应明确安全供应期间。

（六）确定订货点

订货有两种方式，一是定量（订货点）订货方式，二是定期订货方式。定期订货方式是指在一定期间内补充库存的方式。定期订货是以每周、每月或三个月为一个订货周期，预先确定订货周期，以防止缺货。订货点订货方式是指库存降到订货点时订货的方式。订货点是指在补充库存之前，仓库所具备的库存量。定期订货与定量订货方法将在第二节讲述。

（七）计算安全库存

安全库存是指除了保证在正常状态下的库存计划量之外，为了防止由于不确定因素引起的缺货，而备用的缓冲库存。如果不确定因素考虑过多，则会导致库存过剩。不确定因素主要来自两个方面；需求量预测不确定和供应间隔不确定。

（八）确定订货量

订货量越大，库存和与库存有关的保管费越多。而订货次数减少，与订货有关的各项费用也相应减少。所以订货费和保管费两者随着订货量的变化而变化，呈现出反方向的变动关系。保管费和订货费之和的总费用是最小值时，对应的订货量就是经济订货量。

（九）确定平均库存

平均库存是指在一定期间内的平均库存量，一般采用下面的公式计算：

平均库存量＝（订货量/2）＋安全库存量

第二节　ABC 分类管理法

ABC 分类管理法又叫 ABC 分析法、ABC 库存控制技术，它是以某类库存物品品种数占总的物品品种数的百分比和该类物品金额占库存物品总金额的百分比大小为标准，将库存物品分为 A、B、C 三类，进行分级管理。ABC 分类管理法简单易行，效果显著，在现代库存管理中已被广泛应用。

一、ABC 分类管理法的来源

ABC 分类管理法源自帕累托法则（Pareto Analysis）。经济学家帕累托在 1897 年研究社会财富分配时，收集了许多国家的收入统计资料，得出收入与人口关系的规律，即占人口比重不大（20%）的少数人的收入占总收入的大部分（80%），而大多数人（80%）的收入只占总收入的很小部分（20%）。由此他提出了所谓的“关键的少数和次要的多数”的结论。1951 年，美国通用电气公司的董事长迪基对公司所属某厂的库存物品经过调查分析后发现上述原理适用于储存管理，于是他将库存物品按所占资金也可分成三类，并分别采取不同的管理办法和采购、储存策略，尤其是对重点物品实行 ABC 分类分析的重点管理原则。

二、ABC 分类管理法的原理

仓库保管的货物品种繁多，有些物品的价值较高，对企业的发展影响较大，或者对保管的要求较高；而多数被保管的货物价值较低，要求不是很高。如果人们对所有的货物采取相同的管理方法，则可能投入的人力、资金很多，而效果事倍功半。如何在管理中突出重点，做到事半功倍，这是应用 ABC 分类管理法的目的。

80/20 法则是 ABC 分类管理法的指导思想，所谓 80/20 法则，简单地说，就是 20% 的因素带来了 80% 的结果。例如，20% 的客户提供了 80% 的定单，20% 的产品赢得了 80% 的利润，20% 的员工创造了 80% 的财富。当然，这里的 20% 和 80% 并不是绝对的，还可能是 25% 和 75% 等等，总之，80/20 法则作为统计规律，是指少量的因素带来了大量的结果。它告诉人们，不同的因素在同一活动中起着不同的作用，在资源有限的情况下，人们应该把注意力放在起着关键性作用的因素上。ABC 分类管理法正是在这种原则指导下，企图对库存物品进行分类，以找出占用大量资金的少数库存货物，并加强对它们的控制与管理，对那些占用少量资金的大多数货物，则实行较简单的控制与管理。

ABC 分类管理法的基本原理为：由于各种库存品的需求量和单价各不相同，其年耗用金额也各不相同。那些年耗用金额大的库存品，由于其占用企业的资金较大，对企业经营的影响也较大，因此需要进行特别的重视和管理。ABC 分类管理法就是根据库存品的年耗用金额的大小，把库存品划分为 A、B、C 三类。A 类库存品：其年耗用金额占总库存金额的 75% ~80%，其品种数却只占总库存品种数的 15% ~20%；B 类库存品：其年耗用金额占总库存金额的 10% ~15%，其品种数占总库存品种数的 20% ~25%；C 类库存品：其年耗用金额占总库存金额的 5% ~10%，其品种数却占总库存品种数的 60% ~65%。

三、ABC 分类管理法的步骤

ABC 分类管理法的一般步骤如下。

1. 搜集数据

按分析对象和分析内容搜集有关数据，包括各种货物的库存量、出库量和结存量。

前两项应收集半年到一年的资料，后一项应收集盘点或分析时的最新资料。

2. 处理数据

利用收集到的年需求量、单价，计算出各种库存品的年耗用金额。

3. 编制 ABC 分析表

根据已计算出的各种库存品的年耗用金额，把库存品按照年耗用金额从大到小进行排列，并计算累计百分比。

4. 根据 ABC 分析表确定分类

根据已计算出的年耗用金额的累计百分比，按照 ABC 分类管理法的基本原理，对库存品进行分类。

5. 绘制 ABC 分析图

以库存品种数百分比为横坐标，以累计耗用金额百分比为纵坐标，在坐标图上取点，并联结各点，绘成 ABC 曲线。按 ABC 曲线对应的数据，以 ABC 分析表确定 A、B、C 三个类别的方法，在图上标明 A、B、C 三类，制成 ABC 分析图。

四、ABC 分类管理法的应用

【例 10-1】 某仓库一段时间各种物品的价值见表 10-2，用 ABC 分析法对这些物品进行分类。

表 10-2 物品价值的历史数据

物品编号	001	002	003	004	005	006	007	008	009	010
价值（元）	25	7	170	20	3	15	150	4	4	2

解： 根据 ABC 分类步骤进行 ABC 分类，计算结果见表 10-3 与图 10-3。在进行 ABC 分析时，断点的选择是一项基于明显偏差的随意行为，它对 ABC 分析结果有明显的影响。一般我们可按下列原则来选择断点：即某一物品与下一物品之间的需求有很大的不同而呈现明显的分离，这时就可以确定断点的存在。

表 10-3 分类计算的结果

物品编号	价值（元）	累计价值（元）	累计价值占全部价值的百分比（%）	物品的累计种类数	累计物品种类数占全部物品种类数的百分比（%）	分类结果
003	170	170	42.50	1	10.00	A
007	150	320	80.00	2	20.00	A

（续表）

物品编号	价值（元）	累计价值（元）	累计价值占全部价值的百分比（%）	物品的累计种类数	累计物品种类数占全部物品种类数的百分比（%）	分类结果
001	25	345	86. 25	3	30. 00	B
004	20	365	91. 25	4	40. 00	B
006	15	380	95. 00		50. 00	B
002	7	387	96. 75		60. 00	C
008	4	391	97. 75		70. 00	C
009	4	395	98. 75		80. 00	C
005	3	398	99. 50		90. 00	C
010	2	400	100. 00		100. 00	C

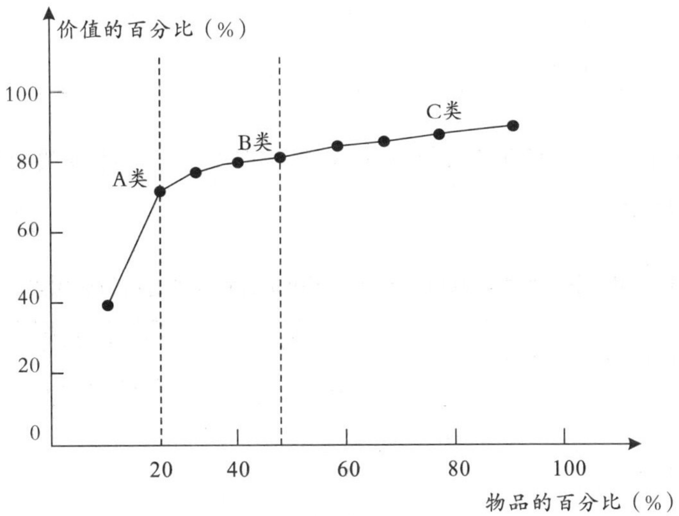

图 10-3　ABC 分析图

【例 10-2】根据表 10-4 对各物品进行 ABC 分类。

表 10-4　各物品的相关数据

物品编号	1	2	3	4	5	6	7	8	9	10
单价（元）	0. 18	0. 02	0. 1	0. 22	0. 08	0. 15	0. 03	0. 14	0. 07	0. 25
年需求量	24	65	220	750	120	750	85	25	420	28

解：步骤一：计算各物品的年耗用金额及占总金额的百分比（总金额357.17元），如表10-5所示。

表10-5　各物品的年耗用金额及占总金额的百分比

物品编号	单价（元）	年需求量	年耗用金额（元）	占全部金额的百分比（%）
1	0.18	24	4.32	1.21
2	0.02	65	1.3	0.36
3	0.1	220	22	6.16
4	0.22	750	165	46.20
5	0.08	120	9.6	2.69
6	0.15	750	112.5	31.50
7	0.03	85	2.55	0.71
8	0.14	25	3.5	0.98
9	0.07	420	29.4	8.23
10	0.25	28	7	1.96

步骤二：将各物品按年耗用金额从大到小进行排序，并对年耗用金额的百分比进行累计，如表10-6所示。

表10-6　各物品按年耗用金额从大到小进行排序并进行百分比累计

物品编号	单价（元）	年需求量	年耗用金额（元）	占全部金额的百分比（%）	百分比累计（%）
4	0.22	750	165	46.20	46.20
6	0.15	750	112.5	31.50	77.70
9	0.07	420	29.4	8.23	85.93
3	0.1	220	22	6.16	92.09
5	0.08	120	9.6	2.69	94.78
10	0.25	28	7	1.96	96.74
1	0.18	24	4.32	1.21	97.95
8	0.14	25	3.5	0.98	98.93
7	0.03	85	2.55	0.71	99.64
2	0.02	65	1.3	0.36	100
总计			357.17		

步骤三：按分类标准，选择断点进行分类，确定A、B、C三类物品，如表10-7所示。

表10-7　分类结果

物品编号	单价（元）	年需求量	年耗用金额（元）	占全部金额的百分比（%）	百分比累计（%）	分类结果
4	0.22	750	165	46.20	46.20	A
6	0.15	750	112.5	31.50	77.70	A
9	0.07	420	29.4	8.23	85.93	B
3	0.1	220	22	6.16	92.09	B
5	0.08	120	9.6	2.69	94.78	C
10	0.25	28	7	1.96	96.74	C
1	0.18	24	4.32	1.21	97.95	C
8	0.14	25	3.5	0.98	98.93	C
7	0.03	85	2.55	0.71	99.64	C
2	0.02	65	1.3	0.36	100	C
总计			357.17			

第三节　独立需求下的库存控制模型

库存控制是在保证供应的前提下，对库存物品的数量进行有效管理的经济技术措施。库存控制的重点是对库存量的控制。订货点技术是传统的库存控制方法，它是影响实际库存量的两个方面，一是销售的数量和时间，二是进货的数量和时间，来确定订货的数量和时间，从而达到控制库存量的目的。因此订货点技术的关键在于对订货时机的选择，具体的方法包括定量订货法和定期订货法两种。

一、定量订货法

（一）定量订货法的原理

定量订货法也称连续检查控制方式或订货点法。其工作原理为：连续不断地监视库存余量的变化，当库存余量下降到某个预定数值时，就向供应商发出固定批量的订货请求，经过一段订货时间，订货到达后补充库存。详细情况如图10-4所示。

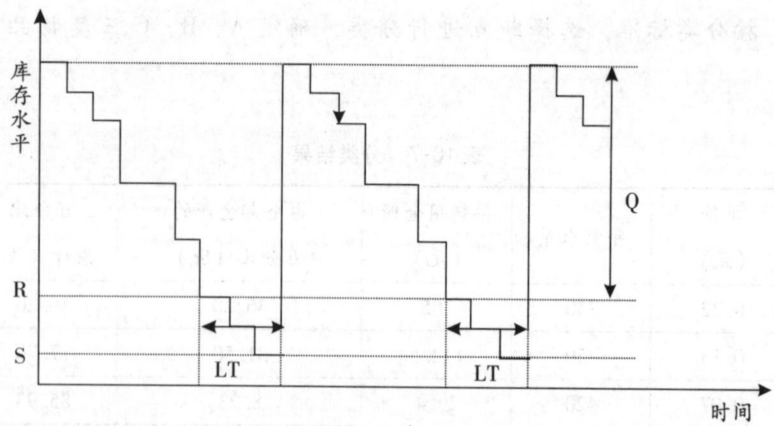

图 10-4 定量订货法

注：R——订货点；S——安全库存；Q——订货批量；LT——订货前期。

（二）定量订货法控制参数的确定

实施定量订货法需要确定两个控制参数：一个是订货点，即订货点库存量；另一个是订货数量，即经济订货批量（EOQ）。

1. 订货点的确定

影响订货点的因素有三个：订货提前期、平均需求量和安全库存。

（1）在平均需求量和订货提前期确定的情况下，不需要设置安全库存即可直接求出订货点，计算公式如下：

订货点 = 订货提前期（天）× 每天的需求量

【例 10-3】 某仓库每年出库商品业务量为 18 000 箱，订货提前期为 10 天，计算订货点。

解： 订货点 = 订货提前期（天）×每天的需求量

=10 ×（18 000/360）

=500（箱）

（2）在平均需求量和定货提前期都不确定的情况下，需要考虑安全库存，计算公式如下：

订货点 =（最大订货提前期 × 平均需求量）+ 安全库存

其中，安全库存 = 安全系数 ×（最大订货提前期）$^{1/2}$ × 需求变动值安全系数如表 10-8所示。

表 10-8　安全系数表

缺货概率（%）	30.0	27.4	25.0	20.0	16.0	15.0	13.6
安全系数值	0.54	0.60	0.68	0.84	1.00	1.04	1.10
缺货概率（%）	11.5	10.0	8.1	6.7	5.5	5.0	4.0
安全系数值	1.20	1.28	1.40	1.50	1.60	1.65	1.75
缺货概率（%）	3.6	2.9	2.3	2.0	1.4	1.0	
安全系数值	1.80	1.90	2.00	2.05	2.20	2.33	

需求变动值 =（最大需求量 - 最小需求量）/d_2

d_2 为随统计期数的多少而变动的常数，可查表 10-9 得到。

表 10-9　随统计期数而变动的 d_2 值

期数	2	3	4	5	6	7	8	9	10	11	12	13
d_2	1.128	1.693	2.059	2.326	2.534	2.704	2.847	2.970	3.078	3.173	3.258	3.336
$1/d_2$	0.8865	0.5907	0.4857	0.4299	0.3946	0.3098	0.3512	0.3367	0.3249	0.3152	0.3069	0.2998
期数	14	15	16	17	18	19	20	21	22	23	24	
d_2	3.407	3.472	3.532	3.588	3.640	3.689	3.735	3.778	3.820	3.858	3.896	
$1/d_2$	0.2935	0.2880	0.2831	0.2787	0.2747	0.2711	0.2677	0.2647	0.2618	0.2592	0.2567	

【例 10-4】某仓库 A 商品 2012 年各月份需求量实际值如表 10-10 所示，最大订货提前期为 2 个月，缺货概率根据经验统计为 5%，计算 A 商品的订货点。

表 10-10　A 商品各月需求量资料表

月份	1	2	3	4	5	6	7	8	9	10	11	12	合计
需求量	162	173	167	180	181	172	170	168	174	168	163	165	2052

解：平均月需求量 = 2052/12 = 171（箱）　（1）

由缺货概率 5%，查表得安全系数为 1.65。　（2）

由 n = 12，查表得出 $1/d_2$ 为 0.3069。

需求变动值 =（181-162）×0.3069 = 5.831　（3）

安全库存 = 安全系数 ×（最大订货提前期）$^{1/2}$ × 需求变动值

= 1.65 ×（2）$^{1/2}$ ×5.831

= 356（箱）

订货点 =（最大订货提前期 × 平均需求量）+ 安全库存

$= 2 \times 171 + 356$

$= 698$（箱）

当 A 商品的库存量下降到 698 箱时就应该发出订货请求。

2. 订货批量的确定

计算经济订货批量的目的是为了平衡订货成本和存储成本之间的关系，使得库存总成本最小。具体如图 10-5 所示。确定经济订货批量的假设如下：

（1）需求稳定，单位时间内的需求恒定；

（2）订货提前期 L 不变；

（3）每次订货批量 Q 一定；

（4）每次订货一次入库，入库过程在极短的时间内完成；

（5）订货成本、单位存储成本和单价固定不变；

（6）不允许出现缺货（缺货有缺货成本，计算麻烦）。

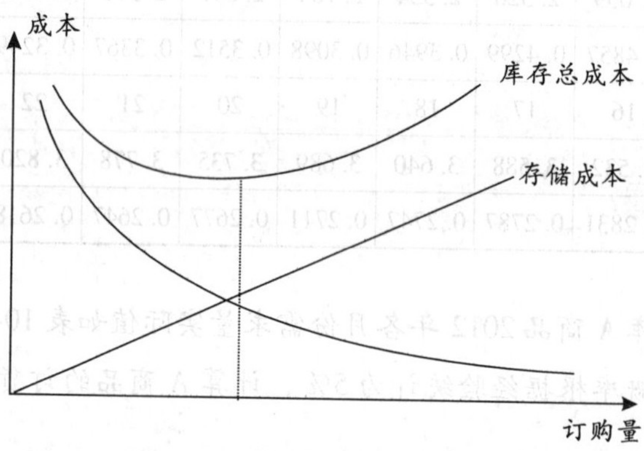

图 10-5 订购量与成本之间的关系

相关计算公式如下：

$$年订货成本 = C \times (D/Q)$$

公式中：C——每次订货的成本；

D——年需求量；

Q——订货批量。

$$年存储成本 = P \times H \times Q/2$$

公式中：P——订购单价；

H——年存储费率；

$Q/2$——年平均库存。

$$年总成本 = 年购入成本 + 年订购成本 + 年存储成本$$

$$TC = C \times (D/Q) + PH \times Q/2 + P \times D$$

对 Q 求导，并令其等于零，求得 Q。

$$EOQ = \sqrt{\frac{2DC}{PH}}$$

【例 10-5】 某仓库某种商品年需求量为 16 000 箱，单位商品年保管费为 2 元，每次订货成本为 40 元，试计算经济订货批量。

解： $EOQ = \sqrt{\frac{2DC}{PH}} = \sqrt{\frac{2 \times 16\,000 \times 40}{2}} = 800$（箱）

二、定期订货法

定期订货法是按预先确定的订货时间间隔进行订货补充的库存管理方法。

（一）定期订货法原理

预先确定一个订货周期 T 和最高库存量 Q_{max}，对库存进行周期性的检查，根据最高库存量、实际库存量、在途订货量和待出库商品数量，计算出每次订货批量，发出订货指令，组织订货。

实施定期订货法需要解决三个问题：

（1）订货周期如何确定？

（2）最高库存量如何确定？

（3）每次订货的批量如何确定？

（二）定期订货法的控制参数

1. 订货周期的确定

在定期订货法中，订货点实际上就是订货周期，其间隔时间总是相等的。订货周期直接决定最高库存量的大小，即库存水平的高低，进而也决定了库存成本的多少。订货周期过长，库存成本上升；订货周期过短，增加订货次数和订货成本。为使总费用达到最小，可以采用经济订货周期的方法来确定订货周期，计算公式如下：

$$T_0 = \sqrt{\frac{2C}{DPH}}$$

公式中：C——每次订货的成本；

D——年需求量；

P——订购单价；

H——年存储费率。

【例 10-6】某仓库 A 商品年需求量为 16 000 箱，单位商品年保管费为 20 元，每次订货成本为 400 元，计算经济订货周期。

解：根据 $T_0 = \sqrt{\frac{2C}{DPH}}$

$= \sqrt{\frac{2 \times 400}{16\,000 \times 20}}$

$= 1/20$（年）

$= 18$（天）

2. 最高库存量的确定

定期订货法的最高库存量是用以满足（$T + T_k$）期间内的库存需求的，所以我们可以用（$T + T_k$）期间的库存需求量作为基础。考虑到随机发生的不确定库存需求，我们再设置一定的安全库存。计算公式如下：

$$Q_{max} = R \times (T + T_k) + Q_s$$

公式中：Q_{max}——最高库存量；

R——（$T + T_k$）期间的库存需求量平均值；

T——订货周期；

T_k——平均订货提前期；

Q_s——安全库存量。

3. 订货量的确定

定期订货法每次的订货数量是不固定的，订货批量的多少都是由当时的实际库存量的大小决定的，考虑到订货点时的在途到货量和已发出出货指令但尚未出货的待出货数量，则每次订货的订货量的计算公式为：

$$Q_i = Q_{max} - Q_{ni} - Q_{ki} + Q_{mi}$$

公式中：Q_i——第 i 次订货的订货量；

Q_{max}——最高库存量；

Q_{ni}——第 ni 次订货点的在途到货量；

Q_{ki}——第 i 次订货点的实际库存量；

Q_{mi}——第 i 次订货点的待出库货物数量。

【例 10-7】某仓库 A 商品订货周期为 18 天，平均订货提前期为 3 天，平均库存需求量为每天 120 箱，安全库存量为 360 箱。另某次订货时在途到货量为 600 箱，实际库存量为 1500 箱，待出库货物数量为 500 箱，试计算该仓库 A 商品最高库存量和该次订货时的订货批量。

解析：根据 $Q_{max} = R \times (T + T_k) + Q_s$

$= 120 \times (18 + 3) + 360$

$= 2880$（箱）

再根据 $Q_i = Q_{max} - Q_{ni} - Q_{Ki} + Q_{mi}$

$= 2880 - 600 - 1500 + 500$

$= 1280$（箱）

第四节　物料需求计划技术

一、物料需求计划的基本介绍

物料需求计划（Materials Requirement Planning，MRP）是一种工业制造企业内的物资计划管理模式。根据产品结构层次、物品的从属和数量关系，以每个物品为计划对象，以完工日期为时间基准倒排计划，按提前期长短区别各个物品下达计划时间的先后顺序。通俗地说，MRP 是一种保证既不出现短缺，又不积压库存的计划方法，解决了制造企业所关心的缺件与超储的矛盾。

（一）MRP 相关需求理论

MRP 的理论基础是独立需求与相关需求。独立需求就是对产成品的需求。一般而言，独立需求是由客户和市场提出来的，销售订单和销售预测所给出的产品需求数量就是企业的独立需求。而相关需求则是指对构成产成品的物料的需求，其相关性表现在产品数量一旦确定，则构成产品的物料的数量也就确定了。由此企业可以根据所要生产产品的数量和时间，精确计算出所需物料的数量和时间。在做这种计算时，物料又可以分为自制件、采购件、委外件。分别将这些物料计算出来的总需求减掉库存可用量之后，就得到了生产订单（自制件）、采购订单（采购件）、委外订单（委外件）。可见物料清单对于计划管理的重要性。物料清单中以母件与子件的表达方式来表达产品与物料、物料与物料之间的多层相关关系。

利用传统的订货点方法处理相关需求的问题有以下几个缺点：

1. 盲目性

对需求不了解，盲目地维持一定的库存会给资金周转带来困难。例如，对某零部件需求可能会出现如表 10-11 所示的三种情况。利用传统的经济批量订货技术可以计算出经济订货批量，假定为 90 件。第一种情况中，第一周仅需 30 件，若一次订货 90 件，则余下 60 件还需存放 3 周，到第四周再消耗 30 件，余 30 件，还需存放 4 周；第二种情况中，90 件的订货量在前三周就是多余的库存；第三种情况中，从第二周起剩余的 60 件被存放 9 周。靠经常维持库存来保证需求是由于对需求的数量和时间不进行控制所致，并造成浪费。

表 10-11　　某零部件需求表

周次	1	2	3	4	5	6	7	8	9	10
情形一	30	0	0	30	0	0	0	30	0	0
情形二	0	0	0	30	0	0	60	0	0	0
情形三	30	0	0	0	0	0	0	0	0	60

2. 高库存与低服务水平

由于对需求不了解，只有靠维持高库存来提高服务水平，这样会造成很大浪费。传统的订货点方法使得低库存与高服务水平两者不可兼得，服务水平越高则库存越高。

3. 形成块状需求

采用订货点方法的条件是需求为均匀的。但是，在制造过程形成的需求一般都是非均匀的：不需要时为零，一旦需要就是一批。采用订货点方法就加剧了这种需求的不均匀性。

因此传统的订货点方法是用于处理独立需求问题的，它不能令人满意地解决生产系统内发生的相关需求问题。而 MRP 可以精确地确定组件的需求数量与时间，消除了盲目性，实现低库存与高服务水平的并存。

（二）MRP 的原理

我们都知道，按需求的来源不同，企业内部的物料可分为独立需求和相关需求两种类型。独立需求是指需求量和需求时间由企业外部的需求来决定，例如，客户订购的产品、科研试制需要的样品、售后维修需要的备品、备件等；相关需求是指根据物料之间的结构组成关系由独立需求的物料所产生的需求，例如，半成品、零部件、原材料等的需求。

MRP 的基本任务有两个：

（1）从最终产品的生产计划（独立需求）推导出相关物料（原材料、零部件等）的需求量和需求时间（相关需求）；

（2）根据物料的需求时间和生产（订货）周期来确定开始生产（订货）的时间。

MRP 的基本内容是编制零件的生产计划和采购计划。然而，要正确编制这些计划，首先必须落实产品的出产进度计划，即主生产计划（Master Production Schedule，

MPS)。MRP 还需要知道产品的零件结构，即物料清单（Bill Of Material，简称 BOM），才能把主生产计划分解成零件计划；同时，必须知道库存数量才能准确计算出零件的采购数量。因此，基本 MRP 的依据是：主生产计划（MPS）；物料清单（BOM）；库存信息。

二、MRP 系统的运行

（一）主生产计划

主生产计划是确定每一具体的最终产品在每一具体时间段内生产数量的计划，具体样例如表 10-12 所示。这里所说的最终产品是指对企业来说最终完成、要出厂的完成品，它要具体到产品的品种、型号。这里所说的具体时间段，通常是以周为单位，在有些情况下，也可以是日、旬、月。主生产计划详细规定生产什么、什么时段应该产出，属于独立需求计划。主生产计划根据客户合同和市场预测，把经营计划或生产大纲中的产品系列具体化，使之成为展开物料需求计划的主要依据，起到了从综合计划向具体计划过渡的承上启下作用。

表 10-12　最终产品 A 的主生产进度计划表

时期（周）	1	2	3	4	5	6	7	8
产量（件/周）	25	15	20		60		15	

（二）产品结构文件

产品结构文件也称物料清单，它是生产某最终产品所需的零部件、辅助材料或材料的目录。MRP 系统要正确计算出物料需求的时间和数量，特别是相关需求物料的数量和时间，首先要让系统识别企业所制造的产品结构和所有要使用到的物料。产品结构列出构成成品或装配件的所有部件、组件、零件等的组成、装配关系和数量要求。产品结构文件是 MRP 产品拆零的基础。

例如，产品 A 的树型结构如图 10-6 所示。产品 A 的提前期是 2 周，由 2 个部件即两个 B 和一个 C 装配而成，B 由一个外购件 D 和一个零件 C 组成，B、C、D 的提前期分别为 1 周、3 周和 1 周。

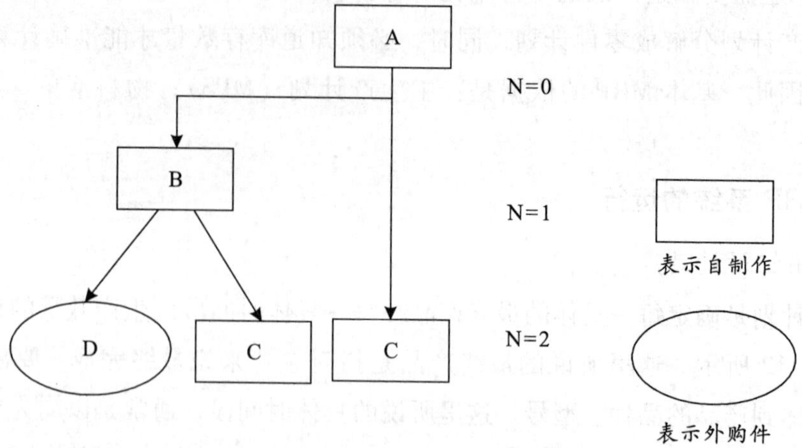

图 10-6　产品 A 的树型结构

当然，这并不是企业最终所要的 BOM。为了便于计算机识别，必须把产品结构图转换成规范的数据格式，这种用规范的数据格式来描述产品结构的文件就是物料清单。它必须说明组件（部件）中各种物料需求的数量和相互之间的组成结构关系。表 10-13 是产品 A 的错口式物料清单。

表 10-13　产品 A 的错口式物料清单

零件代码及层次			每一装配件需要的数量	前置时间
0	1	2		
A				2
*	*	C	1	3
*	B		2	1
*	*	D	1	1
*	*	C	1	3

（三）库存信息

库存信息是保存企业所有产品、零部件、在制品、原材料等存在状态的数据库。库存信息是保持每一种零部件的有关数据，如现有库存量、计划收到量、已分配量等。

（1）现有库存量：是指在企业仓库中实际存放的物料的可用库存数量。

（2）计划收到量（在途量）：是指根据正在执行中的采购订单或生产订单，在未来某个时段物料将要入库或将要完成的数量。

（3）已分配量：是指尚保存在仓库中但已被分配掉的物料数量。

（4）提前期：是指执行某项任务由开始到完成所消耗的时间。

（5）订购（生产）批量：在某个时段内向供应商订购或要求生产部门生产某种物料的数量。

（6）安全库存量：为了预防需求或供应方面的不可预测的波动，在仓库中应保持最低库存数量作为安全库存量。

根据以上各项数值，可以计算出某项物料的净需求量，计算公式如下：

净需求量＝毛需求量＋已分配量－计划收到量－现有库存量

例如：A 产品的库存文件如图 10-14 所示。

表 10-14　A 产品的库存文件

项目 A	周数								
提前期 1 周	0	1	2	3	4	5	6	7	8
总需求量		25	15	20		60		15	
计划到货量		10				40		50	
现有库存量	25	10	0	0	0	0	0	35	0
净需求量		0	5	20	0	20	0	0	0
计划接受订货		0	5	20		20			
计划发出订货		5	20		20				

三、MRP 运行实例

【例 10-8】生产木质百叶窗和书架的某厂商收到两份百叶窗订单：一份要 100 个，另一份要 150 个。在当前时间进度安排中，100 个百叶窗的订单应于第四周开始时运送，150 个百叶窗的订单则于第八周开始时运送。每个百叶窗包括四个木制版条部分和两个框架。木制部分是工厂自制的，制作过程耗时一周。框架需要订购，生产提前期是两周。工人组装百叶窗需要一周。第一周在途的订货数量是 70 个木制部分。为使送货满足如下条件，请计算计划发出订货的订货规模与订货时间。

（1）配套批量订货；

（2）订货批量为 320 个框架与 70 个木制部分的订货。

解：（1）制作生产进度计划，如表 10-15 所示。

表 10-15　百叶窗进度安排

周数	1	2	3	4	5	6	7	8
数量				100				150

（2）制作产品结构树，如图 10-7 所示。

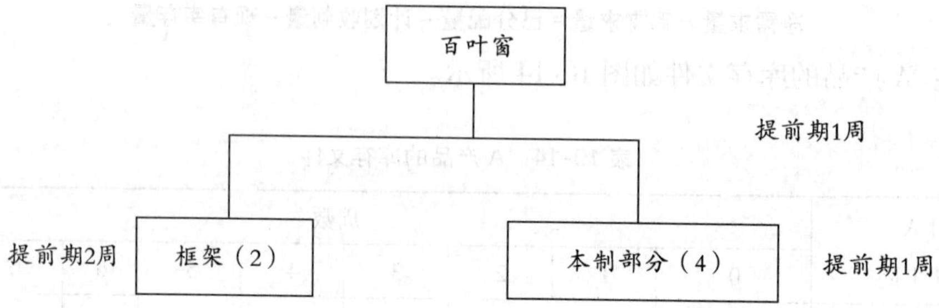

图 10-7　百叶窗产品结构树

（3）利用主生产进度计划，求解百叶窗总需求，然后再计算净需求。假设在配套批量订货条件下，计算满足主生产进度计划时间安排的计划收到订货与计划发出订货数量。

主生产进度计划显示需要运送 100 个百叶窗，在第四周开始时没有计划持有量，因此净需求也是 100 个百叶窗。于是，第四周的计划接收数量等于 100 个百叶窗。由于装配百叶窗耗时一周，这就意味着计划发出订货是在第三周开始时。运用同样逻辑，150 个百叶窗必须在第七周组装，这样才能在第八周运送出去。

在第三周开始时 100 个百叶窗的计划发出订货指的是那时必须得到 200 个框架。因为没有预期持有量，净需求就是第三周开始时的 200 个框架，以及必备条件：200 个框架的计划收到订货。生产提前期为两周意味着厂商必须在第一周开始时订购 200 个框架。同样，第七周时 150 个百叶窗的计划发出订货产生第七周的总需求与净需求：300 个框架以及当时的计划收到订货。两周的生产提前期意味着厂商必须在第五周开始时订购框架。

第三周开始时 100 个百叶窗的计划发出订货同时生成 400 个木制部分的总需求。然而，由于计划的持有量为 70 个木制部分，净需求即为 400 − 70 = 330。这意味着第三周开始时的计划接收为 330 个木制部分。制作过程历时一周，因此制作必须在第二周开始时进行。同样，第七周 150 的百叶窗的计划发出订货产生的总需求是 600 个木制部分。由于木质部分净需求也是 600 个木制部分，计划收到订货是 600 个木制部分。此外，一周的生产提前期意味着600个木制部分的制作安排在第六周开始时，具体生产进度安排如表10-16所示。

表10-16　配套批量订货下的MRP时间进度安排

百叶窗的时间计划总表

周数	1	2	3	4	5	6	7	8
数量				100				150

百叶窗 LT=1周									
	总需求				100				150
	已在途订单								
	计划持有量								
	净需求				100				150
	计划收到订货				100				150
	计划发出订货			100				150	

2倍　　2倍

框架 LT=2周									
	总需求			200				300	
	已在途订单								
	计划持有量								
	净需求			200				300	
	计划收到订货			200				300	
	计划发出订货	200				300			

4倍　　4倍

木制部分 LT=1周									
	总需求			400				600	
	已在途订单	70							
	计划持有量		70	70					
	净需求			330				600	
	计划收到订货			330				600	
	计划发出订货		330				600		

（4）在订货批量订货条件下，唯一不同点就是计划接收数量超过的净需求量的可能性。超过部分即为下一期计划存货。例如，如表10-17所示，框架的订货批量是320个，成为下一周的计划存货量。类似地，框架净需求180个的比订货批量320个少了140个，超过量变为第八周计划存货量。木制部分的计划也是如此，第三周与第七周计划接收量的超过部分加到了第四周和第八周。注意，订货批量必须是与批量规模的倍数，第三周是5乘以70，第七周是9乘以70。

表 10-17 订货批量条件下的 MRP 时间进度安排

百叶窗的时间计划总表	周数	1	2	3	4	5	6	7	8
	数量				100				150

		1	2	3	4	5	6	7	8
百叶窗 LT=1周 订货数量＝配套批量订货	总需求				100				150
	已在途订单								
	计划持有量								
	净需求				100				150
	计划收到订货				100				150
	计划发出订货			100				150	

2 倍　　2 倍

		1	2	3	4	5	6	7	8
框架 LT=2周	总需求			200				300	
	已在途订单								
	计划持有量				120	120	120	120	140
	净需求			200				180	
	计划收到订货			320				320	
	计划发出订货	320				320			

4 倍　　4 倍

		1	2	3	4	5	6	7	8
木制部分 LT=1周	总需求			400				600	
	已在途订单	70							
	计划持有量		70	70	20	20	20	20	50
	净需求			330				580	
	计划收到订货			350				630	
	计划发出订货		350				630		

MRP 为最终产品及其各组附件、部件作出了计划。从概念上说，他们的数值可以用图描述出来。但实际上，即便是比较简单的产品的部件数量，也足以生成宽度令人无法控制的表格。因而，如上述实例所示，计划是由个别部件堆砌起来的。正因为如此，产品树对于追踪各部件之间的关系显得极为重要。

【本章小结】

本章系统地介绍了库存的含义，展开讲述了库存合理化的相关内容；重点讲解了库存控制的方法：定量订货法和定期订货法；对于 ABC 分类管理法更是进行了详细的讲解和阐述；

对于物流管理基本技术——MRP 技术也进行了实例性的讲解。

【案例讨论】

玉清的库存管理变革

几年前，有两个数字让玉清公司的高层寝食难安：一个是库存数据，在玉清公司的分销体系中，有价值38 亿美元的库存；另一个是脱销量，在零售店或折扣店中最重要的2 000种商品中，任何时刻都有11%的商品脱销，玉清公司的产品在其中占有相当大的比重。有时没找到所需商品的顾客会推迟购买，但很多顾客会买别的品牌或干脆什么都不买。

令人不解的是，大量库存并未降低脱销量。事实上，货架上脱销的商品常常堆积在仓库中。虽然库存系统中表明有货，库存管理人员却无法找到牙膏或纸巾的包装箱。库存堆积如山，而顾客却经常买不到玉清公司的产品。虽然尽了很大努力，但是玉清公司尝试过的对策都无法改变这一情况。于是，玉清公司的管理层开始探索更具激进性的、突破性的解决方法。玉清公司定下了目标：在不导致脱销问题进一步恶化的前提下，减少10 亿美元库存。

急剧变化的市场环境使玉清公司意识到，必须对自己的库存管理进行改革，而现有的做法无法缩短订货至发货的循环周期，因此玉清公司要削减不必要的安全存货（safety inventory，是指公司为了避免供应短缺而保留在手上的超出定购量的库存），向快速流通配送（flow-through）的方向转变。

玉清公司曾经一直采用零售合作伙伴买进整车商品时给予折价的定价政策。然而，这一政策会促使其客户经常推迟订货，直到他们能购买整车货物，甚至因此导致脱销也在所不惜。同时也使他们承担了高于其需求的存货。多余的存货导致两个主要问题：一是产品老化，如果渠道中有太多库存，那么客户必须在市场营销周期的末尾从零售商处回收，而处理增加的产品则会导致更多的货物受损；此外，与通常的逻辑相反，多余的库存事实上导致产品难以获得，因为零售商的库存空间有限，而产品如果淹没在拥挤的仓库中就很难找到了。研究表明，如果玉清公司允许客户及时订货，并且稍微放松有关满车的限制，则会产生令人惊讶的效果。

另一个分析领域是后期分销。在后期分销流程中，商店每晚检查其存货，每天将需求信息发送到总部。如果商店经理在一周的前两天发现卖出了三瓶××洗发水，那么他便将订单发送给总部，总部将订单转送到玉清公司，但这一产品从分销体系中返回要花7～10 天。很多零售商在商品到达分销中心时会严格按照商店的订货量装运。但那时数据可能已经是10天前的了，此时商店与其在订货时的存货状况可能完全不同。

根据以上分析，玉清公司采取了以下三项举措。

（1）建立实时需求启动装置，即从零售商的条码扫描器上直接获取销售点的信息。如玉清公司在50个零售店中进行销售点系统的试验计划，通过这一信息获取系统能使11%的脱销率下降为2%～3%。

（2）改变规划和生产产品的方式。为实现这一目标，玉清公司与其ERP系统供应商共同开发了具有适应性的资源规划模型，使他们可以在得到实时或接近实时信息的情况下每天进行2～3次规划更新，而不是每天进行一次批量规划。目前，玉清公司已在其最大量的库存单位（SKU）中实现了30%的按需生产系统。

（3）放宽传统规则的限制。对于低于整车的送货量，玉清公司的管理层决定以最大10%的幅度调整满车装运规则。

总之，更少量但更容易取得的存货使脱销率有所降低，优化的客户需求信息导致更好的产品流动和更少的库存。

思考题：

1. 玉清公司库存管理问题产生的原因有哪些？

2. 你还有何种库存控制办法来解决玉清公司的高库存？

3. 如何进一步合理化玉清公司的产品销售流程？

问题与思考

1. 如何实现库存合理化？

2. 某仓库每年出库业务量为18 000箱，订货提前期为10天，试计算订货点。

3. 某商品在过去三个月中的实际需求量分别为：1月份126箱，2月份110箱，3月份127箱，试计算该商品的需求变动值。

4. 某保管员保管着下列10种产品，由于对业务不熟，顾此失彼，详情如表所示。

库存品种价值表

	1	2	3	4	5	6	7	8	9	10
价格	0.15	0.05	0.10	0.22	0.08	0.16	0.03	0.12	0.18	0.05
价值	2600	6500	2200	75 000	110 000	175 000	8500	2500	4200	2000

试用ABC分类管理法进行划分，保管员应重点管理哪些商品？

5. 某产品年需求量1000件，订货成本5元/次，单价12.5元/件，储存费率为10%，提前期为5天，试计算订购批量、总订购成本、订货点（一年按365天计算）

【实践技能训练】

实训目的：掌握ABC分类管理法。

实训方式：实地调研

实训内容：（1）到仓库搜集库存物品的资料；

（2）制作ABC分析表；

（3）针对各类物品采取相应的管理措施。

参考文献

1. 梁军．仓储管理实务．北京：高等教育出版社，2005
2. 袁长明，刘梅．物流仓储与配送管理．北京：北京大学出版社，2007
3. 刘俐．现代仓储运作与管理．北京大学出版社，2005
4. 朱伟生．物流成本管理．北京：机械工业出版社，2004
5. 李永生等．仓储与配送．北京：机械工业出版社，2006
6. 张念．仓储与配送管理．大连：东北财经出版社，2004
7. 李振．物流学．北京：中国铁道出版社，1996
8. 王之泰．现代物流学．北京：中国物资出版社，1997，
9. 包健民．物流现代化．上海：上海交通大学出版社，1997
10. 刘华．现代物流管理与实务．北京：清华大学出版社，2004
11. 曹前锋．物流管理案例与实训．北京：机械工业出版社，2004
12. 刘昌棋，董良．自动化立体仓库设计．北京：北京机械工业出版社，2004
13. 关宏著．自动化立体仓库总体规划设计方法研究．西北工业大学学位论文，2001.
14. 赵启兰，刘宏志．库存管理．北京：高等教育出版社，2005
15. 吴清一．物流学．北京：中国建材工业出版社，1996
16. 宋华，胡左浩．现代物流与供应链管理．北京：经济管理出版社，2000
17. 中国物流网（http：//www. china- logisticsnet. com）
18. 中国交通运输信息中心（http：//www. 365tt. com）
19. 刘伟．现代物流输配送系统．北京：科学出版社，2006
20. 郑玲．配送中心管理与运作．北京：机械工业出版社，2004
21. 亓呈明．电子商务概论．北京：化学工业出版社，2006
22. 宋文官．电子商务实用教程．北京：高等教育出版社，2002
23. 俞仲文，陈代芬．物流配送技术与实务．北京：人民交通出版社，2003
24. 白世贞，言木．现代配送管理．北京：中国物资出版社，2005
25. 方光罗．仓储与配送管理．大连：东北财经大学出版社，2004
26. 纪寿文．仓储与配送管理．深圳：海天出版社，2004
27. 吴彩霞．配送管理与实务．北京：中国轻工业出版社，2005
28. 张远昌．仓储管理与库存控制．北京：中国纺织出版社，2004
29. 王蓓彬，胡维忠．现代仓储管理．北京：人民交通出版社，2005
30. 张洪革，李忠国．物流仓储与配送管理．北京：中国劳动社会保障出版社，2006
31. 窦志铭．物流商品养护技术．北京：人民交通出版社，2006

32. 宋玉．仓储实务．北京：对外经济贸易出版社，2004
33. 鲁晓春，林正章．物流管理案例与实训．北京：清华大学出版社，2005
34. 聂军．物流技术与设备．北京：对外经济贸易大学，2004
35. 于宝琴．现代物流信息管理．北京：北京大学出版社，2004
36. 程国全．物流设施规划与设计．北京：中国物资出版社，2003
37. 孟初阳．物流设施与设备．北京：机械工业出版社，2003
38. 蒋祖星．孟初阳．物流设施与设备．北京：机械工业出版社，2004
39. 刘莉．仓储管理实务．北京：中国物资出版社，2006 年

教辅产品及教师会员申请表

申请教师姓名			
所在学校		所在院系	
联系电话		电子邮件地址	
通信地址			
教授课程名称		学生人数	
您的授课对象	本科□　研究生□　MBA□　EMBA□　高职高专□　其他□		
教材名称		作者	
书号		订购册数	
您对该教材的评价			
您教授的其他课程名称		学生人数	
准备选用或正在使用的教材 （教材名称　出版社）			
您的研究方向		是否对教材翻译或改编感兴趣？	是□　否□
您是否对编写教材感兴趣？　是□　否□ 您推荐的教材是：____________ 推荐理由：____________			

为确保教辅资料仅为教师获得，请将此申请表加盖院系公章后传真或寄回给我们，谢谢！

教师签名：

院/系办公室公章

地　　址：北京市东城区龙潭路甲3号翔龙大厦218室
　　　　　北京普华文化发展有限公司
邮　　编：100061
传　　真：（010）67120121
读者热线：（010）67129879　67129872－818
网　　址：http://www.puhuabook.com.cn
邮购电话：（010）67129872转818
编辑信箱：chengzhenzhen@puhuabook.com